NOTICES ET EXTRAITS

DE

QUELQUES MANUSCRITS LATINS

DE LA BIBLIOTHÈQUE NATIONALE

PAR

B. HAURÉAU

MEMBRE DE L'INSTITUT

TOME TROISIÈME

PARIS

LIBRAIRIE C. KLINCKSIECK

11, RUE DE LILLE, 11

1891

NOTICES ET EXTRAITS

DE QUELQUES MANUSCRITS LATINS

DE LA BIBLIOTHÈQUE NATIONALE

a

TYPOGRAPHIE

EDMOND MONNOYER

AU MANS (Sarthe)

NOTICES ET EXTRAITS

DE

QUELQUES MANUSCRITS LATINS

DE LA BIBLIOTHÈQUE NATIONALE

PAR

B. HAURÉAU

MEMBRE DE L'INSTITUT

———

TOME TROISIÈME

———

PARIS

LIBRAIRIE C. KLINCKSIECK

11, RUE DE LILLE, 11

———

1891

NOTICES ET EXTRAITS

DE

QUELQUES MANUSCRITS LATINS

DE

LA BIBLIOTHÈQUE NATIONALE

QUATRIÈME PARTIE

(Fonds de Saint-Victor)

14246

Ce volume est occupé tout entier par des postilles anonymes sur le Pentateuque, Josué, les Juges, les Rois, les Paralipomènes, Esdras, Néhemias, Tobie, Judith, Esther et Job. Elles sont toutes du cardinal Hugues de Saint-Cher, et nous les avons déjà citées sous le n° 363 (1). Les copies de ces postilles sont nombreuses. Ajoutons qu'elles ont été plus d'une fois imprimées, étant demeurées, pendant plusieurs siècles, un de ces ouvrages que nous appelons classiques. On dit même que les rabbins juifs ne dédaignaient pas de les consulter

(1) Tome I, p. 1.

III.

1

14250

Le commentaire anonyme sur Job que nous offre ce volume est d'une dimension vraiment extraordinaire, car il n'occupe pas moins de onze cent trente-deux colonnes in-folio. Il faut croire qu'on l'a, non seulement lu, mais encore goûté. En effet nous en avons un autre exemplaire anonyme dans le n° 15566, Bandini nous en indique un troisième dans la bibliothèque Laurentienne (1), et il s'en trouvait autrefois un quatrième à Clairvaux, aujourd'hui conservé, sous le n° 487, dans la bibliothèque de Troyes. Quel en est l'auteur ? Les copies de la Laurentienne et de Clairvaux sont, comme les nôtres, anonymes ; mais un ancien bibliothécaire de Clairvaux a cru devoir attribuer ce monument d'une héroïque patience au frère Mineur Guillaume de Melton (*de Melitona*), disciple d'Alexandre de Halès, et le P. Lelong a donné son assentiment à cette attribution. Wadding et Sbaraglia l'auraient peut-être admise s'ils l'avaient connue ; mais ils ne l'ont pas connue, puisqu'ils n'en parlent pas. Il faut s'en tenir au doute.

14258

Postilles anonymes sur les Proverbes, l'Ecclésiaste, la Sagesse, le Cantique des cantiques et l'Ecclésiastique. *Postillæ cujusdam*, dit Claude de Grandrue. Ce *quidam* est le célèbre cardinal Hugues de Saint-Cher. Nous

(1) *Catal. bibl. Laurent.*, t. IV, c. 372.

avons déjà cité sous le n° 469 (1) les postilles sur les
Proverbes, l'Ecclésiaste, la Sagesse et l'Ecclésiastique; sous le n° 481 celles sur l'Ecclésiastique et sur le
Cantique des cantiques (2). Ces dernières sont incom-
plètes dans notre n° 14258.

14264

Le commentaire anonyme sur saint Luc que nous
avons dans ce volume a pour auteur le Dominicain
Nicolas de Gorran. Il a été souvent imprimé.

14265

Voici maintenant cinq postilles anonymes sur les
Actes des apôtres, l'évangile de saint Marc, les Prophéties de Jérémie, ses Lamentations et le livre de
Baruth. Comme on le voit, ces postilles sont ici transcrites sans aucun ordre. Sont-elles pourtant du même
auteur ? Échard a vu ce volume, l'a décrit et a fait sur
l'ensemble des pièces qu'il renferme une conjecture
à laquelle nous ne pouvons souscrire. Ayant, dit-il,
rencontré dans un autre manuscrit de Saint-Victor,
autrefois coté 419, les postilles sur saint Marc attribuées à Nicolas de Gorran, Échard a conclu de là que
les quatre autres postilles sont aussi de ce fécond
scholiaste, et les auteurs de l'*Histoire littéraire* se
sont rangés sans défiance à son opinion. Cependant,
comme nous allons le montrer, aucun autre manuscrit ne la confirme et plusieurs la contredisent. Il

(1) Tome I, p. 20.
(2) *Ibid.*, p. 22.

s'en faut néanmoins que ces témoignages contraires méritent tous la même créance. L'affaire est des plus obscures, et elle réclame un examen très attentif.

Les postilles sur les Actes commencent par ces mots : *Actus apostolorum. Argumentum hoc in Actus apostolorum dividitur in tres partes ; quarum prima tangit hujus libri materiam;* et le n° 106 d'Arras les rapporte au Franciscain Nicolas de Lire. Mais cette attribution est certainement fausse. Notre volume est un de ceux qui furent donnés à Saint-Victor, en 1289, par le prévôt de Saint-Omer Adénulfe d'Anagni, et Nicolas de Lire, né vers 1270, mort en 1340, n'avait pas encore fait à dix-neuf, à vingt ans, des postilles assez renommées pour être transcrites avec un si grand luxe par les soins du riche prévôt. Mais si l'auteur n'est pas Nicolas de Lire, il ne faut pas de là conclure que c'est Nicolas de Gorran. L'argument en faveur de Nicolas n'est en effet, comme on va le voir, d'aucun poids.

Voici le début des postilles sur saint Marc : *Filii Sion, exultate...* — *Secundum verbum propheticæ promissionis videtur manifeste evangelista Marcus disposuisse seriem...* Échard dit donc avoir trouvé ces postilles sont le nom de Nicolas dans le n° 419 de Saint-Victor. Mais il s'est ici laissé tromper par quelque note mal prise. Ayant voulu, sur son indication, vérifier le témoignage de ce n° 419, M. Lajard l'a, dit-il, vainement recherché; il n'a pas, assure-t-il, été transmis à la Bibliothèque nationale; il ajoute même que le manuscrit est perdu (1). Non, il ne l'est

(1) *Hist. litt. de la Fr.*, t. XX, p. 336.

pas, car cet ancien 419 de Saint-Victor est justement aujourd'hui ce n° 14265 que nous avons présentement sous les yeux, et où les postilles sur l'évangile de saint Marc sont anonymes, ainsi qu'Échard l'a, comme nous, constaté. Il y a bien, à la vérité, dans un ancien volume de Saint-Victor, notre n° 14312, coté 365 du temps d'Échard, une glose par saint Marc attribuée par Claude de Grandrue, non par le copiste, à Nicolas de Gorran, qui commence par les mots *Filii Sion, exultate*; mais voici ce qu'on lit à la suite : *In verbis istis quatuor tanguntur ad commendationem evangelicæ doctrinæ*. Ce n'est donc pas la glose contenue dans notre n° 14265. Pour conclure, aucun manuscrit jusqu'à ce jour cité n'attribue cette glose à frère Nicolas. Mais ce n'est pas à dire que l'auteur en soit ignoré. C'est Jean de La Rochelle. Un autre exemplaire anonyme est dans le n° 16298 (fol. 1); mais dans le n° 15597 (fol. 1) il est écrit à la marge supérieure du premier feuillet : *Postillæ super Marcum fratris J. de Rupella* ; et cette note ancienne ne nous inspire aucune défiance.

Sur les Prophéties de Jérémie : *Direxit opera eorum..* — *Verba ista scripta sunt Sapientiæ X, et dicta sunt ad litteram de Moyse*. Le n° 40 du Nouveau collège, à Oxford, attribue ces postilles à un certain *Gaurricus, Guerricus, ordinis Prædicatorum*, qui ne peut être que Guerric de Saint-Quentin, mort en 1245. Échard a probablement ignoré cette attribution, car il ne l'a pas mentionnée. Mais encore ici tous les manuscrits ne sont pas d'accord, le n° 184 du collège Merton donnant les mêmes gloses à un Guillaume de Lissy, que Wadding croit

Franciscain et fait vivre en 1340. Si cette date était exacte, ce Guillaumne de Lissy devrait être écarté. Mais elle est simplement conjecturale, et nous allons montrer qu'elle est fausse. D'abord Guillaume de Lissy, de Luxy ou de Lexy n'était pas Franciscain ; il était, il s'est dit lui-même Dominicain dans un sermon que nous aurons à citer sous le n° 14952, et comme ce n° 14952 est du xiiie siècle, Wadding s'est évidemment trompé quand il a dit de l'auteur : *claruit sub anno 1340*; il aurait dû le vieillir environ d'un siècle. Maintenant est-ce lui qu'il faut admettre comme auteur des postilles et non Guerric? Si nous hésitons entre l'un et l'autre, pour ce qui regarde Nicolas de Gorran nous n'hésitons pas.

Sur les Lamentations de Jérémie : *Quis dabit capiti meo aquam...* — *In verbis istis, scriptis Jeremiæ IX, tangitur quadruplex causa hujus operis.* Ces postilles sont aussi sous le nom de Guerric dans le n° 40 du Nouveau collège, et, dans le n° 184 du collège Merton, sous le nom de Guillaume de Lissy.

Sur Baruth : *Post lamentationem et fletum...* — *Verba ista sunt Tobiæ III, et satis competunt huic libro.* Les premiers mots de ces postilles prouvent qu'elles doivent suivre celles qui se rapportent aux Lamentations et qu'elles sont, les unes et les autres, du même auteur. Notre volume, celui du Nouveau collège et du collège Merton nous les offrent, en effet, dans cet ordre, et elles sont attribuées par les deux manuscrits d'Angleterre au même Guillaume, au même Guerric.

Échard s'est donc évidemment trompé. Aucune

des postilles que contient ce volume n'appartient à Nicolas de Gorran.

14268

Postilles sur toutes les épîtres de saint Paul, avec un prologue commençant par : *Dedi te in lucem gentium... — Legimus Genesis 1 quod fecit Deus duo luminaria magna.* Quoique ces postilles aient été publiées sous le nom de Nicolas de Gorran, Échard se déclare presque certain, *fere certum*, qu'elles sont de Pierre de Tarentaise, qui fut, comme on le sait, le savant pape Innocent V (1). Notre certitude est sur ce point complète. Aux manuscrits cités par Échard comme offrant le nom de Pierre nous en pouvons ajouter plusieurs, trois notamment dans la bibliothèque Laurentienne (2).

14269

Quatre postilles, sur l'épître aux Romains, les deux épîtres aux Corinthiens et le prologue de l'épître aux Galates. Ces postilles, qui manquent dans le n° 14268, ont été publiées aussi sous le nom de Nicolas de Gorran. Elles appartiennent pareillement à Pierre de Tarentaise.

14384

On lit à la fin de ce volume : *Lectura seu compilatio supra librum Catonis, edita a circumspecto et religioso*

(1) Quétif et Échard, *Script. ord. Præd.*, t. I, p. 353.
(2) Bandini, *Cat. bibl. Laur.*, t. IV, col. 421, 422, 423.

viro fratre Philippo de Pergamo. Philippe de Bergame n'a fait qu'une partie de ce gros livre ; il a seulement amplifié le prologue en prose des distiques. Tout le commentaire des distiques est d'un moine Cistercien, nommé Robert d'Envermeuil. On en a la preuve au fol. 106, où se lit une épître de ce moine adressant au jeune Pierre de Saluces un travail entrepris, dit-il, à sa prière. Il importe de signaler cette épître, car elle manque dans plusieurs manuscrits de la *Compilation*, notamment dans les nᵒˢ 15931 et 17899. C'est pourquoi les bibliographes ont quelquefois attribué l'œuvre entière à Philippe de Bergame. Les deux parties ont été imprimées, la seconde plus souvent que la première, mais non pas, il est vrai, toujours complète. On en a fait, au xvᵉ siècle, un abrégé, qu'on a mis aux mains des écoliers. Avait-elle bien mérité cet honneur ?

14411

Le titre est, dans le manuscrit, *Mamotretus.* Il faut lire *Mammothreptus.* C'est l'ouvrage, souvent imprimé, de Jean Marchesini, de Reggio. Wadding avait eu raison de placer ce Jean Marchesini dans le xivᵉ siècle. L'âge de notre manuscrit prouve qu'on n'aurait pas dû le rajeunir. A la fin, comme supplément au *Mammothreptus,* des vers très médiocres dont voici le premier :

> Palpat, contrectat, manibus blanditur, anhelat...

Si ces vers ont été imprimés dans quelques éditions, ils ne l'ont pas été dans les premières.

14416

Le commentaire incomplet sur le Pentateuque qui s'étend jusqu'au feuillet 121 est celui de Nicolas de Gorran. Le nom de l'auteur, qui manque ici, se lit dans plusieurs manuscrits cités par les bibliographes, notamment dans le n° 161 des *Cod. Laud. miscell.*, à la Bodléienne. Mentionnant cet ouvrage dans sa notice sur Nicolas de Gorran, M. Lajard a regretté de n'en pouvoir indiquer aucun exemplaire parmi les manuscrits de Paris (1). Il y en a plusieurs à Paris, trois au moins, mais tous les trois anonymes : celui que nous avons ici, un autre que contient notre n° 15560 et un troisième dans le n° 46 de la Mazarine. Ce commentaire est inédit.

A la marge supérieure du feuillet 121 on peut lire encore, mais non sans peine, cette note presque effacée: *Postillæ Holcoti super librum Sapientiæ*. Ces postilles de Robert Holkot sur le livre de la Sagesse ont été souvent imprimées. Échard et Fabricius en citent de nombreuses éditions. Notre copie n'est pas complète.

Au fol. 192, un commentaire sur la *Consolation* de Boèce, commençant par : *Nec me consolata est in humilitate...* — *Hæc propositio scribitur in Psalmo CXVIII a propheta, et, licet ibi ad aliud referatur propositum...* Claude de Grandrue donne ce commentaire à Robert Holkot. Mais c'est une attribution qui ne paraît pas

(1) *Hist. litt. de la Fr.*, t. XX, p. 331.

fondée. Elle ne l'est certainement pas sur le témoignage de quelque ancien bibliographe, et le scrupuleux Échard n'en fait aucune mention.

14425

Le titre de la première pièce que renferme ce volume est *Distinctiones super Psalterium*. Le copiste de ces *Distinctions* nous les a transmises anonymes ; mais, plus tard, la main de quelque chanoine a surmonté le titre d'une note aujourd'hui presque effacée, qui semble pouvoir être ainsi lue : *Distinctiones Odonis Astensis*. Si cela est écrit, l'attribution est fausse. Eudes d'Asti nous a laissé des gloses sur le Psautier plusieurs fois imprimées, notamment dans le tome CXLV de la *Patrologie*, col. 1141 ; mais elles n'ont aucun rapport avec nos *Distinctions*, qui sont inédites, et dont l'auteur est le cardinal Eudes de Châteauroux. Nous les avons déjà citées sous le n° 3715 (1).

Au fol. 114, un assemblage méthodique de fragments moraux, tous extraits des œuvres de saint Bernard. En tête, ces deux vers léonins, qui sont presque inintelligibles :

> Pax est in verbis id odoriferis opus herbis,
> Nempe gerit flores Bernardi nobiliores ;

et, à la suite, un prologue, où le compilateur rend ainsi compte de son travail :

Cum non essem alicui exercitio magno opere occupatus, placuit mihi ut opuscula viri illustrissimi beati Bernardi,

(1) Tome I, p. 237.

egregii abbatis Clarævallensis, diligenter inspiciendo per-
currerem, et, si quid in eis laudabile memoriaque dignum,
præcipue de virtutibus, invenirem, excipiens scripto breviter
commendarem.

Et, à la fin, ces cinq vers, qui ne sont pas plus clairs
que les deux premiers :

> Flagrat Bernardus sacer in dictis quasi nardus,
> E quibus hic tractus liber est in scripta redactus.
> Prologus in verbis exhaustis fonte beato.
> Sic Augustinum lector cognosce vocatum,
> Hunc dum sacra fides suscepit fonte renatum.

D'autres exemplaires anonymes de cette compilation
sont dans notre n° 4878 (fol. 1), dans les n⁰ˢ 346 de
Tours, 29 du collège Lincoln, 41 du collège Merton et
206 du collège Saint-Jean-Baptiste, à Oxford. Un
autre nous est indiqué par Bandini dans son Catalogue de la bibliothèque Laurentienne ; t. IV,
col. 597.

14427

Du fol. 1 au fol. 147 de ce volume s'étend un commentaire sur le Psaume *Beati immaculati*, dont voici
les premiers mots : *Alleluia, laus et gloria... Quis
titulus, quis ornatus, quis fructus astruatur præsentis
psalmi...* L'auteur n'est pas ici désigné, et il ne l'est
pas non plus dans notre n° 14869, qui contient une
autre copie de ce commentaire. Il ne paraît pas l'être
davantage dans cinq volumes de Troyes, décrits sous
les n⁰ˢ 556, 1534, 1624, 1714, 1857. Mais ces volumes
de Troyes sont venus de Clairvaux, et l'ancien
catalogue de Clairvaux nommait l'auteur Jean de

Limoges. On peut se fier à cette attribution. Jean de Limoges était un moine de Clairvaux, et bien certainement les religieux de cette maison auraient moins souvent pris la peine de transcrire cette immense paraphrase, s'ils n'avaient pas été convaincus que c'était l'œuvre principale d'un confrère dont, à bon droit, ils faisaient grand cas. Cette paraphrase n'est pas d'ailleurs partout anonyme ; à Venise, dans la bibliothèque de Saint-Marc, sous le n° 59 de la théologie, elle est aussi sous le nom de Jean de Limoges. Si les auteurs de l'*Histoire littéraire* ont omis d'en parler dans leur notice sur cet écrivain, c'est probablement parce que Fabricius avait fait avant eux la même omission.

Du feuillet 142 à la fin du volume, sous ce titre : *Hortus deliciarum*, un gros livre, en deux parties, composé de courts sermons sur des thèmes empruntés, pour la première partie, aux écrits des douze petits prophètes, au livre de Job, à l'Apocalypse, aux prophéties d'Ézéchiel et d'Isaïe ; pour la seconde partie, aux Épîtres, aux Actes, aux Paraboles, à l'Ecclésiaste, au livre de la Sagesse et au Cantique des cantiques. Il manque, suivant Claude de Grandrue, une troisième partie, contenant des sermons sur les Évangiles. Mais ce n'est peut-être là qu'une conjecture ; nous lisons en effet, à la dernière page de notre manuscrit : *Explicit liber*.

On a déjà dû constater que cet *Hortus deliciarum* est sans rapport avec celui d'Herrade de Landsperg. Ce n'est guère qu'un centon dépourvu d'intérêt. Cependant nous nous félicitons de l'avoir rencontré, puisqu'il nous a fait connaître un auteur jusqu'à ce jour complètement ignoré. On lit au commencement de la seconde partie : *Incipit secunda partitio Horti deliciarum, quam magister Simo, Civitatasis ecclesiæ canonicus, per areolas limitavit.* Ainsi l'ordonnateur de tous les parterres de ce vaste jardin est un chanoine séculier nommé Simon. Il faut sans doute substituer *Civitatensis* à *Civitatasis.* Mais cette substitution nous éclaire peu, le nom de *Civitas* étant commun à plus d'une ville épiscopale. Il est simplement probable que ce Simon était Italien.

14435

Berthold, archidiacre de Wirtzbourg, a donné ce volume, avec dix-neuf autres, aux chanoines de Saint-Victor (1). Ce riche don méritait certainement une vive reconnaissance; mais on est allé trop loin quand, pour la lui témoigner, on l'a dit auteur de divers ouvrages dont il n'était que le donateur.

Le présent volume commence par un commentaire anonyme sur l'évangile de saint Matthieu dont tels sont les premiers mots : *Fecit Deus duo luminaria magna...* — *Per firmamentum cœli satis eleganter sacra Scriptura intelligitur.* Or on lit sur la feuille de garde cette note ancienne : *Postillæ super Matthæum archidiaconi Herbipolensis.* Mais c'est une erreur qu'il est facile de corriger. Ces postilles anonymes sont du chancelier Pierre Le Mangeur, comme nous l'avons

(1) Delisle, *Cabin. des man.,* t. II, p. 212.

dit sous le n° 446 (1). Nous les avons déjà trouvées sous le n° 620 (2) et elles sont encore anonymes dans le n° 15591.

A la marge supérieure du feuillet 67, il est écrit : *Postillæ super Joannem archidiaconi Herbipolensis.* C'est encore une fausse attribution, ces postilles, commençant par *Omnia poma nova,* ou par *Poma omnia nova,* sont aussi de Pierre Le Mangeur, et nous les avons citées aussi sous les n°ˢ 446 et 620.

On lit enfin, au fol. 25, des postilles anonymes sur saint Marc qui commencent par *Vidi et ecce quatuor quadrigæ... — Hujusmodi visionem revelavit Dominus Zachariæ, et fuit visio imaginaria.* Eh bien ! ces postilles, pareillement anonymes dans le n° 15591 (fol. 35), ont encore pour auteur Pierre Le Mangeur, comme l'attestent les manuscrits indiqués sous le n° 446.

Au fol. 136, l'opuscule intitulé soit *Genealogia et chronologia sanctorum Patrum,* soit *Compendium historiæ veteris et novi Testamenti.* Les copies manuscrites en sont très nombreuses, et presque toutes, comme celles-ci, sans le nom de l'auteur. Mais cet auteur n'est pas douteux ; c'est un autre chancelier de Paris du nom de Pierre, Pierre de Poitiers. Cet opuscule a d'ailleurs été plusieurs fois imprimé sous son nom (3). Il est, ainsi qu'on l'a dit, sans intérêt.

Au fol. 143, *Cantica canticorum, secundum cancellarium Carnotensem.* Voici les premiers mots de cette glose : *Ecce ego hodie et cras dæmonia ejicio... —*

(1) Tome I, p. 5.
(2) *Ibid.,* p. 44.
(3) *Hist. litt. de la Fr.,* t. XVI, p, 487.

Verba sunt Domini in Evangelio, in quibus ostenditur tripliciter status Ecclesiæ. C'est une paraphrase morale dont l'objet principal est de recommander leurs devoirs professionnels à tous les ministres de l'Église, particulièrement aux prélats. Mais quel est ce chancelier de Chartres dont le titre cité ne dit pas le nom? Aucun autre manuscrit ne nous le fait connaître. C'est peut-être, avons-nous supposé (1), Pierre de Roissy, qui vivait en 1215 et mourut vers 1230. Mais aucune supposition ne doit être accueillie sans défiance.

Le volume finit par des gloses sur les premiers chapitres de la Genèse, et d'abord sur le prologue de saint Jérome. En voici les premiers mots : *In Exodo legitur, tricesimo septimo capitulo : Facies mihi altare.* Nous ne connaissons pas l'auteur de ces gloses ; mais l'âge du manuscrit nous permet d'assurer qu'elles sont antérieures à la seconde moitié du xiiie siècle; et comme, d'autre part, nous y voyons cité Jean de Salisbury (fol. 147, col. 3), nous tenons pour certain qu'elles ne sont pas antérieures à la seconde moitié du xiie.

14512

Les auteurs des écrits que contient ce volume sont presque tous nommés, et il n'y a pas d'attributions fausses. Deux pièces seulement sont anonymes.

Celle qui s'offre à nous la première, intitulée *De operibus sex dierum*, a maintes fois été publiée sous le nom de saint Cyprien, et les moines du Mont-Cassin

(1) *Mémoires de l'Acad. des inscript*, t. XXXI, deuxième part. p. 120.

en ont, dans leur n° 186, un exemplaire sous le nom de saint Bernard. Mais il est reconnu que ces deux attributions sont également fausses. Le véritable auteur est celui qu'indique notre copie : Ernaud, abbé de Bonneval. Ce traité digne de remarque est au tome CLXXXIX de la *Patrologie*, col. 1515.

Le traité suivant, *De verbis Domini in cruce*, est aussi d'Ernaud et publié sous son nom au même tome de la *Patrologie*. Le nom se lit dans ce manuscrit, ainsi que dans notre n° 1925 et les nᵒˢ A 421 de Rouen, 108 de Soissons ; mais la plupart des copies sont anonymes. Comme telles citons celles qui se trouvent dans notre n° 3563 (fol. 124) et les nᵒˢ A 514 de Rouen, 1388 de Troyes.

Le sermon anonyme en l'honneur de la Vierge qui succède à ces deux traités est sous le nom de saint Bernard dans notre n° 1201 (fol. 61). Il n'est pas indigne de saint Bernard ; cependant on l'aurait à tort inséré dans ses Œuvres, car il est encore d'Ernaud. En voici d'autres exemplaires anonymes : Bibl. nat., nᵒˢ 3563 (fol. 129), 3564 (fol. 26), 14593 (fol. 206) ; 654 de la Mazarine ; 1388 de Troyes. Il est imprimé sous le nom d'Ernaud au même tome de la *Patrologie*, col. 1725.

A la suite trois traités de Hugues de Fouilloi, *De medicina animæ*, *Ad socium volentem nubere*, *De natura avium*. Nous avons déjà plus d'une fois rencontré ces traités et les avons cités sous les nᵒˢ 712 (1), 3218 (2), 1231 (3).

(1) Tome I, p. 86.
(2) *Ibid.*, p. 205.
(3) Tome II, p. 67.

L'écrit qui termine ce volume est un commentaire anonyme sur le Cantique des cantiques dont l'auteur n'a pas été bien désigné par le rédacteur du catalogue des manuscrits de Troyes. Le n° 563 de cette bibliothèque contient notre commentaire, sous ce titre : *Tractatus Gilleberti de Stanfordia super Cantica canticorum ;* et, ne connaissant pas ce Gilbert *de Stanfordia,* le rédacteur du catalogue l'envoie chercher, dans le tome XIII de l'*Histoire littéraire,* sous le nom de Gilbert de *Hoilandia* (1). On possède, en effet, un commentaire bien connu sur le Cantique dont ce Gilbertus *de Hoilandia* est l'auteur maintenant incontesté ; mais en voici les premiers mots : *Varii sunt affectus amantium quia casus varii ;* tandis que celui dont nous avons à faire connaître l'auteur véritable commence dans notre manuscrit, dans celui de Troyes et, en outre, dans notre n° 2504 (fol. 97) ainsi que dans le n° 23 de Laon, par ces mots bien différents : *Scriptura sacra, morem rapidissimi fluminis tenens, sic humanarum mentium profunda replet ut semper exundet.* Ainsi voilà, sur le même texte, deux commentaires faits par deux Gilbert. Laissons le sien au Gilbert de *Hoilandia ;* mais ne lui donnons pas l'autre. L'autre est d'un théologien de plus grand renom. Sans doute le mot *Stanfordia* du manuscrit de Troyes doit être corrigé ; mais ce n'est pas *Hoilandia* qu'il faut lire ; c'est *Herefordia.* Notre commentaire anonyme est en effet, de Gilbert Folioth, évêque d'Héreford, le véhément adversaire de Thomas Becket, et il a été publié sous son nom.

(1) *Catal. gén. des mss.,* in-4°, t. II, p. 245.

14590

Ce volume est un recueil de sermons qui ne sont pas tous du même auteur, mais qui paraissent tous avoir été prononcés, durant la seconde moitié du XIIe siècle, dans le chapitre de Saint-Victor. Entre des orateurs divers il y a toujours des différences plus ou moins sensibles, qui tiennent à leurs caractères, à leurs habitudes d'esprit. Mais deux choses sont communes aux sermons que contient ce volume. La première est qu'ils ont été composés, non pour le peuple des fidèles, mais pour des religieux. La seconde est qu'ils ont pour objet de stimuler chez ces religieux, dont la plupart étaient de vrais lettrés, le mépris de tout ce qu'estime le siècle, non seulement, cela va sans dire, des richesses, des honneurs, mais encore de la science qui se propose d'expliquer ce qu'il suffit de croire.

Telle est, en effet, à cette date, la doctrine propre de l'abbaye de Saint-Victor : quiconque s'y fait admettre vient s'enrôler sous les enseignes du mysticisme. On ne reconnait là qu'un maître, *magister Hugo*, le second Augustin, non moins vénéré que le premier. Sous d'autres toits, et, par exemple, au cloître de Notre-Dame, dans l'école épiscopale, professent des docteurs très applaudis, qui raisonnent sur les matières de la religion, signalent des contradictions, au moins apparentes, entre les textes, s'efforcent de tout accorder, et, s'ils ne le peuvent, autorisent des doutes. Mais à Saint-Victor on ne doute de rien; on

croit ce qu'on doit croire, avec passion, par le cœur.
Aux croyants de cette sorte on crie vainement que
toute passion aveugle, que la raison a des droits et
qu'on la pousse à la révolte en s'obstinant à les mé-
connaître. Ce sont là des conseils qu'ils ne veulent
pas entendre. S'ils sont aveuglés, soit ! à cet aveu-
glement ils doivent de vivre en paix ; ce qui, dans
ce monde, est le souverain bien, et ils n'envient pas à
leurs conseillers cette avidité de tout connaître qui
les condamne, ne pouvant être jamais satisfaite, à
des agitations sans trève et sans fin.

Les soixante sermons que contient ce volume
paraissent avoir été choisis comme des modèles. On
peut, du moins, les considérer comme exprimant de
la manière la plus fidèle les sentiments particuliers
des religieux qui les ont entendus. Nous avons donc
ici ce qu'on peut appeler la doctrine parénétique de
Saint-Victor. Voilà nos sermons suffisamment recom-
mandés aux historiens de la philosophie. Ajoutons
qu'ils méritent aussi d'être signalés aux historiens
de la littérature, car, s'ils ne sont pas tous d'un
égal mérite, ils sont tous d'un style scrupuleuse-
ment travaillé par des gens curieux de bien dire.
Point ici de propos facétieux, point de joviales allusions aux mœurs du temps. On ne rit jamais à
Saint-Victor. Mais la pieuse gravité qu'on s'y fait un
devoir d'observer en toute circonstance n'interdit
pas la recherche du beau langage. Ajoutons que ces
soixante sermons sont, pour la plupart, inédits. En
voici le détail :

Fol. 1. *In ramis Palmarum*. Sermon commençant

par : *Benedictus qui venit in nomine Domini.* —
*Mediator Dei et hominum, homo Christus Jesus, ut
suæ mediationis impleret officium....* Il est, dans
notre manuscrit, anonyme, et l'est pareillement
dans trois autres volumes venus de Saint-Victor, les
nᵒˢ 14589 (fol. 13), 14925 (fol. 109) et 14948 (fol. 1);
mais dans le nᵒ 16461 (fol. 1), manuscrit de même
provenance, passé plus tard à la Sorbonne, l'auteur
est indiqué par la lettre G. Cette abréviation signifie
Galterus. Nous lisons, en effet, sur la feuille de garde
de notre volume, au recto : *Sermones prioris Galteri,*
et, d'une autre main, au verso : *Sermones prioris
Galteri XXVIII.* Or, si la première de ces deux notes
paraît être du xvᵉ siècle, on croit pouvoir rapporter
la seconde au xiiiᵉ. Le témoignage est donc ancien.
Ancien et précieux, car ce prieur Gauthier est un
personnage d'importance. C'est ce fougueux libelliste
qui traita si durement Abélard, Gilbert de La Porrée,
Pierre de Poitiers, Pierre le Lombard, qu'il tourna
contre lui-même le plus grand nombre de leurs adversaires déclarés. Aucun de ses sermons n'est encore
imprimé; il y a plus : aucun n'est mentionné ni par
Casimir Oudin, ni par Fabricius, ni par M. Daunou (1).
Cependant ils ne valent pas moins que bien d'autres
dont on a dit beaucoup de bien. Nous n'entendons
pas, en faisant cette remarque, très haut porter le
mérite de Gauthier. C'est un orateur médiocre. Il
n'est pourtant pas tout à fait banal, car il laisse voir
son caractère.

(1) *Hist. litt. de la France,* t. XIV, p. 549.

Ses modèles sont ceux de tout Victorin : saint Augustin, le patron de l'ordre ; Hugues, la gloire de la maison. Sa méthode, qui n'a pareillement rien de personnel, consiste à citer d'abord un texte sacré, puis à le commenter, pour en tirer, avec plus ou moins de contrainte, soit une thèse dogmatique, soit une leçon de morale. Ajoutons que, si le ton de son discours est d'une gravité soutenue, cela n'est pas non plus à noter, car tout le monde est grave à Saint-Victor. Mais tout le monde n'a pas l'accent rude et tranchant de Gauthier, commandant de croire strictement tout ce qu'il croit, de dire tout ce qu'il dit, et s'emportant contre quiconque ose l'interroger sur les motifs de sa croyance.

Fol. 3. *In solemnitate paschali ;* commençant par : *Christus mortuus est propter delicta nostra et resurrexit propter justificationem nostram.* Autres copies : n°^s 14589 (fol. 15), 14948 (fol. 3), 16461 (fol. 4). C'est encore un sermon de Gauthier, désigné dans notre manuscrit et dans plusieurs autres par la lettre G. Tout n'y est pas sans intérêt. Gauthier nous apprend d'abord qu'il est encore novice dans l'art de prêcher et qu'il n'aborde pas la chaire sans crainte, dans un jour si solennel, se défiant de son inexpérience : *Scitis, fratres mei dilectissimi, quia hoc genus loquendi nondum attigi ; unde expavesco sermonem vobis facere in tanta solemnitate.* Cependant il ne tarde pas trop à s'enhardir, et, conduit par le sujet qu'il traite à discourir sur la double nature du Christ, le voilà tout à fait à l'aise, quittant le ton du sermonnaire et prenant celui du théologien.

Le sermonnaire doit toujours être doux à l'égard des pécheurs, des égarés, qu'il faut habilement ramener au bercail. Gauthier l'a reconnu dans l'exorde du sermon qui précède, où nous lisons :

Dominus et magister mitis erat et humilis : mitis, neminem lædens ; humilis, nullum contemnens. Et nos ergo, tanto magisterio eruditi et exemplo provocati, simus mites et humiles : mites, neminem lædentes ; mansueti, tractabiles, sine omni felle amaritudinis, absque omni veneno serpentis...

Mais le théologien est-il tenu d'avoir la même indulgence pour ceux de ses confrères qui ne pensent pas comme lui ? Évidemment Gauthier ne le croit pas. Le croyant, il n'aurait pas, à la fin du passage suivant, aussi brutalement injurié les maîtres plus jaloux que lui d'aller au fond des choses, les interprètes rationalistes des classiques *Sentences* :

Non in Verbi incarnatione divinitas mutata vel conversa est in humanitatem, vel e converso, nec ex duabus naturis facta est tertia ; sed sic ineffabiliter homo unitus est Deo ut totum haberet per gratiam quod Deus per naturam. Unde dicit Augustinus : « Tanta est unio utriusque naturæ in Christo quod totum dicitur Deus et totum homo, et vicissim Deus homo et homo Deus. » Quod quidam obtuso corde legentes, quia non possunt hoc ratione humana comprehendere, nolunt illud credere. Unde constat quod eorum fides nil meretur apud Dominum, quia fides non habet meritum cui ratio humana præbet experimentum ; id est eorum fides nihil habet meriti qui nolunt credere quod non possunt secundum rationem humanam intelligere. Unde, tumore superbiæ obrumbrante eos, eorum aquæ vertuntur in sanguinem, id est merito superbiæ traduntur in reprobum sensum. Cum sint animales, spiritum Dei non habentes, quid igitur mirum si ea quæ Dei sunt ignorent ?

Animales ! Le mot est d'une grande dureté. Ces théologiens perdent leur temps et leur peine lorsqu'ils travaillent à comprendre ce qu'ils doivent tout simplement croire. On l'accorde ; on n'est pas même trop choqué de les entendre taxer d'orgueil. Mais les assimiler à des animaux ! Cela est grossier.

Fol. 6. *De Spiritu sancto, G.;* commençant par : *Advenit ignis divinus, non comburens, sed illuminans, nec consumens, sed lucens...* — *Universitatis conditor Deus, cum cœlum ordinavit, duo luminaria fecit, solem et lunam.* Autres copies : n°s 14589 (fol. 17), 14948 (fol. 5), 16461 (fol. 7). Ce troisième sermon de Gauthier n'est qu'une paraphrase de lieux communs. Mais ce n'est pas une de ces paraphrases traînantes où les redites fatiguent bientôt l'attention. La diction vive, impérieuse de Gauthier la tiennent toujours en éveil. Nous retrouvons le style de saint Bernard dans le fragment qu'on va lire :

Scientia quæ non habet condimentum divinæ dilectionis non est sapida, sed insipida, inflans, non ædificans, ideoque indigna nomine sapientiæ. Non enim quælibet cognitio dicitur sapientia, sed cognitio Dei ; nec quælibet cognitio Dei, sed illa tantum quæ habetur cum dilectione ; hæc enim sola recte vocatur sapientia et sapida scientia. Deus spiritus est. Qui eum adorant oportet adorare in spiritu et veritate : in veritate quantum ad cognitionem, in spiritu quantum ad dilectionem. Cognitio veritatis reformat in nobis Dei imaginem, dilectio reparat in nobis Dei similitudinem. In omnibus membris Christi Spiritus sanctus. Hic duo operatur : cognitionem veritatis et amorem virtutis. Unum est enim corpus Christi, quod constat ex capite et membris. Christus est caput, gratiæ et veritatis habens plenitudinem. Membra sunt christiani, de plenitudine capitis accipientes. Spiritus igitur Christi non nisi in corpore Christi habitat ; sed secundum plenitudinem in capite, secundum participationem in membris. In hoc ergo corpore nihil est mortuum, extra nihil vivum. Qui enim spiritum Christi non habet hic non est ejus membrum; hi enim soli qui spiritu Dei aguntur hi sunt filii Dei, templum Spiritus sancti, hæredes Dei, cohæredes Christi, qui mundum contemnunt et in spe hereditatis æternæ quiescun t...

Fol. 8. *In natali Domini, secundum magistrum Achardum;* commençant par : *In natale Emmanuelis ejus cibo nos refici condecet, cujus cibus est butirum et mel.* Autres copies, toutes avec le nom de l'auteur : n°ˢ 14589 (fol. 24), 14948 (fol. 7), 16461 (fol. 10). Ce maître Achard, qui, d'abord abbé de Saint-Victor, mourut évêque d'Avranches en 1171, fit moins de bruit que Gauthier, mais eut un meilleur renom. Le prompt discrédit de son école l'a fait pourtant vite oublier, et ses sermons sont restés inédits, comme ceux du fougueux prieur. Inédits et presque ignorés, car notre volume en referme quinze et les auteurs de l'*Histoire littéraire* n'ent ont mentionné qu'un seul (1). Ils méritent cependant qu'on les fasse connaître. Achard n'est pas non plus un rationaliste; il ne soumet pas au tribunal de sa raison les articles de la croyance prescrite par l'autorité ; mais il ne se défend pas de méditer sur ces articles et d'approfondir les mystères, pour faire valoir, en les exposant, l'esprit de Dieu. Il n'est pas d'ailleurs, comme Gauthier, impérieux; il est tendre. Les yeux toujours levés au ciel, il admire, il prie, il pleure. Ces docteurs séculiers, dont Gauthier voudrait faire proscrire la méthode téméraire, Achard ne les connaît pas.

(1) *Hist. litt. de la France,* t. XIII, p. 455.

Le premier de ses sermons, qui paraît avoir la rédemption pour matière, est d'une telle subtilité qu'on avoue n'en avoir pas tout compris. C'est pourquoi l'on n'en cite rien.

Fol. 10. *De Epiphania.* — *Ecce stella quam viderant magi in oriente. Antecedebat eos usquedum veniens staret supra ubi erat...* — *Solemnitas præsentis diei tribus miraculis decoratur.* Anonyme : n° 14957 (fol. 104). Autres copies, où le nom de l'auteur est indiqué par la lettre G. : n°ˢ 14589 (fol. 26), 14948 (fol. 9), 16461 (fol. 12). Ce sermon paraît donc être de Gauthier. Il se rencontre, il est vrai, dans le n° 13774 (fol. 31), sous le nom de certain maître Odon dont nous parlerons plus loin. Mais, si ce n° 13774 est d'une bonne date, il était à Saint-Germain, non pas à Saint-Victor, et les n°ˢ 14589, 14948, venus de Saint-Victor, nous inspirent plus de confiance en ce qui touche les religieux de cette maison.

Fol. 13. *De Purificatione, G.;* commençant par : *De solemnitate Purificationis scriptum est in lege Moysi : Mulier quæ, suscepto semine...* Autres copies : n°ˢ 13774 (fol. 32), 14589 (fol. 28), 14948 (fol. 11), 14957 (fol. 52), 16461 (fol. 15). Il n'y a guère, dans ces deux sermons, que des interprétations d'allégories supposées. Quelques-unes ont dû paraître ingénieuses à des religieux qui faisaient grand état, comme on le sait, des jeux d'esprit.

Fol. 14. *Mag. Petri Manducatoris in Purificatione;* commençant par : *Oblatus est quia voluit.* — *Bis legitur Dominus oblatus* (sic) *fuisse : hodierna die in templo, postea in patibulo.*

Pierre Le Mangeur, l'auteur justement célèbre de l'*Histoire scolastique*, se retira, vers la fin de sa vie, dans l'abbaye de Saint-Victor (1). Des sermons qu'il avait prononcés durant son commerce avec les gens du siècle un assez grand nombre ont été publiés, soit sous le nom de Pierre de Blois, soit sous celui d'Hildebert, à qui les ont faussement attribués des éditeurs peu clairvoyants. Mais on ne connaît encore aucun de ceux qu'il fit à Saint-Victor. Il y en a cinq dans notre volume.

Du premier nous pouvons indiquer ces autres copies : n°s 14589 (fol. 29), 14948 (fol. 13), 16461 (fol, 17). Ajoutons que, sans être digne de remarque au point de vue littéraire, ce sermon mérite, au point de vue moral, d'être particulièrement signalé. Pierre Le Mangeur s'est exilé du siècle. Pour quel motif? Nous l'ignorons. Mais nous apprenons ici qu'il ne songe aucunement à recommander son exemple aux gens qu'il a quittés. Qu'on préfère, dit-il, librement telle condition à telle autre; que chacun suive son penchant naturel : *Ad habitum religionis nemo cogendus, ad votum continentiæ nemo constringendus est.* Il n'y a pas, sous la loi de Dieu, de contrainte; on peut, dans tous les états, se comporter de manière à mériter le ciel. Nous aimons entendre un reclus parler ainsi des mondains; cela fait concevoir une bonne opinion de son jugement et de son caractère.

Fol. 16. *Mag. A. in Dedicatione;* commençant par: *In sole posuit tabernaculum... — Sol iste invisibilis*

______

(1) *Hist. litt. de la France*, t. XIV, p. 13.

splendorem habet et calorem. Autres copies : nᵒˢ 14589 (fol. 31), 14948 (fol: 14), 14957 (fol. 109), 16461 (fol. 19). Dans le nᵒ 14948, au verso du fol. 14, une note du xvᵉ siècle nous avertit que la lettre A. désigne Achard. Nous n'en doutions pas. Le défaut d'Achard, nous l'avons signalé, c'est d'être subtil ; mais il n'est pas habituellement banal : il a le goût des périodes arrondies et des mots pompeux. Nous allons en donner la preuve :

De istius solis plenitudine omnes viri sancti (sunt) accipientes, ut ipsi sint soles in se semper lucentes et ardentes, nec tamen ad alios illuminandos radios suos semper emittentes, imo quandoque ipsos abscondere conantes, detrimentum sui luminis per imprudentem ostensionem sustinere metuentes. Sed quoniam nihil occultum quod non sciatur, nec absconditum quod non reveletur, et quia civitas super montem posita non potest abscondi, ad laudem Dei et ad utilitatem proximi produntur, etiam quandoque inviti, non quia non diligunt Deum et proximum, sed quia timent seipsos potius destruere per laudis jactantiam quam alios ædificare per suarum virtutum manifestationem. In his ergo, tanquam in sole, posuit Deus tabernaculum suum, in quibus Deus habitat per veram sui cognitionem et sinceram dilectionem.

Tabernaculum est viantium, iter agentium, laborantium et militantium. Quandiu enim sumus in vita præsenti sumus quasi peregrini et advenæ. Non enim habemus hic manentem civitatem, sed futuram inquirimus, ideoque præsens ecclesia tabernaculo, non templo comparatur ; in quo tabernaculo Deus militat nobis et in nobis et per nos. Ipsius enim est bellum quod gerimus, quod sustinemus, et militia cui soli adscribenda est omnis victoria. Multiplex quippe bellum contra nos geritur : caro enim concupiscit adversus spiritum, voluntas rationi contradicit, ipsa etiam voluntas a seipsa divisa est. Ex altera parte certaminis accedit mundus tumultuans : delectationibus suis rigorem hominis emollire conatur, adversis fortitudinem debilitare ; et, ut manus ini-

micorum confortentur contra nos, adest multitudo dæmonum cum exercitu omnium vitiorum. Hi omnes, cum magno
impetu unanimes, omni fraude et dolo armati, insurgunt
contra nos, ut nos captivent et ad stagnum in quo non est
aqua trahant, sed vermis immortalis et ignis inextinguibi-
lis. Ut igitur his satellitibus non succumbamus, imo viriliter resistamus, de viribus nostris non præsumamus, sed
ad adjutorium confugiamus. Dicat ergo miles Christi regi
suo, imperatori suo : « Effunde frameam tuam adversus eos
qui persequuntur me ; apprehende arma et scutum et exsurge
in adjutorium mihi... »

Peu de temps après la mort d'Achard, ces paraphrases très étudiées cessèrent de flatter le goût du public.
Les poètes et les rhéteurs étant tombés dans le même
discrédit, l'argumentation logique envahit la chaire
elle-même. Cependant elle n'y fit pas très bonne
figure, n'étant pas là sur son théâtre, et elle en fut
dépossédée promptement par un genre nouveau, sans
règle, sans nom, une sorte de soliloque familier, qui,
malgré de scandaleux excès, fut plus longtemps en
faveur (1). Quoi qu'il en soit, il faut reconnaître, d'une
part, que le genre d'Achard était le plus conforme
aux convenances, et, d'autre part, que cet orateur suivant la vieille mode n'était certes dépourvu ni d'in-
vention ni de talent.

Fol. 18. *Mag. A. in Adventu Domini.* — *Veni, Domine
Jesu! — Hæc verba posuit Joannes in fine Apocalypsis,
in fine totius canonicæ Scripturæ...* Autres copies :
nᵒˢ 14589 (fol. 32), 14948 (fol. 16), 14957 (f. 111, mais
incomplet), 16461 (fol. 21) de la Bibliothèque nationale
et 316 (fol. 31) de l'Arsenal. En tête de cette dernière

______

(1) *Hist. litt. de la France*, t. XIV, p, 13.

copie, que contient un volume pareillement originaire
de Saint-Victor, le nom d'Achard se lit en toutes
lettres.

Fol. 20. *Mag. Henrici de Apostolis. — Estote prudentes sicut serpentes... — Præcipitur in Evangelio ut
ædificaturus turrim prius sedeat et sumptus computet.*
Autres copies : n°° 14589 (fol. 34), 14925 (fol. 119),
14948 (fol. 18), 14957 (fol. 111), 16461 (fol. 23). Quel
est cet Henri? Evidemment c'était un religieux. On
n'en doute pas quand on le voit qualifier en des termes très dédaigneux tantôt les prélats séculiers,
tantôt les maîtres des écoles mondaines. M. l'abbé
Bourgain (1) a déjà cité ce passage de son sermon sur
les apôtres :

Sumptus necessarii ad sermonem faciendum sunt vita et
scientia, quas mihi deesse non dubito. Unde consequens est
ut ab irrisoribus insultationem patiar; quæ fortassis non
erit ad caritatis diminutionem, sed ad profectum. Hujus in-
sultationis timorem habeant sæculares artium disputatores,
quorum est velle magis videri sapientes quam esse, humano
favori studere quam communi utilitati. Nos autem, quorum
est et esse debet in contumeliis gaudere...

Ce qui nous fait, en outre, supposer qu'il était chanoine de Saint-Victor, c'est que le sermon ici mentionné, le seul qu'on ait conservé sous son nom,
n'existe, à notre connaissance, qu'en des manuscrits
venus de cette abbaye. Mais là doivent s'arrêter nos
conjectures.

Fol. 22. *Mag. Mauricii in solemnitate B. Victoris. — Vincenti dabo manna absconditum. — Decet*

(1) Bourgain, *La Chaire franç. au* XII° *siècle*, p. 126.

in solemnitate gloriosi martyris beati Victoris nomen victorix frequentius in ore habere. Autres copies : n°s 13774 (fol. 28), 14589 (fol. 35) 14948 (fol. 19), 14957 (fol. 112), 16461 (fol. 25). Notre volume nous offre, sous le nom de ce maître Maurice, six sermons dont aucun ne figure parmi ceux que Maurice, évêque de Paris, a réunis lui-même en corps d'ouvrage et divisés en trois livres, avec autant de préfaces. Mais il est bien probable qu'il avait formé ce recueil avant même d'être évêque, tandis que les six sermons ici transcrits doivent avoir été par lui prononcés quand, ayant abdiqué l'épiscopat, il s'était retiré, pour mourir en paix, à Saint-Victor (1). Ils lui sont attribués sans difficulté par M. l'abbé Bourgain (2). Le premier n'est en rien remarquable.

Fol. 23. *Mag. Petri M. de Assumptione Virginis;* commençant par : *Moyses tulit virgam Aaron et reposuit in archa fœderis; filii namque Israël murmuraverant contra Aaron, quod solus præ ceteris summo sacerdotio fungeretur.* Autres copies : n°s 13774 (fol. 27), 14589 (fol. 36), 14948 (fol. 20), 14957 (fol. 113), 16461 (fol. 27). En tête de cette dernière copie, le nom de l'auteur est en toutes lettres : *Petrus Manducator,* Pierre Le Mangeur. Le sermon est, d'ailleurs, sans intérêt; il n'y a que des explications de puériles allégories.

Fol. 25. *Mag. Mauricii de S. Victore;* commençant par : *Hæc est victoria quæ vincit mundum, fides nostra.* — *Scitis, fratres mei, diem præsentem celebrari in*

(1) *Hist. litt. de la France,* t. XV, p. 153.
(2) *La Chaire franç. au* xiie *siècle,* p. 48, note.

honore et veneratione beati Victoris. Autres copies : n°ˢ 14589 (fol. 37), 14948 (fol. 22), 16461 (fol. 29). Dans ce sermon, d'une gravité soutenue, il n'y a que des paraphrases banales.

Fol. 27. *Mag. Petri M. de S. Augustino;* commençant par : *Filius accrescens Joseph... Jacob diem obitus sui imminere prævidens...* Autres copies : n°ˢ 14948 (fol. 24), 16461 (fol. 32). L'orateur, Pierre Le Mangeur, commente successivement chacun des mots de son thème, appliquant tout ce qu'on y lit sur Joseph d'abord à saint Augustin, ensuite aux religieux de son ordre. Ainsi qu'on le soupçonne, tout est forcé dans ce commentaire; ce ne sont que jeux d'esprit :

Jacob significat Deum Patrem, qui plures habet filios. Tribus modis accipitur filius, videlicet filius naturæ, filius gratiæ, filius obedientiæ : filius Dei naturalis ab æterno, filius gratiæ a baptismo, filius obedientiæ a voto. Ut autem competentius ostendatur qualiter prædicta verba secundum triplicem acceptionem filii tripliciter possunt exponi, petimus ut detur nobis licentia loquendi. Dicatur itaque filius naturæ Augustus, filius gratiæ Augustinus, filius obedientiæ Augustinianus. Nemini autem videatur mirum quod filium Dei vocamus Augustum, quo nomine ille Romanus imperator ab augenda republica prius nuncupatus est; quis autem ex re hoc nomen convenientius possidet quam ille qui rem publicam auxit ecclesiæ civitatis supernæ, qui est pax nostra, qui utraque fecit unum, qui pacem super pacem dedit, qui oleastrum sterilem olivæ fructiferæ inseruit, ecclesiam synagogæ conjunxit, gentilem populum in se, angulari lapide, populo judaico sociavit. Videndum est igitur primo qualiter verba proposita de Augusto, filio naturæ, debeant intelligi...

De tout cela rien n'est vraiment ingénieux. Ce qui suit ne l'est pas davantage. Mais quels efforts pour atteindre le but manqué! Comparant les sermons d'Achard à ceux de Pierre Le Mangeur, nous trouvons que ceux-ci sont bien loin de valoir ceux-là. Ceux-là pourtant semblent avoir eu moins de succès.

Du folio 29 au folio 33, nous avons des fragments de théologie mystique, sous ce titre *Capitula*, qui sont anonymes dans le n° 14957 (fol. 116), mais qui, dans les n°s 14589 (fol. 104) et 16461 (fol. 35), sont intitulés : *Expositio super Ecclesiasten secundum mag. H.* Le maître désigné par la lettre H. semble bien être Hugues de Saint-Victor, et, en effet, sa onzième homélie sur l'Ecclésiaste est la paraphrase de l'obscure sentence par laquelle commencent nos *Capitula : Sapientia attingit a fine usque ad finem.* Cependant la paraphrase imprimée n'est pas celle que nous offrent les manuscrits cités. Si le fond est le même, la forme diffère beaucoup. Avons-nous dans ces manuscrits un premier essai de l'auteur? On peut le supposer. A ce fragment succède une nouvelle série de sermons.

Fol. 33. *De Purificatione, mag. G.;* commençant par : *Sint lumbi vestri præcincti...* — *Festiva solemnitas præsentis diei in tribus linguis tribus nuncupatur vocabulis.* Dans le n° 16461 (fol. 40), l'auteur est indiqué, comme il l'est ici, par la lettre G. C'est donc le prieur Gauthier. Mais le même sermon est anonyme dans le n° 14948 (fol. 30), et dans le n° 2950 (fol. 145) il est attribué à Pierre Le Mangeur. Nous le croyons de Gauthier. Les sermons de Pierre sont plus courts et les mêmes choses y sont exprimées avec beaucoup moins d'âpreté. Ainsi nous ne retrouvons pas le style de Pierre dans le passage suivant :

Oculorum inquinamento inquinamur quoties mors carnalis concupiscentiæ, ex vanitate accepta occasione, intrat per fenestras ipsorum oculorum nostrorum. Quoties ergo species mulieris vel aliquid aliud quod nobis solet præbere materiam peccandi se offert, oculos nostros in ipsum non debemus figere..., sed eos avertere ne videant vanitatem per quam hauriant mortem. Aurium autem inquinatione inquinamur quoties præbemus eas verbis sæcularibus, verbis otiosis, verbis nocuis et detractionis ; quoties libenter audimus eos quorum sermo ut cancer serpit, quorum colloquia corrumpunt bonos mores. Magna equidem inquinatio bonorum morum corruptela. Hi sunt de quibus dicit Joannes apostolus : « Hi de mundo sunt et de mundo loquuntur et mundus audit eos. » Ipsi sunt de mundo, imo ipsi sunt mundus, id est mundi amatores, et de mundo loquuntur, id est de mundanis et vanis, et mundus, id est mundi amatores eos audiunt. Mundus ergo audit mundum de mundo loquentem, id est vani vanos de vanitate fabulantes. Si ergo nolumus talium confabulationibus corrumpi, si volumus bonorum morum integritatem illæsam custodire, tales fugiamus tanquam animarum corruptores...

Comme on l'a vu, Pierre Le Mangeur est moins dur pour ce monde dont il s'est volontairement éloigné. S'il ne le regrette pas, il croit néanmoins qu'on y peut bien vivre. D'ailleurs son langage est sur toute chose habituellement modéré, tandis que celui de Gauthier ne l'est jamais.

Fol. 36. *In Annuntiatione Domini, magistri Petri Mand.;* commençant par : *Eo tempore egressus est Isaac ad meditandum... — Alia translatio habet : Egressus et Isaac ad exercitandum in agro.* Autres copies : n°s 13774 (fol. 26), 14948 (fol. 33), 16461 (fol. 45). Il n'y a rien à citer de ce sermon, que nous regrettons de trouver si dépourvu d'intérêt.

Fol. 38. *De Epiphania Domini, G.;* commençant par : *Hic est filius meus; ipsum audite. — Sit omnis homo velox ad audiendum, tardus ad loquendum.* Autre copie : nº 14948 (fol. 34). Gauthier invoque ici, touchant un point de doctrine, l'autorité de « maître Hugues » de Saint-Victor ; mais, les phrases qu'il cite étant empruntées au grand traité des *Sacrements,* livre II, part. I, ch. ix, nous n'en pouvons pas tirer une information utile, l'attribution de cet ouvrage à l'illustre chanoine n'ayant jamais été contestée.

Fol. 40. *De Spiritu sancto, G.;* commençant par : *Non accepistis spiritum servitutis... — Spiritus sanctus creatrix est potentia.* Autres copies : nº 14948 (fol. 36), 14957 (fol. 119), 16461 (fol. 49). Ce sermon est un des plus dogmatiques qu'ait composés Gauthier de Saint-Victor ; on peut même dire que c'est plutôt une leçon de théologie qu'un sermon.

Fol. 42. *In Pascha, G.;* commençant par : *Si qua in Christo nova creatura, vetera transierunt et ecce facta sunt nova. — In die dominicæ resurrectionis, in hac die nostra spes.* Autres copies, avec l'indication de l'auteur par la même initiale : nᵒˢ 14948 (fol. 38), 16461 (fol. 53). Le même sermon est anonyme dans les nᵒˢ 3563 (fol. 69), 13586 (fol. 160), 14957 (fol. 122), et dans le nº 2950 (fol. 19) il est sous le nom de Pierre Le Mangeur. Mais cette attribution ne paraît pas non plus admissible. Nous avons déjà cité ce sermon sous le nº 13586 (1).

(1) Tome II, p 311.

Fol. 45. *Sermo communis, magistri Gaufridi;* commençant par : *Vidi aquam egredientem a dextro latere templi...* — *Libenter suffertis insipientes, cum sitis sapientes.* Autres copies : 14948 (fol. 41), 16461 (fol. 56) Quel est ce *Gaufridus !* On peut supposer que c'est Godefroid de Saint-Victor, qui fut un des contemporains de Gauthier, d'Achard et de Pierre Le Mangeur. A la vérité, ce sermon n'est pas au nombre de ceux que l'on a réunis sous son nom dans les n⁰ˢ 14881 de la Bibliothèque nationale et 942 de la Mazarine ; mais il est reconnu qu'il en a fait d'autres (1).

Fol. 47. *De Assumptione, G. ;* commençant par : *Ostende mihi faciem tuam...* — *Omni devotione colenda est gloriosa assumptio B. Mariæ.* Autres copies : 14948 (fol. 43), 16461 (fol. 59). Ce qu'il y a de moins banal dans ce sermon de Gauthier, c'est une invective contre les fêtes mondaines.

Fol. 49. *De Resurrectione, magistri Achardi ;* commençant par : *Dies ista dies Christi, dies Domini, dies quam fecit Dominus, dies dominica, dies nova sole novo illustrata.* Autres copies : n⁰ˢ 568 (fol. 148), 14948 (fol. 45), 14957 (fol. 126, incomplet), 15033 (fol. 190), 16461 (fol. 62). Achard se montre, dans ce sermon, un mystique très raffiné, qu'il n'est pas toujours facile de comprendre. Nous croyons pourtant en avoir compris et nous allons en citer un fragment où sont dénoncées comme hérétiques certaines opinions émises en ce temps-là dans quelques chaires de Paris :

(1) *Hist. litt. de la France,* t. XV, p. 79.

Quidquid de Deo dicitur positive, et de homine, ut sapiens, bonus et similia. Ideo dico positive quod sunt quædam quæ de Deo dicta nil in eo ponunt, sed potius removent, ut æternus, immensus; æternus enim dicitur Deus quia non principium vel finem habet; unde, quamvis homo assumptus non sit æternus, sed Deus sit æternus, non ideo habet minus homo quam Deus, quia, ut dictum est, æternus nil ponit, sed removet. Cur saltem non credunt apostolo dicenti : « In quo habitat omnis plenitudo divinitatis corporaliter ». Cum dicit « omnis » comprehendit omnia quæ in Deo sunt, ut potentiam, sapientiam, bonitatem ; cum dicit « plenitudo » totalitatem singulorum innuit, posset enim habere et non secundum eamdem plenitudinem ; sed, ne quis hoc totum exponat de verbo, subjunxit « corporaliter », id est in corpore Christi. Item ipsa veritas de se dicit : « Data est mihi omnis potestas in cœlo et in terra ». Manifestum, quia non inferiori datur ; si enim tantam potentiam homo assumptus non haberet quantam Verbum, quomodo verum esset omnem potestatem sibi datam fuisse ; vel, si non habet omnipotentiam, quomodo est omnipotens? Et, si non est omnipotens, quomodo est Deus? O oculi qui non vident ! Non audent dicere quod homo ille non sit Deus, et tamen dicunt id ex quod illud sequitur ; hi etenim tangunt Christum qui ejus divinitatem corrodunt, quia, si non habet tantam divinitatem, quomodo idem Deus et tantus quantus est Deus ipsum Verbum?... Nos ergo... devote et magna reverentia comedamus caput agni, humanitati Christi plenitudinem deitatis inesse credendo, nihil de ipsa demendo. Pedes vero agni quidam male comedunt et irreverenter corrodunt, veluti illi qui de corpore Jesu dicebant quia fantasma erat, et illi qui dicebant Verbum assumpsisse corpus tantum et non animam, et ipsum Verbum locum animæ obtinere, et ut illi qui dicebant corpus et animam, sed non rationem, Verbum assumpsisse et locum mentis Verbum obtinuisse. Sunt adhuc quidam inimici veritatis qui dicunt quod, quando Verbum factum est homo, non est factum aliquid, nec in eo quod est homo est aliquid quod nos sumus. Sed si hoc est, quomodo nobis est consubstantialis secundum humanitatem sicut patri est consubstantialis secundum divinitatem ?... Sicut auferunt prædicti plenitudinem divinitatis Christi humanitati, sic

isti auferunt plenitudinem humanitatis ejusdem divinitati ;
utrique cæci duces cæcorum.

Ainsi la doctrine d'Achard est que le Christ possède,
en tant qu'homme, la plénitude de tous les attributs
divins, et qu'il ne manque à Dieu fait homme rien de
ce qui comporte la définition de la personne humaine.
Mais cette doctrine n'est pas, dit-il, celle de tous les
maîtres, et celle qu'ils professent devrait, assure-t-il,
les conduire, s'ils étaient bons logiciens, à nier la
divinité de Jésus-Christ. Ce fragment nous semble
avoir l'intérêt d'un document historique.

Fol. 52. *Mag. A.*, *in Ramis palmarum* ; commençant par : *Venit Jesus ad montem Oliveti et dixit discipulis suis* : « *Ite in castellum…* » — *Venit mons ad
montem, spiritualis ad materialem, veritas ad
figuram.* Autres copies : n°⁵ 568 (fol. 147), 14948
(fol. 47), 14957 (fol. 127), 16461 (fol. 66). Il n'est pas
douteux que ce *mag. A.* soit maître Achard. Les
noms sont, dans notre manuscrit, plus ou moins
abrégés, suivant l'espace que le copiste avait réservé
pour la rubrique.

Fol. 54. *Sermo de omni exhortatione ;* commençant
par : *Veni in altitudinem maris et tempestas dimersit
me.* — *Mare sæculum præsens. Mare salsum.* Autres
copies : n°⁵ 568 (fol. 141), 14948 (fol. 49), 14957
(fol. 102), 16461 (fol. 68). Ce sermon est anonyme
dans les cinq manuscrits, et, si nous soupçonnons
qu'Achard en est l'auteur, nous n'en avons pas d'autre
preuve qu'une conformité de style très souvent, re-
connaissons-le, decevante. Quoi qu'il en soit, ce pré-

dicateur innomé parle, comme Achard, une langue
dont la correction et l'élégance sont également re-
commandables. On en va juger. Voici l'exorde du
sermon :

Veni in altitudinem maris et tempestas dimersit me.
Mare sæculum præsens. Mare salsum est, inquietum est,
tumidum est et fœtidum est ; sic præsens sæculum falsum
per amaritudinem, inquietum per curiositatem, tumidum
per superbiam, fœtidum per luxuriam. Ad transeundum
illud mare necessaria est nobis navis, malus, velum et cet.
Navis significat fidem cujus tabulæ sacræ Scripturæ sententiæ
sunt, clavum vero auctoritates sanctorum doctorum sunt.
Navis in prora et in puppi stricta est et in medio lata ; sic
fides. Stricta enim fuit in Abraham, qui fuit prima credendi
via ; non quod in tempore Abrahæ vel ante fides non fuerit,
sed quod in tempore ejus fuit rara, occulta et quasi sopita
et in ipso solo excitata, manifestata et probata, et in ipso
quasi uno ligno navis inchoata ; et adhuc etiam quando
Jacob descendit in Ægyptum, in animabus septuaginta satis
stricta fuit ; quando autem populus israeliticus in deserto
cultum Dei suscepit et in terra promissionis unum Deum
coluit, tunc navis fidei dilatari cœpit. Denique, adveniente
Christo in carne, et ipso passo pro humano genere, et prædi-
cantibus apostolis evangelium in omni gente, tunc ipsa navis
latitudinem suam suscepit. Verum veniente antichristo, et
ipso miracula sua faciente, divitias multis tribuente, tormenta Christianis inferente, rursum coarctabitur navis ista,
quia multi qui putabantur fideles extra fidem invenientur.
In ultimo denique justo, quasi in ultimo et uno ligno, con-
summabitur.

La comparaison qui est toute la matière de cet
exorde est sans doute prolixement paraphrasée ;
mais la paraphrase ne manque pas de traits ingénieux.

Fol. 55. *Mag. A. in Pascha ;* commençant par : *Dominicæ resurrectionis excellentia, tantæ festivitatis solem-*

*nitas, nostræ redemptionis simul et salutis celebratio
nos excitet, moveat et tangat....* Autres copies : n°ˢ 568
(fol. 142), 14948 (fol. 50), 14957 (fol. 128), 16461 (fol.
79). Au ton pompeux de l'exorde on reconnaît aisément l'auteur, maître Achard.

Fol. 58. *De Ascensione, mag. Mauricii;* commençant par : *Sol oritur et occidit....* — *De solemnitate
Ascensionis dominicæ, non prout vestræ capacitati,
sed meæ parvitati convenit...* Autres copies : n°ˢ 568
(fol. 144), 14957 (fol. 129, incomplet), 14948 (fol. 52),
16461 (fol. 73).

Fol. 59. *Sermo magistri Mauricii communis;* commençant par : *Quid est bonum Dei? Quid est pulchrum
Dei? Ea quæ dicuntur non solum pensanda sunt ex
qualitate sermonis...* Autres copies : n°ˢ 568 (fol. 145),
13774 (fol. 30), 14948 (fol. 54), 14957 (fol. 130, incomplet), 16461 (fol. 75).

Nous citons ces phrases, qui certainement se rapportent aux théologiens de l'école séculière :

Nonne mali æque ut boni audiunt, legunt et intelligunt
verbum Dei, plicant et replicant scripturas ? Utique ; sed
non simili modo. Mali namque legunt ut linguas ornent,
non vitam componant ; sapientiam quærunt non propter
sapientiam, sed ut venalem prostituant, vel pro laude
humana, vel pro pecunia. Unde, sapientia indigni, ipsam
in veritate non inveniunt ; corticem frumenti nostri exterius rodere nobiscum possunt, sed ad ejus medullam, ut
adipe satientur, non pertingunt.

En effet, après s'être exercés à bien dire, ces maîtres
séculiers font de la science, pour la plupart, un métier
lucratif. Or l'éloquence, la richesse, ce sont là choses
mondaines, dont tout religieux, doit, à Saint-Victor,

professer le mépris, même au risque de n'être pas
tenu pour sincère. La richesse, oui, c'est bien sincèrement que chacun y fait profession de la dédaigner;
mais, en ce qui touche l'éloquence, Hugues et
Richard, par exemple, les plus honorés des maîtres
Victorins, ne se sont-ils pas appliqués, autant que
quiconque, à parer leurs discours, leurs écrits, de
toutes les fleurs de la rhétorique ou profane ou
sacrée? Et quand nous voyons Maurice lui-même citer,
sans à-propos, dans ce sermon, plusieurs vers
d'Horace et d'Ovide, nous jugeons qu'il ne dédaignait
pas les ornements du langage autant qu'il croyait
devoir le dire.

Fol. 61. *Mag. Odonis de Purificatione;* commençant
par : *Adorna thalamum tuum, Sion... Scriptum est :
Ubi est majus scientiæ donum, ibi majus culpæ periculum.* Autres copies : nᵒˢ 568 (fol. 182), 14948
(fol. 56), 14957 (fol. 58), 16461 (fol. 78); Mazar.,
nᵒ 358 (fol. 124). On a compté, parmi les auteurs du
xiiᵉ siècle, deux chanoines de Saint-Victor nommés
l'un et l'autre Odon, dont l'un devint abbé de Sainte-
Geneviève, l'autre de Saint-Père, près Auxerre (1).
Ce sermon appartient probablement à l'un des deux.
Mais auquel ? C'est ce que nous ne saurions dire. Il
est du moins certain que c'est un sermon prononcé
dans un cloître devant des religieux. La phrase suivante le montre clairement :

Nobis autem, fratres, inter cetera collatum est præfulgens
scientiæ donum et commissum pretiosum sapientiæ talen-

____

(1) *Hist. litt. de la France,* t. XIV, p. 346.

tum, quibus Deus arcana cœlestium secretorum revelavit,
incerta et occulta sapientiæ suæ manifestavit.

On ne parle pas de cette manière au commun des
fidèles. Dire à des gens que Dieu leur a particulièrement révélé les mystères du ciel, c'est déjà bien
certainement les flatter outre mesure. Le dire au
peuple des laïques, ce serait se moquer.

Fol. 63. *De Septuagesima, mag. A.;* commençant
par : *Septuagesima in alterius rei memoriam et in
alterius rei figuram et signum a devotione fidelium
celebratur.* Autres copies : n°s 568 (fol. 184), 14925
(fol. 118), 14948 (fol. 58), 14957 (fol. 131, incomplet),
16461 (fol. 81); Mazar., n° 358 (fol. 127). Ce sermon
d'Achard a pour objet d'expliquer certains passages
de la Genèse. Il avait reconnu, théologien scrupuleux,
que ces passages manquent de clarté. Quant à ses
explications, ce que nous en pouvons dire c'est
qu'elles sont très subtiles, trop subtiles.

Fol. 65. *In solemnitate cujuslibet martyris, mag.
M.;* c'est-à-dire *Mauricii;* commençant par : *Vincenti
dabomanna.., — Semel loquitur Deus et duo audiuntur.*
Autres copies : n°s 568 (fol. 185), 14948 (fol. 59),
14957 (fol. 112, incomplet), 16461 (fol. 83); Mazar.,
n° 358 (fol. 130).

Fol. 66. *De Assumptione B. Mariæ, mag. Petri
Manducatoris;* commençant par : *Cum sim pulvis et
cinis timeo loqui vobis, quia vestra conversatio in cœlis
est; ego vero tanquam jumentum computrui in sterco-
ribus meis.* Autres copies de ce sermon inédit :
n°s 568 (fol. 186), 14948 (fol. 60), 14957 (fol. 61), 16461
(fol. 85); Mazarine, n° 358 (fol. 131). Les premiers

mots montrent assez qu'il fut prononcé devant des religieux par un confrère qui avait longtemps vécu dans le siècle. On ne doute donc pas qu'il soit attribué justement à Pierre le Mangeur. Il est d'ailleurs de son style, où le travail se fait trop sentir. Nous en citons ce passage, qui manque certainement de simplicité, mais où l'on trouvera de justes remarques et quelques traits ingénieux :

Per lilium virginitas, per byssum continentia in Scriptura solet designari. Byssus enim, cum sit genus lini subtilissimi, nascens viridem et gramineum habet colorem ; deinde multis decoctionibus multisque tunsionibus magnoque labore magnoque studio ad candorem perducitur. Sic post lapsum non nisi multo sudore ingentique studio candor continentiæ acquiritur, nec facile post pravam consuetudinem habenas quis continet ne campos licentiæ discurrat; qui vero in adolescentia, quando pori, ut aiunt physici, aperti sunt, integritatis amator virginitatis lilium inviolatum custodit postmodum in succedenti ætate pudicitiæ decus non ex facili deponit, sed incorruptionis thesaurum sine labore velut donum naturæ custodit.

Fol. 68. *In Dedicatione:* — *Vidit Jacob in somnis scalam...* — *Triplex est visio : visio noctis, visio diei, visio lucis.* Les copies de ce sermon sont nombreuses. Il a donc été très goûté. Cependant aucune de ces copies n'en indique l'auteur. Nous l'avons cité sous le n° 13577 (1).

Fol. 69. *De Nativitate B. Mariæ, mag. A.* — *Ego quasi vitis fructificavi...* — *Apostoli bonus odor et suavis erat Deo ; sed et virgo Maria odor suavissimus erat sponso suo.* Autres copies : n°s 568 (fol. 138), 14948 (fol. 63),

____

(1) Tome II, p. 265.

14957 (fol, 132, incomplet) 15461 (fol. 90) ; Mazarine,
358 (fol. 134).

Achard a fait de bien meilleurs sermons. Nous ne
trouvons à signaler dans celui-ci qu'une courte phrase
sur l'immaculée conception de la Vierge. Achard
veut y croire : *Ex utero matris suæ, ut credimus, fuit
sanctificata*. Mais cet *ut credimus* nous fait entendre
qu'il laisse à d'autres la liberté d'en douter.

Fol. 71. *De Omnibus sanctis, G. ;* commençant par :
*In domo patris mei multæ mansiones sunt. — Nemo
aliquid habet nisi quod accepit*. Autres copies : n°s 14948
(fol. 65), 14957 (fol. 133, incomplet), 16461 (fol. 92).

Fol. 74. *In Natali Domini, G.;* commençant par :
*Verbum caro factum est... — Fratres, quoties hoc
genere loquendi...* Autres copies : n°s 14948 (fol. 69),
14957 (fol. 135, incomplet), 16461 (fol. 97).

Ce qui suit nous apprend que Gauthier fit ce sermon, non dans l'église, mais dans le chapitre de
Saint-Victor :

Fratres, quoties hoc genere loquendi vobis loqui compellor, quid intus in cordibus vestris agatur nescio, de me autem hoc scio quod ego ipse confundor, quoniam imperitiam
meam aliis manifestare cogor. Seniores quidem qui sunt
in vobis, laudabiles in vita, probati in scientia, habentes
sensus exercitatos ad discretionem boni et mali, et ideo ido-
nei ad aliorum informationem, sermonem communis ædificationis jam ex toto prætermiserunt ; unde necesse est ut
hæc consuetudo loquendi in capitulo postponatur et relinquatur, vel ut juniores ad hoc accingantur, maxime illi qui
spiritu fervent et verbis profluunt, ut excludantur qui probati sunt argento, et illi qui parati sunt et prompti ad loquendum emineant et appareant et manifestentur... Juniores ergo de cetero tanquam boni filii succedant patribus,

suppleant vicem seniorum qui jam quasi fatigati et emeriti silentium sibi elegerunt.

Fol. 78. *In festo B. Mariæ, G.*; commençant par : *Gaudeamus omnes in Domino! — Præsens generatio non tam attendit quid dicatur quantum considerat quomodo dicatur.* Autres copies : nᵒˢ 14925 (fol. 115), 14948 (fol. 72), 14957 (fol. 136). Gauthier reproche à ses contemporains de plus estimer, dans un sermon, la forme que le fond. Le goût de la belle forme fut, en effet, très vif au xiiᵉ siècle, là même où, disait-on, c'était un devoir professionnel de la mépriser ; mais il le fut moins au xiiiᵉ, et au xivᵉ moins encore.

Fol. 80. *Sermo communis P. L.;* commençant par : *Quis dabit mihi pennas ?... Videntur hæc verba esse peccatoris qui longius advolavit in regionem longinquam.* Autres copies : nᵒˢ 6674 (fol. 13), 14925 (fol. 117), 14948 (fol. 74), 14957 (fol. 137, incomplet), 16461 (fol. 105). Dans le nᵒ 16461, l'auteur est ainsi désigné : *Petri L.* ; et l'on ne peut hésiter à croire que c'est Pierre le Lombard.

Un assez grand nombre de sermons de Pierre le Lombard ont été publiés soit sous son nom, soit sous le nom d'Hildebert, avec ceux de Pierre Le Mangeur, de Geoffroi Babion, de Maurice de Sully, etc., etc. D'autres cependant sont encore inédits, comme celui-ci, que nous allons tirer des ténèbres par respect pour la grande et juste renommée de l'auteur. Nous en avons établi le texte sur les manuscrits cités.

Quis dabit mihi pennas sicut columbæ? Et volabo et requiescam (1). Videntur hæc verba esse peccatoris qui lon-

(1) *Psalm.* liv. 7,

gius advolavit in regionem longinquam, in regionem dissimilitudinis, ubi prave et inordinate vivendo dissipavit
substantiam suam, id est bona naturalia, quæ, in quantumcumque profundum peccatorum, usque in mediam etiam
Babylonem, aliquis perveniat, non sunt tamen ex toto at-
trita quin maneat quidam bonus affectus et voluntas naturalis ex qua vult saltem se velle bonum. Unde David :
Concupivit anima mea desiderare justificationes tuas (1).
Ecce iste concupiscentiam desiderii habuit, nondum desiderium illud quod sufficit ad salutem; id est velle naturæ per
se invalidum et insufficiens habuit per quod velle gratiæ
quod nondum acceperat appetivit. Et apostolus in persona
hominis nondum redempti, sed sub lege constituti, loquens,
ait : *Non quod volo bonum hoc facio, sed quod nolo malum hoc ago* (2). Sed quid est quod dicit se nolle malum quod
fecit, cum et volens illud fecerit, alioquin videretur non
peccatum perpetrasse quod penes voluntatem consistit? Unde
ex ejus verbis diligenter consideratis perpenditur quod in
ipso fuit quædam scintilla rationis ex qua naturaliter bonum voluit; fuit etiam in eodem placitum et desiderium
peccati quod prævaluit et actum peccati pertraxit. Dicit igitur : *Quis dabit mihi pennas*, et cet. Per se quidem in longinquam regionem advolavit ; sed inde redeundo revolare
nisi aliunde acceptis pennis non potest; quas desiderat dicens : *Quis dabit mihi pennas*, etc.

Quatuor sunt alæ, sive pennæ, quibus advolavit in regionem dissimilitudinis, in qua tribus vinculis irretitur et liga-
tur ne liberum habeat reditum. De quibus ait Joannes
apostolus in canonica epistola : *Nolite diligere mundum
nec ea quæ in eo sunt, quia quidquid in mundo est vel
est concupiscentia carnis vel concupiscentia oculorum
vel superbia vitæ* (3); omne illud, inquam, per quod princeps
mundi nos expugnat et debellat et sibi subjugat et irretitos
et ligatos tenet. Concupiscentia carnis consistit in gulosi-
tate, in ebrietate et in luxuria. Per gulositatem cecidit primus homo, quia per gulam tentatus et superatus ; per ebrie

(1) *Psalm.* cxviii, 20.
(2) *Paulus, Epist. ad Roman.*, vii, 19.
(3) *Joann.*, I, 2, 15.

tatem cecidit Loth ; per luxuriam Salomon ille magnus, plenus scientia, est præcipitatus et amore mulierum infatuatus. Per concupiscentiam vero oculorum expugnamur cum speciosa et decora mundi videmus et visa concupiscimus sicque mors per fenestras nostras intrat. Unde scriptum est : *Oculus meus deprædatus est animam meam videndo mulierem ad concupiscendam eam* (1). Superbia vitæ est cum quis melior quam sit videri concupiscit. Quæ valde timenda est, quia per eam Lucifer cecidit de cœlo et homo expulsus est de paradiso. Hæc vincula mortifera arma Christi induendo disrumpamus : gulositatem per abstinentiam ; ebrietatem per sobrietatem ; luxuriam per continentiam ; concupiscentiam oculorum per mundi contemptum, avertendo oculos ne videant vanitatem ; superbiam vitæ per contemptum sui.

Prima autem pennarum quatuor est lætitia temporalis et mundialis ; quæ consistit vel in affluentia divitiarum et sanitate corporis, de quibus et in quibus multi gaudent in his ponendo finem desideriorum, cum in solo Deo sit gloriandum, sicut scriptum est : *Qui gloriatur in Domino glorietur* (2) ; et alibi : *Gaudete in Domino semper, iterum dico gaudete* (3) ; vel in expletione desideriorum carnalium et illicitorum ; sunt enim qui gaudent cum male fecerint et exultant in rebus pessimis, qui non dormiunt antequam male fecerint. Secunda penna est tristitia mundialis, quæ inest vel cum mundus non arridet affluentiam divitiarum tribuendo, vel cum quis non permittitur sua prava desideria explere post concupiscentias eundo ; quæ mala est et mortem operatur. Tertia penna est hypocrisis, quæ est cum aliud est in corde et aliud in ore. Unde propheta : *Totus populus iste hypocrita est* (4). Hæc comparatur parieti dealbato, sepulchris mortuorum quæ foris nitent, intus vero sunt plena ossibus mortuorum omnique spurcitia. Quarta penna est superbia, quæ tribus modis fit, vel cum quis ea quæ Dei sunt sibi attribuit, vel ea sibi data esse pro suis

(1) *Hierem. Thren.*, III, 51.
(2) *Paulus, Epist. ad Corinth. prima,* I, 31.
(3) *Paulus, ad Philipp.*, IV, 4.
(4) Passage librement cité d'Isaïe, IX, 17.

meritis asserit, vel se super alios extollit et eadem non habentes despicit.

Istis autem quatuor alis mortiferis aliæ quatuor pennæ, in quibus est vita, contrariæ sunt, quibus revertendum et revolandum unde advolavit. Prima est lætitia spiritualis; secunda, tristitia salutaris, quæ est in pœnitentia. Tertia est veritas pietatis et religionis; unde David *Ponite corda vestra in virtute ejus* (1); corda inquit, non ora, in virtute, id est in caritate, quæ antonomastice dicitur virtus, cum ipsa mater sit et vinculum omnium virtutum. Quarta est humilitas, quæ in tribus attenditur ut ejus contrarium. Sunt et sex pennæ quibus assumptis reditur ad patriam. Unde Isaias : *Sex alæ uni et sex alæ alteri* (2); et Joannes in Apocalypsi vidit animalia senas alas habentia. Senarius perfectionis est nota; unde in senario Deus mundum creavit et sexta ætate, et sexta feria sextaque hora diei crucis tormentum pro nostra salute pertulit. Congruе igitur per sex alas omnium virtutum perfectio designatur, ut duæ virtutes sint laterales, duæ pedestres, duæ capitales, ut homo circumquaque munitus et armatus contra adversarium incedat nullusque aditus pateat hosti.

Duæ igitur virtutes laterales sunt timor et spes. Timore contra prospera mundi quasi a dextro latere, ne per ipsa dissolvamur, munimur; qui triplex est : est enim timor pœnæ, est timor ruinæ, est timor reverentiæ. Primus est incipientium, secundus proficientium, tertius pervenientium. Spe autem munimur contra adversa quasi sinistro latere ne in ipsis frangamur, sicut dicit apostolus, quia tribulatio patientiam operatur, patientia probationem, probatio spem; spes autem non confundit, quia caritas Dei diffusa est in cordibus nostris. Spes alia est veniæ, alia gratiæ, alia gloriæ. Prima est incipientium, secunda proficientium, tertia pervenientium. Duæ vero pedestres sunt pœnitentia et confessio. Vera pœnitentia debet in se tria habere : primo dolorem et cordis contritionem pro peccati perpetratione; secundo ipsius peccati et delicti punitionem; tertio per memoriam præcedentium facinorum erubescentiam. Unde apostolus,

(1) *Psalm.* XLVII, 14.
(2) *Isaias,* VI, 2.

conversis loquens, ait : *Quem ergo fructum habetis nunc
in quibus erubescitis* (1). Qui enim non erubescit in recorda-
tione delictorum nondum vere pœnitet. Confessio nihilominus tria continet, ut videlicet sit vera, nuda sit et indivisa :
vera, ut quod factum est non taceatur, et quod factum non
est velut causa humilitatis non dicatur ; nuda, ut sine ex-
cusatione sui, sine verborum ambagibus, res simpliciter osten-
sa prout gesta est narretur : indivisa, id est per plures sacerdotes non dividatur, ut una pars delicti huic sacerdoti, altera
illi sacerdoti dicatur, ut sic nulli eorum pateat quam malus
sit ipse peccator ; quod prohibitum est in canonibus. Duæ
vero capitales pennæ sunt humilitas et caritas. Humilitas
ad custodiam aliorum necessaria est, ut, cum hæc omnia
quæ imperata sunt nobis fecerimus, dicamus quia servi inutiles sumus, tantum quæ debuimus facere fecimus. Quid est
hoc ? Si omnia quæ debuimus facere fecimus justi et sancti
sumus, et, si justi sumus, quomodo servi inutiles dicimur ?
Sed hoc dictum est ex quadam similitudine. Sicut enim
servus qui nullam utilitatem confert domino suo inutilis
dicitur, sic et nos, quantæcumque fuerimus perfectionis,
nihil Deo conferimus, ipse enim bonorum nostrorum non
eget ; unde vere quantum ad ipsum servi inutiles sumus.
Dilectio alia carnalis, alia rationalis, alia spiritualis. Carnalis, qua se diligit mundus quodam affectu carnali, et hæc
dilectio mala est. Rationalis est qua diligimus ea quæ a
nobis diligi persuadet ratio ; hæc dilectio non est mala quidem, sed bona ; sed insufficiens. Unde Dominus in Evangelio : *Si dilexeritis eos qui vos diligunt quam mercedem
habebitis* (2)? Quam dilectionem non improbat, sed non sufficientem demonstrat. Spiritualis est qua Deum diligimus
ex toto corde, ex tota anima, ex tota mente et proximum
sicut nosmetipsos. Hæc dilectio spiritualis ordinata esse
debet ut ante omnia diligatur quod supra nos est, id est
Deus ; deinde quod nos sumus ; tertio quod juxta nos est,
id est proximus ; quarto quod infra nos est, id est corpus
nostrum. His duabus alis humilitatis et dilectionis tegitur
mens nostra ne lædatur ab hoste ; has pennas sibi dari

(1) *Paul. Epist. ad Rom.*, vi, 21.
(2) *Matth.*, v, 43.

desiderat peccator revolare cupiens, dicens : *Quis mihi dabit pennas sicut columbœ ?* Non sicut corvo qui iterum ad arcam non est reversus, sed sicut columbæ quæ reversa est iterum ad arcam, portans in ore ramum olivæ; vel ideo dicit *sicut columbœ* quia ipsa gemitum pro cantu habet, sicque, ut dicit apostolus, *omnis creatura ingemiscit et parturit usque adhuc, revelationem filiorum Dei expectans* (1); et *volabo,* inquit, scilicet mundum contemnendo, omnia quæ in eo sunt velut stercora reputando, et *requiescam* etiam jam hic in præsenti. Intus in mente requiescunt sancti ; de qua pace animi transituri sunt ad pacem Dei, de pace interna ad pacem æternam, pacem super pacem accepturi. Ad quam pacem nos perducere dignetur Christus Jesus, pax nostra. Amen.

Pierre le Lombard est, dit M. l'abbé Bourgain, un prédicateur médiocre (2). C'est, du moins, un prédicateur pédantesquement méthodique, qui manque tout à fait d'abandon, ou qui, plutôt, dédaigne vraiment trop les artifices du genre appelé pathétique. Ainsi le jugera-t-on sur le sermon que nous venons de reproduire : grave paraphrase, très correctement ordonnée, d'une allégorie frivole comme le sont la plupart des allégories, où rien ne touche, n'émeut l'auditeur. Et pourtant ce sermon, qui nous semble aujourd'hui dépourvu de tout agrément, eut certainement, quand il fut prononcé, plus ou moins d'approbateurs. Ce qui le prouve, c'est qu'on l'a très servilement imité. Nous en signalons un pastiche dans le n° 6674 (fol. 13) de la Bibliothèque nationale, et, si nous n'en dénonçons pas l'auteur, c'est qu'il nous est inconnu.

Quand Pierre le Lombard fit ce sermon à Saint-

(1) *Paul. Epist. ad Rom.,* viii, 22.
(2) *La Chaire franç. au* xiie *siècle,* p. 46.

Victor, il était sans doute évêque de Paris. Les chanoines de cette illustre maison, si mal portés à l'égard des théologiens séculiers, auraient-ils invité l'un d'entre eux, même le plus en renom, à venir se faire entendre dans leur chapitre? Cela n'est guère vraisemblable. Quoi qu'il en soit, n'est-ce pas de Saint-Victor que fut un jour lancée, vingt ans après la mort de Pierre, la plus vive des diatribes contre sa mémoire? Cependant, qu'on le remarque, il est ici, dans un recueil formé par les chanoines, honorablement mis côte à côte avec son véhément détracteur, le prieur Gauthier.

Fol. 82. *In solemnitate S. Augustini, magistri Achardi* ; commençant par : *Quoniam oportet me implere locum sapientis, oportet me insipientem fieri.* Autres copies : n°s 14948 (fol. 76), 14957 (fol. 139, incomplet), 16461 (fol. 108). On peut compter Achard parmi les écrivains de son temps qui ont le plus recherche l'élégance. C'est une recherche pénible, dont le résultat ne contente pas toujours même celui qui l'a faite. Aussi voyons-nous, dans l'exorde de ce sermon pour la fête de saint Augustin, l'orateur s'accusant de l'avoir mal préparé, parce qu'il est, dit-il, un homme habituellement distrait. Ce passage est curieux :

Non quidem ut oportuit me præparavi ; non ut decuit sermonem exhortationis mihi providi vestræ fraternitati convenientem... Cujus improvidentiæ causa est præcipua curiositas et inquietudo spiritus mei ; qui, cum deberet intus quiescere domique residere et his quæ Dei sunt vacare, foris vagatur mobilis et instabilis, huc ac illuc discurrens et in momento et in ictu oculi per diversas regiones variasque provincias, nunc ad bella hæc, nunc ad illa, ducitur nec reducitur, et, si aliquando, post longos circuitus erroris, intus ad se redeat, non tamen ea quæ intus sunt attendit et considerat, sed exteriora retractat, et, si non in semetipsis, tamen in imaginibus suis. Dum igitur talibus est intentus, sui oblitus non attendit bellum quod intus et foris contra se geritur ; sed miser, in bello securus, ab hoste nudus et inermis reperitur...

Fol. 83. *De vinea Domini excolenda, mag. A.;* commençant par : *Simile est regnum cœlorum homini patrifamilias... — In hoc evangelio, quod hodie legitur in ecclesia...* Autres copies : n°s 14948 (fol. 77), 14957 (fol. 139, incomplet), 16461 (fol. 110).

Fol. 85. *In dominica Palmarum, secundum magistrum Achardum ;* commençant par : *Duæ sunt processiones principales, inter ceteras majores et excellentiores.* Autres copies : n°s 14948 (fol. 79), 14957 (fol. 102), 16461 (fol. 113).

Fol. 87. *De Nativitate B. Mariæ. G.;* commençant par : *O quam pulchra est casta generatio cum caritate ! — Quoties sermo fit de Virgine virginum, domina angelorum, regina cœli, genitrice Dei...* Autres copies : n^cs 14948 (fol. 80), 16461 (fol. 115). Gauthier avoue très sincèrement, dans son exorde, qu'il ne va pas réciter un sermon original, ayant pris un peu partout ce qu'il se propose de dire :

Pauper sum ego et mendicus, indigens pane ; non est enim panis in domo mea ; non habeo panem integrum, panem candidum et sapidum, dulcem et suavem, quem vobis, apponam, quo vos satiem. Tamen, quia mihi injunctum est ut vobis loquar, de fragmentis reliquiarum quæ collegi de mensis divitum vobis apponam.

C'est là ce qu'ont fait, sans l'avouer, beaucoup d'autres prédicateurs, surtout au moyen âge. Ce que nous appelons aujourd'hui plagiat était alors réputé le plus véniel des délits.

Fol. 89. *Sermo S. Augustini, mag. Mauricii;* commençant par : *Anima cum obtulerit sacrificium oblationis... — Hæc auctoritas habetur in Levitico, in quo libro per ministeria sacrificiorum ostenduntur arcana cœlestia.* Autres copies : n°s 14948 (fol. 82), 14957 (fol. 140, incomplet), 16461 (fol. 118).

Fol. 90. *Mag. A. de Transfiguratione Domini;* commençant par : *Assumpsit Jesus Petrum... — In hac sua transfiguratione Dominus quid sperare, quid desiderare, quo animi intentionem dirigere debeamus insinuat.* Autres copies : n°s 14948 (fol. 84), 16461 (fol. 122). Achard se propose de traiter la Transfiguration comme une allégorie et d'en tirer des leçons de morale. C'est ce qu'il fait en décrivant point par point toutes les transformations que doit subir la créature pour s'élever de la terre au ciel. Ces changements d'état sont au nombre de quinze. On devine qu'il a fallu, pour en marquer les différences, faire un grand effort de subtilité.

Fol. 92. *De Ascensione Domini, G.;* commençant par : *Ascendo ad patrem meum et patrem nostrum, Dominum meum et Dominum nostrum. — Deceret aliquem virum magnum proferre sermonem.* Autre copie : n° 14948 (fol. 86).

Fol. 95. *Alius de eodem, G.;* commençant par : *Qui descendit ipse est qui ascendit super omnes cœlos... — Vos autem, fratres et domini mei, non estis lactis par-*

ticipes. Autres copies : n°s 14948 (fol, 88), 14957 (fol. 140, incomplet), 16461 (fol. 127).

Les confrères de Gauthier n'ont pu manquer de trouver très flatteur l'exorde de ce sermon :

Vos autem, fratres et domini mei, non estis lactis participes. Non enim tanquam parvuli in Christo, tanquam tenelli in fide, tanquam imperfecti in sancta conversatione, indigetis lacte simplicis doctrinæ, ideoque non estis expertes sermonis justitiæ, imo participes ; vobis enim convenit sermo qui est faciendus justis et perfectis.

Mais il est habituel à Gauthier de dépasser en tout la mesure.

Fol. 97. *In Dedicatione ecclesiæ ;* commençant par : *Sapientia ædificavit sibi domum... — Verbum proposui de ædificatione, non de dedicatione ; non tamen ignoro quia festum hodie celebratur, non ædificationis, sed dedicationis.* Ces premiers mots de l'exorde prouvent que l'œuvre est bien un sermon. Mais quel sermon ! Il n'occupe pas, dans notre manuscrit, moins de cinquante-cinq colonnes. On a donc lieu de croire qu'il n'a pas été prononcé tout entier le même jour.

Notre manuscrit n'en indique pas l'auteur. Il est pareillement anonyme dans les n°s 3739 (fol. 40), 14957 (fol. 142) de la Bibliothèque nationale, 966 de la Mazarine (fol. 159) et 445 de Grenoble (fol. 96). Mais l'auteur est nommé dans les n° 259 de Troyes et 195 de Saint-Omer. C'est maître Achard. On n'en doute pas ; on n'en peut douter. De tous les orateurs entendus à Saint-Victor dans les dernières années du xiie siècle, il est le seul qui ait parlé la langue de ce sermon.

Le style d'Achard est, nous l'avons dit, très étudié.

C'en est le mérite et le défaut : le mérite, car on estime volontiers tout ce qui n'est pas facilement banal; le défaut, car trop de recherche rend souvent le style obscur, et celui d'Achard l'est beaucoup. En citant un des passages les plus clairs du sermon que nous avons présentement sous les yeux, nous ferons apprécier l'obscurité du reste :

Quantumcumque bona sit hominis natura, rudis tamen est et informis materia nisi formetur ex superveniente gratia. Et quidem hæc materia in nobis manu Dei fuerat formata, sed nostra manu, quæ ad vetitum est male extensa, in nobis et a nobis est deformata. Nulla autem nostra virtute vel merito potuit vel potest reformari, sed sola virtute illius a quo formata est reformanda est per gratiam Christi. Christus namque Libanus est superior a quo expectanda est forma ; mundus vero Libanus est inferior ubi satis abundat materia. Antequam Libanus superior descenderet ad Libanum inferiorem, antequam Christus veniret in mundum, materia et forma longe a se erant divisæ; materia deorsum erat in terra, forma sursum erat in cœlo ; materia erat in hominibus, forma non erat nisi in Deo per naturam et in angelis per gratiam. Materia, utpote terrena, gravis et ponderosa non potuit in cœlum ascendere ad formam ; ideo oportuit ut forma in terram descenderet ad materiam, ut se imprimeret materiæ et sic materiam formaret secundum se, formatam secundum se in cœlum traheret post se et ad se. Olim autem forma gratis ad materiam venerat et eam sui impressione gratis informaverat ; materia vero ingrata gratiæ formam contempsit, gratiam abjecit et seipsam contra formæ voluntatem voluntarie deformavit. Non erat ergo in ea unde adventum formæ exigere posset, sed potius cur ad eam forma deinceps merito non veniret. Forma vero, etsi justitia erat, non tamen absque pietate erat ; nec solum ipsa quidem non erat absque pietate, sed ipsa plena erat pietate, imo ipsa forma erat pietas plena ; idem enim apud Deum est pietas et justitia ; imo justitia, quia ipsa pietas erat, quodam modo vicit semetipsam. Non enim continuit in ira sua misericordias suas, sed, tanquam

oblita prioris injuriæ et pristinæ immemor repulsæ, denuo
ad materiam inferius quam ante descendit et se arctius
impressit et eam secundum se formavit, imo reformavit.
Voluit quoque forma ad tempus esse cum materia in regione
materiæ, ut esset postmodum materia in æternum cum forma
in regione ipsius formæ. O justitia pia ! O forma vere divina !
Id enim summe summum condecet Deum ut, cum justissi-
mus, sit et piissimus ; sed et hoc ipsum certe est justissi-
mum ipsum, utpote Deum, esse piissimum. Quomodo autem
comprehendere sufficeres quantum pius ipse sit in se, si
deficis etiam cum cogitare vis quantum pius sit circa te ?
Quis enim cogitet condigne circa nos quoque tam indignos
tantam pietatis divinæ dignationem ? Forma tam formosa ex
pietate sola se univit materiæ tam informi, nec modo informi
sed et deformi, nec modo deformi sed et deformatæ, nec
deformatæ quidem ex ulla necessitate, sed ex sola propriæ voluntatis voluntaria perversitate ; forma, inquam,
divina sponte venit ad hominem sponte deformatum, gratia
gratis ad gratiæ ingratum, medicina non rogata ultro
venit ad ægrotum, virtus ad infirmum, sapientia ad stultum,
sanctitas ad immundum, veritas ad mendacem, misericordia
ad immisericordem, pax ad rebellem, pietas ad impium,
caritas ad inimicum, justitia ad injustum, non ut eum secundum injustitiam suam judicaret et damnaret, sed ut eum ab
injustitia sua justificaret et secundum se reformaret et formatum secundum se tandem glorificaret in se !

Quelle surabondance d'antithèses ! Que d'artifices
pour varier l'expression d'une pensée banale ! C'était
là sans doute ce que Gauthier ne trouvait pas à son
goût. Soit ! le genre est mauvais ; mais le talent de
l'écrivain n'est certes pas contestable. Pour composer
le fragment que nous venons de reproduire, il ne
suffit pas d'avoir beaucoup d'esprit ; à ce don naturel
il faut joindre un sentiment très délicat de l'élégance
littéraire. Il nous semble, n'hésitons pas à le dire,
que certains passages d'Achard, s'ils étaient bien tra-

duits en français, ne seraient pas jugés indignes de Massillon.

Fol. 110. *In festo Omnium sanctorum ;* commençant par : *Magnorum et spiritualium virorum, eorum scilicet qui omnimodam habent sanctificationem et sanctitatem, qui omni pollent virtutum genere...* Ce sermon est anonyme dans notre manuscrit ainsi que dans les nᵒˢ 568 (fol. 164) du même fonds et 966 de la Mazarine (fol. 148). Le trouvant indiqué par Montfaucon sous le nom d'Achard, Fabricius et les auteurs de l'*Histoire littéraire* l'ont inscrit parmi les œuvres d'un autre Achard, moine de Clairvaux (1). Ayant reproché justement à Vossius d'avoir mis au compte du Victorin la vie d'un ermite écrite par le Cistercien, ils n'auraient pas dû commettre une erreur semblable en parant celui-ci des dépouilles de celui-là. La présence du sermon dans notre volume confirme le témoignage du nᵒ 195 de Saint-Omer, qui le donne à maître Achard de Saint-Victor. S'il est sous le simple nom d'Achard dans le nᵒ 259 de Troyes, le bibliographe à qui l'on doit le catalogue de cette bibliothèque a judicieusement joint à ce nom le titre d'*Abrincensis episcopus.*

Comme le précédent sermon, celui-ci peut être aussi qualifié de traité dogmatique. Il occupe dans notre manuscrit trente-six colonnes, où sont très amplement développées plusieurs propositions qui sont des articles de foi dans l'école de saint Augustin. On conteste qu'il soit possible de concilier la prescience, la grâce et le libre arbitre. Mais on le conteste par

______

(1) *Hist. litt. de la France,* t. XIII, p. 411.

ignorance ou par esprit de chicane. Achard se propose à la fois d'éclairer les ignorants et de confondre les sophistes, et s'adresse tour à tour aux uns et aux autres, sur le même ton, le ton de la charité. Mais, après avoir successivement combattu les négations contraires de Pélage et des fatalistes, il ne fait pas une déclaration expresse de sa croyance. Ce serait, en effet, inutile; ce qu'il croit, tous ceux qui l'écoutent le croient comme lui. Si l'on avait des doutes sur ce point de doctrine, on ne serait pas un vrai disciple de saint Augustin.

Fol. 120. *Sermo in Quadragesima, fr. mag. A.;* commençant par : *Ductus est Jesus in desertum a spiritu. — De serie lectionis evangelicæ sufficit hucusque in sermone præsenti.* Autres copies, avec ou sans le nom de l'auteur : n°^s 568 (fol. 151), 14957 (fol. 3), 15033 (fol. 164), 17282 (fol. 119) de la Bibliothèque nationale, 966 de la Mazarine, 259 de Troyes, 195 de Saint-Omer et 402 des *Cod. Laud. miscell.*, à la Bodléienne. Après avoir attribué ce sermon, comme le précédent, au moine de Clairvaux, les auteurs de l'*Histoire littéraire* l'ont une seconde fois mentionné dans le même volume (1) sous le nom de l'abbé de Saint-Victor. Dans le manuscrit de la Bodléienne l'attribution est formelle : *Achardus de S. Victore.* Ce sermon est encore un vrai traité, qu'Oudin inutile : *De tentatione Christi,* Fabricius, *De septem desertis* et l'*Histoire littéraire, De l'abnégation de soi-même.* Il s'étend, dans notre volume, sur cinquante-neuf colon-

(1) Tome XIII, p. 455.

nes. On s'explique qu'il ait été, du vivant de l'auteur, très goûté. C'est en effet, comme on dit, un morceau de style, où l'on aurait peine à découvrir quelque négligence. Jamais peut-être le laborieux écrivain ne s'est tant efforcé de faire preuve d'esprit ; il est, du moins, certain qu'il n'y a jamais mieux réussi. Nous en avons ailleurs cité quelques pages vraiment dignes de remarque (1).

La suite du volume n'offre aucun sermon d'Achard ; celui que nous venons de mentionner est le quinzième et dernier, et il n'y en pas un de plus, sous son nom, à la Bibliothèque nationale. Mais, l'occasion nous étant offerte d'en faire connaître quelques autres, ne la négligeons pas. Achard fut, dans son temps, un personnage trop considérable pour qu'on ne soit pas curieux d'être exactement informé sur tout ce qu'il nous a laissé.

Notre n° 14957 (fol. 111), souvent cité, contient un sermon anonyme d'Achard qui commence par ces mots : *Veni, Domine Jesu...* — *Hæc verba posuit Joannes in fine Apocalypsis*. Il est, disons-nous, anonyme dans ce n° 14957 ; il est même incomplet ; mais dans le n° 316 de l'Arsenal l'auteur est nommé *Mag. Aquardus*. Cinq autres encore nous sont indiqués par différents catalogues. 1° *De tribus ventis ;* commençant par : *In prato pulcherrimo scripturarum tres ventos diligentia invenit scriptoris*. Dans les n°ˢ 259 de Troyes et 195 de Saint-Omer. — 2° *De incarnatione Domini ;* commençant par : *Manna de cœlo descendit ; gaudeant*

(1) *Hist. litt. du Maine*, t. I, p. 13-20.

esurientes ! Dans le n° 259 de Troyes. — 3° *Quot modis damnum infertur homini;* commençant par : *Tribus modis damnum infertur homini : a dæmone, a proximo, a carne.* Dans le n° 259 de Troyes. — 4° *De duabus zonis;* commençant par : *Duas zonas legimus : unam in veteri Testamento, aliam in novo.* Dans le n° 259 de Troyes. — 5° *De Epiphania;* commençant par : *Cum natus esset Jesus.* Dans le n° 259 de Troyes.

Fol. 135. *Sermo communis. Nesciat sinistra tua quid faciat dextera tua. — Juxta apostolicam admonitionem, si quis indiget sapientia, postulet eam a Domino.* Nous ne connaissons pas l'auteur de ce sermon, dont il existe une autre copie dans le n° 14957 (fol. 135).

Fol. 137. *De Epiphania, G.—Qui misit me baptizare in aqua... — Fratres, veritas quæ sine periculo auditur non absque periculo prædicatur.* Autres copies : n°ˢ 14589 (fol. 18), 14948 (fol. 95), 16461 (fol. 136). L'exorde de ce sermon est une sorte de plaidoyer personnel. Les uns reprochent à Gauthier la dureté de son langage; les autres, au contraire, trouvent à leur goût le ton de ses discours. Les uns et les autres le mettent en péril de pécher, ceux qui le louent comme ceux qui le blâment; il n'a pas, en effet, il en convient, plus d'humilité que de patience. Sont-ils d'ailleurs, les uns et les autres, bien sincères? Tels, qui n'aiment pas l'entendre mal parler d'eux, le trouvent volontiers plaisant quand il parle mal de leur prochain. Il lui semble donc qu'il vaut mieux taire la vérité que la dire. C'est pourquoi, si ses supérieurs ne veulent pas le dispenser de prêcher, ce qu'ils devraient bien faire, il ne sortira plus de sa bouche que des phrases banales ; on ne l'entendra plus censurer mêmes les fautes les plus manifestes :

Fratres, veritas quæ sine periculo auditur non absque periculo prædicatur. Sunt enim quidam quibus sermo veritatis est gravis et odor mortis. Alii vero sunt quibus est gratus et acceptus et odor vitæ et odor suavitatis. Illi autem qui graviter verbum Dei audiunt et bono odore moriuntur lucidissimas margaritas cœlestium eloquiorum conculcant ; insuper veritatis præconem dente malitiæ corrodunt. Qui vero bono odore reviviscunt non solum veritatem sed et ipsius præconem laudibus efferunt. Ecce duplex periculum : a sinistris periculum vituperationis ; a dextris imminet periculum elationis. Contra hæc duo pericula gemina virtus est necessaria. Contra periculum reprehensionis opponendum est scutum patientiæ ; contra periculum elationis necessaria est soliditas humilitatis. Ego vero, sciens me modicam vel nullam habere humilitatem vel patientiam, timeo manum mittere ad ignem, formido intrare in fornacem ne exurar a dextris vel a sinistris. Forsitan hæc pericula non attendunt qui nobis hoc officium injungunt, vel, si hæc animadvertunt, immitius nobiscum agunt qui nos invitos ad hoc compellunt, cum non magna utilitas ex nostris sermonibus auditoribus proveniat, quia non modificantur secundum mores modernorum ; nos enim, propriam infirmitatem et aliorum impatientiam considerantes, peccata delinquentium etiam manifesta non arguimus, quia nemo vult argui, nemo vult reprehendi, nemo vult notari. Placet quidem subditis ut peccata prælatorum libere arguantur, nec displicet prælatis si errata subditorum reprehendantur ; si quis vero, zelo domus Dei motus, sublato omni timore et personarum acceptione, incipiens a sanctuario Dei, effundat phialam suam in solem, id est in prælatos, eorum peccata manifeste arguendo, deinde in terram, id est in subditos, eorum culpas arguendo, quis hoc feret ? qui hoc patietur ? Nonne omnes una voce dicent : « Iste insanit, iste furit. Ligate eum, tenete eum ; abjiciatur « de collegio nostro, vel ponatur in silentio perpetuo. » Unde tanta impatientia, nisi ex defectu caritatis ; caritas enim patiens est, caritas omnia suffert.

Ainsi Gauthier a pris la résolution de ne plus rien dire sur le compte d'autrui. Mais il l'a prise au futur; présentement, pour la dernière fois, il s'accordera la satisfaction de qualifier comme ils méritent de l'être quelques professeurs des écoles séculières qui ne s'expriment pas sur les dogmes en vrais croyants :

Si non possumus omnia credenda ad plenum intelligere, saltem illum usum et formam loquendi teneamus quam sancti Patres in scripturis nobis tradiderunt, maxime cum sermo sit de Verbi incarnatione et de ipsius æterna generatione ; veluti pueri prius erudiuntur ut sciant verba sana formare, deinde docendi sunt ut ea quæ dicunt intelligant. Ecce quotidie audio in ecclesia quod Christus est perfectus homo, ex anima rationali et humana carne subsistens, et item quod ipse est ex substantia Patris ante sæcula genitus. Contra hanc formam loquendi multi loquuntur, dicentes quod Christus non est aliquid in quantum est homo, nec est ex substantia Patris genitus, cum sancti in pluribus locis dicant quod divina essentia genuit divinam essentiam et natura naturam, et substantia substantiam, sicut Deus Deum et persona personam. Non est mirum si linguas habent leprosas quorum manus sunt leprosæ ; quædam enim lepra volatilis est quæ transit de membro ad membrum. Quid ergo mirum si prave intelligunt qui male vivunt ! Cæci et duces cæcorum solidissimis sanctorum Patrum auctoritatibus humanæ rationis argumenta, imo figmenta, præferunt. Quæ omnia ad petram fidei ut baculus arundineus franguntur.

Ce sermon est le treizième et dernier de ceux qui se rencontrent dans notre volume sous le nom abrégé de Gauthier. L'auteur de la note écrite sur la garde en a, dit-il, compté vingt-huit. S'est-il trompé? Cela semble probable. Peut-être néanmoins faut-il attribuer à Gauthier quelques-uns des sermons anonymes que contient le même recueil.

Quoi qu'il en soit, un quatorzième sermon du fanatique prieur est dans le n° 14932 (fol. 156) sous ce titre : *Sermo fratris Gualteri, prioris S. Victoris;* et tel en est le début : *Cum venit plenitudo temporis, misit Deus filium suum natum ex muliere, factum sub lege... — Nihil omnino de me præsumens, sed solam fiduciam in Dei gratia ponens...*

Fol. 141. *In die Paschæ. — Pascha nostrum immolatus est Christus. — Fratres, scripturas scitis et virtutem earum.* L'auteur n'est pas ici nommé, mais il nous est bien connu; c'est Richard de Saint-Victor. Il y a de nombreuses copies de ce sermon : Anonymes : n^{es} 14589 (fol. 21), 14957 (fol. 54), 16461 (fol. 140). Il est imprimé dans les *Œuvres* de Richard : *Patrologie,* t. CXCVI, col. 1067.

Fol. 145. *De triplici glorificatione in cruce. — Absit mihi gloriari nisi in cruce Domini nostri Jesu Christi.. — Dominicæ passionis sacramentum magnum est et profundum.* Autre copie : n° 14589 (fol. 2). Les deux copies sont anonymes. Il est du moins certain que l'auteur de ce sermon était chanoine de Saint-Victor; plusieurs phrases l'indiquent clairement.

Fol. 147. *In Purificatione B. Mariæ. — Hodie beata Virgo Maria puerum Jesum præsentavit in templo et Simon, repletus Spiritu sancto, accepit cum in ulnas suas.* Autres copies : n° 3301 (fol. 34), 14589 (fol. 4), 14957 (fol. 147). Ce sermon, anonyme comme le précédent, ne nous offre rien à faire remarquer.

Fol. 149. *De divinæ laudis laudatoribus.— Benedicta*

gloria Domini de loco suo. — *Scriptum est in prophetis : Prudens tempore illo tacebit. Hæc prophetia, ut arbitror, de præsenti tempore pronuntiata est.* Autres copies, pareillement anonymes : n° 14589 (fol. 1), 14957 (fol. 156).

Fol. 152. *In Dedicatione.* — *Domus mea domus orationis vocabitur.* — *Multiformis sapientia Dei multipliciter nos docet, erudit et illuminat.* Autres copies : n° 14589 (fol. 7), 14957 (fol. 157). Ces deux copies sont anonymes.

Fol. 154. *In festivitate S. Augustini.* — *Invénit se Augustinus longe esse a Deo, in regione dissimilitudinis. De solemnitate venerabilis patris nostri Augustini sermones exquisitos sæpe audistis.* Autres copies, pareillement anonymes, n°⁵ 14589 (fol. 9) et 14957 (fol. 159).

Fol. 157. *In dominica Palmarum.* — *Geminum Pascha colimus, geminum sane celebrare debemus. Primum est illud quod vulgo solet Floridum dici.* De Richard de Saint-Victor : *Patrologie*, t. CXCVI, col. 1059. Nous avons d'autres exemplaires anonymes de ce sermon dans les n°⁵ 14809 (fol. 418), 14957 (fol. 160), 15082 (fol. 25).

Fol. 161. *In die Paschæ.* — *In pace in id ipsum dormiam...* — *Pax illa per quam et in qua anima obdormit...* — De Richard de Saint-Victor. Mais nous avons à faire remarquer que, dans les éditions de ses *OEuvres*, cette pièce n'est pas un sermon ; c'est un chapitre des remarques sur les Psaumes de David. D'autres exemplaires anonymes sont dans les n°⁵ 14957 (fol. 162) et 15082 (fol. 27). Celui que contient le n° 14957 est incomplet.

Fol. 163. *In die Pentecostes. — Spiritus Domini replevit orbem... — Ecce qualem, fratres, paraclitum de Domini promissione accepimus.* Autres exemplaires anonymes : n°ˢ 14957 (fol. 30), 15082 (fol. 28). Avec le nom de l'auteur, Richard de Saint-Victor : 17469 (fol. 105); Mazarine, 358 (fol. 30). Dans ses *Œuvres,* au volume cité de la *Patrologie,* col. 1017.

Fol. 171. *Sermo communis. — Ego sum via, veritas et vita. — Fratres, jam sæpe experti estis quam hoc genus loquendi nondum attigi.* Une autre copie de ce sermon, semblablement anonyme, se trouve dans le n° 14589 (fol. 11). Il est, comme on le voit, d'un débutant. On lit, vers la fin, cette anecdote édifiante :

Audite quid contigit, in ecclesia beati Victoris, miraculum grande per quod constat quod dico. Quidam frater, videns et per spiritum prævidens horam mortis suæ appropinquare, ait assistenti sibi : « Me pone super cilicium, vade, percute « tabulam ut conveniant fratres et sint præsentes in tran- « situ meo. » Quod totum statim factum est. Ille vero, postquam vidit conventum fratrum adesse, jacens super cilicium surrexit ut sederet, et sedens levavit duas manus in cœlum et cœpit cantare : « Gloria in excelsis Deo, » sicut solet in duplici festo decantari. Postquam vero pervenit « et in terra « pax hominibus bonæ voluntatis, » scilicet super « tis », extremam scillicet syllabam proferens hujus dictionis « voluntatis », prorupit in jubilum et jubilando reddidit spiritum. Unde unus de fratribus ait : « Non est auditum a sæ- « culis quod aliquis cantando moreretur. »

Achard et Gauthier auraient certes mieux raconté cette histoire domestique. Le débutant n'a pas été trop modeste en parlant de son inexpérience. Il avait encore beaucoup de progrès à faire pour devenir un bon écrivain.

Fol. 174. *Sermo communis*. — *In salicibus, in medio ejus suspendimus*. — *Salices arbores sunt steriles, nullum penitus fructum afferentes*. Autres copies anonymes : 14948 (fol. 140), 14957 (fol. 194). L'auteur est Richard de Saint-Victor. C'est, dans les éditions de ses *OEuvres*, la paraphrase du Psaume 136.

Fol. 178. *Sermo communis*. — *Benedictus Dominus Deus meus qui docet...* —. *In manibus operatio, in digitis intelligitur discretio*. Autres copies anonymes : n°s 14809 (fol. 440), 14948 (fol. 178), 14957 (fol. 39 et 194), 15082 (fol. 31). Avec le nom de Richard : n° 258 de la Mazarine. Est-ce bien un sermon ? C'est, dans les *OEuvres* de Richard, l'*Annotatio* sur le Psaume 143. *Patrologie*, t. CXCVI, col. 379.

Fol. 180. *In media Quadragesima*. — *Egredere de terra et de cognatione tua...* — *Magnum quidem ac difficile ad nos Dominus hortatur sub figura Abrahæ*. Autres copies : n°s 3537 (fol. 35), 12415 (fol. 17), 15948 (fol. 180) ; 14957 (fol. 196), 16506 (fol. 96), 18170 (fol. 63), 18192 (fol. 45) ; Mazarine, 1318 (fol. 189).

De ces copies plusieurs offrent le nom de l'auteur, Pierre le Lombard. C'est un de ces sermons de l'illustre évêque qui ont été publiés par Beaugendre sous le nom d'Hildebert : *Opera Hildeb.*, col. 775.

Fol. 186. *Sermo communis*. — *Exitus aquarum deduxerunt oculi mei...* — *Solent agricolæ siccitatis tempore, deductis fontium rivulis, terram rigare*. C'est l'*Annotatio* sur le Psaume 118, dans les *OEuvres* de Richard. Autres exemplaires anonymes : n°s 14957 (fol. 42 et 198) 15082 (fol. 34).

Fol. 191. *De nativitate B. Mariæ. — Descendet sicut pluvia in vellus et sicut stillicidia stillantia super terram singularis gloria Mariæ.* Autres copies anonymes : n°s 14948 (fol. 139), 14957 (fol. 48), 15082 (fol. 39). C'est l'*Annotatio* de Richard au Psaume 71 ; *Patrologie*, t. CXCVI, col. 383.

Fol. 193. Sermon sans titre : *Melior est canis vivus leone mortuo. — Litteræ superficies arida quidem et exsanguis videtur.* D'autres copies de ce sermon se rencontrent, pareillement anonymes, dans les n°s 2603 (fol. 32), 14932 (fol. 201), 14957 (fol. 201), 16463 (fol. 16) de la Bibliothèque nationale, et 982 (fol. 15) de la Mazarine ; mais le nom de l'auteur, Pierre Le Mangeur, est offert par les n°s 2602 (fol. 33), 2951 (fol. 14), 2952 (fol. 32), 12415 (fol. 11), 14933 (fol. 25) et 18171 (fol. 16), de la Bibliothèque nationale, 982 de la Mazarine et 386 de Douai. Il est de plus imprimé sous ce nom dans la *Patrologie,* t. CXCVIII. col. 1788. La rúbrique des n°s 2951, 16463 et 18171 est *Ad canonicos regulares.* Ce sermon a donc été prononcé, comme tous les autres, à Saint-Victor.

Des soixante sermons que renferme ce volume, la plupart étaient inédits. C'est là ce qui nous a d'abord inspiré le dessein d'en faire le dénombrement et de rechercher les autres copies qu'en possèdent nos bibliothèques. Les ayant lus ensuite avec l'attention qu'ils nous ont paru mériter, nous y avons cru trouver la matière d'une notice accompagnée de quelques extraits. Plusieurs historiens ont fidèlement exposé quel fut, au XIIe siècle, le caractère particulier de l'école de Saint-Victor ; mais tous les renseignements fournis jusqu'à ce jour sur les docteurs de cette ecole ne sont pas dignes de la même confiance. Le travail par nous entrepris sur ce volume nous a donné l'occasion d'en contrôler quelques-uns, d'y constater des erreurs et de les corriger.

14593

Deux tables de ce recueil sont aux feuillets 113 et 226. Elles sont prolixes et pourtant insuffisantes. Nous avons à donner quelques explications nouvelles sur un grand nombre des pièces qui sont ici rassemblées.

Les douze premiers feuillets sont occupés par des sermons d'Étienne Langton et de Pierre de Poitiers, chancelier de Paris. Ceux de Pierre sont reproduits sous son nom à la fin du volume, fol. 308, 332, 333, 335.

Du fol. 13 au fol. 36, des notes très diverses. Ce sont des emprunts faits, pour la plupart, au quatrième livre des *Sentences* de Pierre le Lombard et au *Rationale* de Jean Beleth. Le premier extrait des *Sentences* appartient à la deuxième distinction du quatrième livre, le second à la huitième, etc.

Au fol. 36, un décret de Guala Bichieri, cardinal-diacre de Saint-Marie *in Porticu* et légat en France en l'année 1208. Ce décret a été plusieurs fois imprimé, notamment dans les *Conciles* de Mansi, t. XXII, p. 763.

Au fol. 38, les ordonnances synodales, aussi publiées, d'Eudes de Sully, évêque de Paris.

On lit au feuillet 41 : *Incipiunt sermones et notulæ de temporibus et festis per anni circulum, collecti et excerpti de aliis sermonibus et tractatibus.* Nous avons à dire quelque chose de plus sur presque tous ces sermons. Il en existe une autre copie dans le n° 14770 ; mais il ne suffit pas de signaler cette autre copie ; les deux manuscrits ne nous offrant pas les mêmes sermons dans le même ordre, nous croyons utile de mentionner particulièrement chacun de ceux que nous avons déjà rencontrés et d'indiquer où ils se trouvent, soit dans le n° 14770 soit ailleurs. Nous aurons en outre à faire connaître quelques auteurs dont pas un n'est ici nommé.

Fol. 45. *Beati mortui qui in Domino...* — *Si sæpe reduxerimus ad memoriam quod mors peccatorum pessima est.* Une autre copie anonyme de ce sermon est dans le n° 14470 (fol. 283). On y lit plusieurs anecdotes, entre autres celle de maître Serlon quittant sa chaire pour aller faire pénitence de ses impiétés. Nous citons celle-ci, qui est moins connue :

Quidam rogavit abbatem quemdam ut eum reciperet. Ille dixit ei : « Si intraveris religionem, oportet te esse obedientem. » At ille dixit quod libenter obediret. Tunc abbas præcepit ei ut iret in cœmeterium et maledicet ossa mortuorum per totam diem; quod ille fecit. Alia die præcepit ei quod eadem ossa benediceret; quod ipse fecit. Tunc abbas dixit : « Sicut ossa mortuorum non responderunt tibi nec maledicendo nec benedicendo, eodem modo tu non respondere debes alicui qui dicet tibi aliquid. »

Faisons ici remarquer qu'il existe de notables différences entre les deux copies. L'historiette que nous venons de transcrire est, par exemple, tout autrement racontée dans le n° 14470.

Fol. 48. *Ecce sacerdos magnus...* — *Jesus, filius Sirach, sacerdotem magnum multipliciter describens, similitudinem...* Ce sermon est aussi, sans le nom de l'auteur, dans le n° 14470 (fol. 201).

Fol. 51. *Venite post me...* — *Dominus nititur nos revocare sicut mater filium fugitivum.* Aussi dans le n° 14470 (fol. 289), dont le texte est meilleur. Une grande partie du sermon manque dans notre n° 14593.

Fol. 53. *Ecce venit rex...* — *Nota sex homini necessaria esse currere volenti.* Autre copie anonyme : n° 14470 (fol. 167).

Fol. 54. *Surget gens adversus gentem...* — *Filii et filiæ, audite me ; timorem Domini docebo vos.* Aussi dans le n° 14470 (fol. 168).

Fol. 55. *Sobrie et pie et juste vivamus...* — *Sobrietas in duobus consistit, in resecanda carnis voluptate et curarum sæcularium occupatione.* Dans le n° 14470 (fol. 221).

Fol. 56. *Orietur stella ex Jacob...* — *Quod dicitur Orietur stella pertinet ad primum Adventum.* Dans le n° 14470 (fol. 269).

C'est encore un sermon incomplet dans le manuscrit que nous décrivons ici.

Fol. 57. — *Homo natus de muliere...* — *In hujus itaque exilii miseriam dignatus est filius Dei descendere.* Autre copie : n° 14470 (fol. 214).

Même feuillet : *Salvatorem expectamus...* — *Sacrosancti dies, quæ ex antiqua canonum et Patrum auc-*

toritate... Autres copies anonymes : n°s 3563 (fol. 7), 14470 (fol. 163). Mais le nom de l'auteur nous est fourni par le n° 13586 ; c'est Geoffroy de Troyes.

Fol. 60. *Est diligendus Christus dulciter, sapienter, fortiter.* Voir sous le n° 13577 (1). Autre exemplaire anonyme : n° 14470 (fol. 323). Mais ceci n'est pas un sermon.

Fol. 62. *Erat Hierosolymis probatica piscina...* — *Probaton græce ovis.* Ce sermon est de Pierre Le Mangeur. Nous l'avons déjà cité sous le n° 2951 (2).

Fol. 63. *Nuptiæ factæ sunt in Cana...* — *Veritas dicit in Evangelio : Qui ex Deo est...* Autre copie : n° 14470 (fol. 272).

Fol. 64. *Homo, cum in honore esset...* — *Deus ultionum, Dominus Deus ultionum sæpenumero per servos suos...* Autre copie : n° 14470 (fol. 266)

Fol. 66. *Novate vobis novale...* — *Hic est familiaris modus instructionis ut per visibilia fiat doctrina de invisibilibus.* Autre copie : n° 14470 (fol. 216).

Fol. 68. *Videmus nunc speculum...* — *Intellige, miser Judæus, ad litteram hoc præceptum.* Nous n'avons pas à citer une autre copie de ce sermon ; mais nous allons en extraire plusieurs exemples. Et d'abord celui-ci :

Hoc pone exemplum de comitissa Campaniæ, quæ, cum mortua fuit, ita spoliata fuit quod nihil super eam remansit ; uno parvo stamine tecta fuit. Quam cum ita vidisset quidam abbas in camera, sicut rigida erat erexit ad parietem, et postea exiens de camera omnes milites vocavit, quibus cadaver comitissæ ostendit, dicens : « *Mirier, vos, mirier.* »

(1) Tome II, p. 256.
(2) Tome I, p. 144.

Cette lugubre historiette est racontée dans un autre sermon, par Eudes de Cériton, au fol. 125 de notre n° 2593. Nous lisons ensuite :

Vel pone exemplum de Saladin ; qui, cum laboraret in extremis, nobiles ad eum accedentes eum rogaverunt ut eis aliquod bonum exemplum vel verbum ostenderet, sicut consuetudo fuit aliorum regum. Saladin ante se tres ulnas grossæ telæ fecit apponi et vexillo suo sigillari et per regnum suum clamari : « Saladin, rex Babylonis, de toto regno suo nihil aliud secum defert. »

Cela est aussi conté, mais en des termes un peu différents, dans un sermon de Henri de Provins (1) et dans le *Promptuarium* de Hérolt (2).

Quoique ce sermon soit du ton familier, il y a des passages d'une grande violence, surtout contre les usuriers, c'est-à-dire contre les riches bourgeois.

Nous avons ensuite quelques extraits dont il y a d'autres copies au fol. 234 du n° 14470. Au fol. 74 les sermons recommencent et nous avons d'abord celui-ci :

Ecce nunc tempus acceptabile... — *Salomon ait : Cor sapientis erudit cor ejus.* Autres copies anonymes: n°ˢ 14470 (fol. 247) ; Arsenal, 400 (fol. 75). Mais l'auteur nous est connu ; c'est Étienne Langton, dont le nom se lit dans notre n° 14859 (fol. 266).

Fol. 75. *Accingere cilicio...* — *Cavete vobis, carissimi, ne melredictionem Domini incurratis.* Autre copie anonyme : n° 14470 (fol. 248).

Fol. 79. *Tibi dixi : Cor meum quæsivi...* — *Cum*

(1) *Hist. litt. de la Fr.,* t. XXVI, p. 421.
(2) *Sermon. discipuli. Promptuarium,* exemple 7 de la lettre T.

pauper, cui offensus est dominus, vadit ad curiam domini... Autre copie : n° 14470 (fol. 271).

Fol. 80. *Estote imitatores Dei. — Gaudiam est matris et signum legitimi conjugii filius similis.* Autre copie : n° 14470 (fol. 267.

Fol. 83. *Erat Jesus ejiciens dæmonium... — Ecclesia quotidie pandit nobis miracula Christi ut ostendatur nobis virtus potentiæ.* Autres copies anonymes : n°ˢ 14470 (fol. 253), 14925 (fol. 151).

Fol. 85. *Pulli aquilæ lambunt sanguinem... — Christus, verus aquila, ut esuriret nostram salutem...* Autre copie : n° 14470 (fol. 209).

Fol. 89. *Retrahamus cum sole claritatem gaudii... — Ecce patet quomodo asina respondit peccatori.* Autre copie : n° 14470 (fol. 259).

Fol. 90. *Exemplum dedi vobis... — Caveat quilibet ne cadat retro, audito verbo Domini.* Autre copie : n° 14470 (fol. 251).

Fol. 97. *Templum Dei estis... — Legitur quod in dedicatione templi Salomon, flexis in terra genibus...* Ce sermon est du chancelier Prévostin. Nous l'avons sous son nom dans le n° 14859 (fol. 251). Il est d'une constante gravité.

Fol. 99. *Nemo potest duobus dominis servire... — Isaias docet quomodo verba Domini sint audienda.* Autres copies anonymes : n°ˢ 14470 (fol. 310), 16463 (fol. 91).

Fol. 102. *Refulsit sol in clypeos... — Cantatur in ecclesia de præliis, quia omnes qui ad Dominum desiderant pervenire...* Autre copie : n° 14470 (fol. 280).

La légende des filles du diable est ici très amplement commentée. Les clercs sont en cause avec les laïques ; aux uns et aux autres la satire dit leur fait en des termes d'une grande véhémence. Notre intention était donc de transcrire tout ce passage. Mais le texte en est très corrompu dans les deux manuscrits, et, dans les deux, la fin manque. Voici, du moins, deux paragraphes, peut-être sans lacunes, où tout se peut comprendre. Il s'agit d'abord du mariage de la troisième fille, la rapine :

Tertia conjuncta est principibus qui compares sibi subjectos debacchantur, de lacrymis viduarum et orphanorum sumptuosas vestes et epulas splendidas comparantes ; qui tanto peccant gravius quanto per violentiam gravius est rapere quam furari. Profecto possent in matrimonio filiarum, in reparatione munitionum, in defensione terræ suæ moderatum auxilium postulare ; sed quidquid assumunt pro expensis superfluis, pro torneamentis et aliis casibus, totum illud proculdubio est rapina ; de qua, nisi reddant ablata et peniteant, nunquam veniam consequentur.

Cela fait soupçonner le reste. On prévoit bien qu'après avoir ainsi traité les seigneurs, il ne ménagera pas les bourgeois :

Quarta, scilicet usura, burgensibus est conjuncta. Est autem usura quidquid exigitur ultra sortem... Vendunt bladum et vinum ad terminum, ut majorem inde recipiant pecuniam quam valebant tempore venditionis. Sciant quod quidquid accipiunt pro expectatione usura est, et, sicut bursa in qua reponunt usuras tandem consumitur et nigrescit et ultimo projicitur, ita et animæ eorum nigrescunt et consumuntur et projicientur in infernum et æternaliter punientur ; nec etiam cessant mortui Dominum irritare, quia relinquunt filios et filias qui eos imitantur, et etiam uxores quæ duodecim vel pluribus manibus dant pecuniam ad usuram. Quod attendens propheta dixit : *Patres succendebant ignem, filii colligebant ligna, mulieres adipem asper-*

gebant (1). Patres ignem succendunt dum exemplum usurandi filiis exhibent ; filii colligunt ligna dum patrum detestanda in talibus sequuntur exempla ; mulieres aspergunt adipem cum maritos suos faciunt esse usurarios ut pretiosis vestibus induantur. Heu ! veniet hora in qua perpetuæ damnationis audient sententiam, sine fine pœnis inæstimabilibus cruciandi.

Fol. 103. *Amice, quomodo huc intrasti...* — *Intrante Israel in terram promissionis et pugnante Josue contra hostes...* Autre copie : n° 14470 (fol. 225).

Fol. 105. *Circumdederunt me dolores....* — *Tempus flendi et tempus ridendi, dicit Ecclesiastes.* Autre copie : n° 14470 (fol. 210).

Après ces sermons, quelques fragments sur la désobéissance, la confession, la prière, etc., etc. Dans celui qui concerne la confession se rencontrent quelques vers publiés par Beaugendre, sous le nom d'Hildebert, d'après deux manuscrits de Jumièges ; *Hild. Opera*, col. 1229. Mais ces manuscrits de Jumièges étaient sans doute l'un et l'autre incorrects, car l'édition nous donne à lire un vers inintelligible. Voici le texte que nous avons ici :

> Sunt in judicio personæ quattuor : una
> Est accusator, reus altera, tertia testis,
> Judex quarta ; manus tortoris crimina punit.
> Has in me video personas. Sum reus ipse,
> Est accusatrix mens conscia, vitaque testis.
> Judex est ratio ; me terret tortor Averni.

Nous ne garantissons pas que cette épigramme soit d'Hildebert ; mais elle nous semble assez bien tournée pour être digne de lui.

(1) Jérémie, VII, 18.

A la suite, la table raisonnée des sermons qui précédent, des notes recueillies pour les prédicateurs et une pièce de dix vers léonins commençant par :

Si bene res memoras, sic Christus consecrat horas...

Du fol. 118 au fol. 169, une liasse intitulée : *Sermones quidam per anni circulum. Excepti de sermonibus mag. Petri Pictaviensis, Parisiensis cancellarii.* L'*Histoire littéraire* ne mentionne pas ces sermons du chancelier Pierre de Poitiers. C'est une omission regrettable. Ils sont d'un moraliste très jaloux de bien dire, mais dédaigneux d'exciter l'attention de ses auditeurs par des jeux d'esprit qui les mettent en gaîté. S'il est obligé, censurant certains vices, de les définir avec précision, d'en décrire toutes les formes et d'exprimer en des termes un peu crus l'horreur qu'ils doivent inspirer, il demande aussitôt qu'on l'en excuse. Il sait quel langage on doit parler en chaire et fait profession d'observer les convenances du lieu. En somme, Pierre de Poitiers est un des bons prédicateurs du XIIe siècle. Son grand mérite est d'être toujours grave, sans être jamais pédant.

Du fol. 169 au fol 189, des extraits, intitulés *Notulæ.* Ces petites notes ont été prises partout, dans les écrits des Pères et dans ceux des théologiens modernes.

Au fol. 189, un long fragment d'un *Pénitentiel* longtemps estimé, dont l'auteur est Thomas de Cabham, sous-doyen de Salisbury. Si notre manuscrit ne le nomme pas, il est ailleurs plus d'une fois nommé. Nous avons précédemment cité ce *Pénitentiel* sous les n°s 3218 et 3239 (1).

Ensuite de nouveaux extraits ; notamment, au fol. 200, un fragment d'Ernaud de Bonneval, *De verbis Domini in cruce*, et, au fol. 206, un autre, plus considérable, du même auteur, *De laudibus beatæ Mariæ*. Ces deux opuscules sont complets dans le n° 14512, ci-dessus décrit.

Du fol. 216 au fol 226, cinq sermons du chancelier Pierre, dont le premier, commençant par *Isti sunt filii olei,* est anonyme dans le n° 941 (fol. 113) de la Mazarine.

Au fol. 227, ces vers :

> Unum cole Deum, nec jures vana per ipsum,
> Sabbata sanctifices et venerare parentes.
> Non sis fur, mœchus, occisor, testis iniquus,
> Vicinique thorum resque caveto suas.

Il y a d'autres copies de ces vers dans les n°s 15957 (fol. 92) et 492 (fol. 191) des Nouvelles acquisitions, à la Bibliothèque nationale, ainsi que dans les n°s 467, 767 et 1050 de Saint-Gall. Le premier vers commence, dans la plupart des copies, par *Unum crede Deum.*

Du fol. 228 au fol 262, une chronique très abrégée depuis la naissance d'Abraham jusqu'à l'année 1274. Il nous semble qu'il n'y a lieu d'en rien extraire, si ce n'est peut-être ceci :

Anno 1248. Ludovicius rex vadit ultra mare, et, in Cypro hiemans, sequenti æstate Damietam miraculose cœpit. Sed paulo post plusquam centum millia hominum in bello cap-

(1) Tome I, p. 185, 206.

tos vel mortuos perdidit, et, perdito Roberto, fratre suo, ipse etiam captus fuit ; et, post paucos dies, princeps qui eum ceperat, accepta redemptione 8,000 bisanciorum, ab alio principe occisus, pecuniam et vitam perdidit ; et ille victor Damietam, quam rex captus perdiderat, funditus destruxit ita quod etiam lapides in Nilum projecit.

1254. Feria VI, luna X, circa festum S. Andrææ, cometes apparuit ; tempore sereno, cœlo quadripartito, duæ lunæ visæ sunt in cœlo alterutrimque divisæ quasi in longum lanceæ, una rubea, altera cærulea, cum magno tonitruo.

1261. Mortalitas maxima in Lotharingia illo anno. Viginti fratres in conventu fratrum Prædicatorum Metensi mortui sunt.

Au fol. 262, un catalogue des saints et des saintes. Les plus modernes des saints sont François, Dominique, Antoine, Edmond, *sub Frederico ultimo*, c'est-à-dire sous Frédéric II.

Du fol. 264 au fol 279, une autre copie de la chronique plus haut citée. Elle ne commence qu'avec la naissance de la Vierge ; mais il y a dans toutes les parties des additions plus ou moins considérables. Nous citons la dernière, qui n'est pas datée, mais qui doit se rapporter à l'année 1245 :

Fredericus depositus est, in festo S. Luciæ. Hoc anno, magna multitudo pastorum in Francia colligitur, sperantium quod Terra sancta, quam tot milites Franciæ recuperare non potuerant, pastoribus redderetur ; sed eorum simplicitatem delusit associata eis multitudo malorum, scilicet latronum, exulum, apostatarum, paganorum, hæreticorum et meretricum, qui in favorem laicorum clericos occidebant, et etiam in urbe Parisius multos in Secana submerserunt et omnes de Aurelianis fugaverunt ; apud Turonis, publice prædicabant quod sacramenta ecclesiæ nihil erant, et qui clericum vel sacerdotem occideret pro potu boni vini absolveretur ; et cum fratres Prædicatores contraria prædicarent.

quatuor fratres Prædicatores graviter vulneraverunt, et, confractis sedibus chori et spoliata ecclesia, decem fratres per mediam urbem coram cunctis fustigantes, extra urbem occidere voluerunt ; sed cives, metu regis et reginæ, non permiserunt ; et cum tot mala facientes usque sexaginta millia convenissent, principalibus eorum suspensis, quorum unus in morte Machometum invocavit, et occisis ceteris, paucissimi occulte fugerunt.

Au fol. 581, un opuscule de droit canonique, commençant par : *Verborum superfluitate penitus resecata, de talento credito vobis relinquo, socii, murgaritam.* Cet opuscule est pareillement anonyme dans les n°ˢ 13672 (fol. 146), 14608 (fol. 176), 14616 (fol. 143) de la Bibliothèque nationale, 605 de Tours, 496 de Saint-Omer, 245 et 427 de Chartres, 122 de Metz, 36 et 136 du Mont-Cassin, 666 de la Palatine et 2071 de Vienne. Mais il est sous ce titre dans le n° 1850 de Troyes : *Bernardi Breviarium ad omnes materias in jure canonico inveniendas;* et ce Bernard est, assure-t-on, Bernard de Parme.

Suit un autre traité de jurisprudence, avec un prologue dans lequel l'auteur se désigne ainsi : *Ego T., Bononiensis.* C'est le traité bien connu de Tancrède *De sponsalibus et matrimoniis.*

Du fol. 289 à la fin du volume, une liasse intitulée *Sermones mag. Petri P.*, où nous retrouvons la plupart des sermons dont il existe plus haut une meilleure copie, et, outre ceux-là, d'autres encore. Ajoutons qu'un assez grand nombre des sermons du chancelier Pierre de Poitiers sont anonymes dans le n° 941 de la Mazarine.

14604

Cet immense dictionnaire de l'Écriture sainte, intitulé *Tabula originalium,* est du frère Mineur Jean de Hereford. Il en existe d'assez nombreux exemplaires, avec ou sans le nom de l'auteur. La bibliothèque Mazarine en possède deux, sous les nᵒˢ 120 et 349.

14795

On lit à la fin de ce volume : *Explicit summa magistri Adæ Britonis, canonici Sancti Victoris, de vocabulis Bibliæ.* Il ne faut pas trop s'étonner si, vers le seizième siècle, des chanoines de Saint-Victor, moins attentifs qu'ils auraient dù l'être, ont attribué ce *Vocabulaire* de grand renom à leur confrère le lyrique Adam, le seul Adam dont les annales de leur maison eussent conservé la mémoire. Ce fécond rimeur était-il Breton ? On croit qu'il l'était. Quoi qu'il en soit, étant mort en 1192, il n'est certainement pas l'auteur de ce *Vocabulaire,* où sont cités divers maîtres qui vécurent plus ou moins d'années après lui, notamment Uguccione de Pise mort en 1210, Alexandre Neckam mort en 1217, Alexandre de Villedieu mort en 1240. Comme nous l'apprennent des bibliographes mieux informés et de plus anciennes copies de ce *Vocabulaire* l'auteur se nommait, non pas Adam, mais Guillaume, il n'était pas Victorin, mais religieux Mineur, et vivait, non pas au xiiᵉ siècle, mais au xiiiᵉ. Une notice étendue sur sa personne et sur son livre est au tome XXIX de l'*Histoire littéraire,* p. 583-602.

14799

Quoique ce volume nous ait été transmis comme appartenant au fonds de Saint-Victor, presque toutes les pièces dont il se compose ont pour auteurs des religieux de l'ordre des Prêcheurs.

On y trouve d'abord, du fol. 1 au fol. 21, les postilles, gloses ou moralités de Jacques de Lausanne sur la Genèse, dont un autre exemplaire est conservé dans le n° 14798 ; un autre, mais abrégé, dans le n° 605. Ces postilles sont, pour la plupart, inédites. Nous y remarquons ceci de particulier, que le moraliste fait constamment intervenir les animaux pour qu'ils donnent aux hommes des exemples à suivre. Aussi le voit-on souvent citer Aristote, Isidore. Il est bien entendu que sa science est, en fait de zoologie, toute d'emprunt.

Au revers du feuillet 21 : *Incipit Job secundum lecturam ejusdem.* Cette *Lecture* est un autre cours d'histoire naturelle. Elle existe aussi dans le n° 14798. On lit à la fin : *Explicit Job, de lectura fratris Jacobi de Lausanna, Prædicatoris.* Sixte de Sienne rapporte à Jacques de Lausanne un commentaire sur Job dont tel est, dit-il, le début : *Sustinentiam, Job, audistis.* Il faut lire : *Sufferentiam, Job, audistis.* Une glose anonyme sur Job qui commence par ces mots existe dans le n° 67 de la Mazarine, et c'est probablement celle que Sixte de Sienne a mentionnée sous le nom de Jacques de Lausanne. Mais il s'est trompé.

A la suite, fol. 33, un commentaire sur les Proverbes, sous cette rubrique : *Incipit lectura ejusdem fratris Jacobi super Proverbia.* L'attribution est donc formelle. Ajoutons que le même commentaire est dans le nº 14798 sous le même nom. Cependant au fol. 435 de ce nº 14798, beaucoup plus lisible que notre 14799, après le récit d'un miracle arrivé dans la ville de Vienne, il est dit : *Ego frater P. de Palma vidi civem qui hoc diceret se vidisse.* Ainsi voilà le témoignage de la rubrique contredit par le texte lui-même. Mais un copiste n'a-t-il pas introduit dans le texte une note mise à la marge d'un exemplaire par le futur général Pierre de Baume, qui doit avoir lu, dans sa jeunesse, les écrits de Jacques de Lausanne comme ceux d'un maître vénéré?

Au folio 69 on lit : *Explicit super Proverbia a fratre Jacobo de Losanna;* et aussitôt après : *Incipit lectura ejusdem super Ecclesiasticum.* Cette attribution n'est pas douteuse.

Si nous ne transcrivons rien de ces commentaires, où nous avons rencontré plus d'une vive censure, plus d'une narration instructive, c'est qu'on en a depuis longtemps extrait et publié les passages les plus intéressants. Voici le titre de cette compilation : *Opus Moralitatum præclari fratris Jacobi de Losanna, cunctis verbi Dei concionatoribus pro declamandis sermonibus maxime necessarium;* Limoges, Garnier, 1528, in-8º.

A ces commentaires succède un gros recueil de sermons prononcés pour la plupart, comme il semble, dans les églises de Paris, soit vers la fin du xiiiᵉ siècle, soit dans la première moitié du xivᵉ. Répétons qu'ils

III.   6

paraissent avoir été composés presque tous par des religieux Dominicains. Il y en a sans doute de plus et de moins libres ; mais ils ne sont guère d'un style plus noble les uns que les autres. Nous indiquerons chacun d'eux séparément et, quand nous le pourrons, nous joindrons quelques notes à ces indications particulières.

Fol. 128. *Sermo de sancto Victore.* — *Certamen forte dedit illi...* — *In omni exercitu bene ordinato, quando sibi imminet pugna.* Autre copie : n° 14973 (fol. 152). L'auteur de ce long sermon n'est pas nommé ; il nous apprend, du moins, lui-même qu'il était religieux (fol. 129, col. 2). C'est pourquoi sans doute il parle très dédaigneusement des évêques.

Fol. 131. *Sermo in Annuntiatione Domini.* — *Pulcherrima feminarum eligitur...* — *Ratio et curialitas hoc habent quando personamagni valoris...* L'auteur de ce sermon est indiqué par les lettres initiales de son nom : *Dur.* En tête d'autres sermons nous lirons plus loin *fr. Dur.*, et, plus loin encore, *fr. Durandus.* Suivant Échard, qui plus d'une fois a cité notre volume sous le n° 681 de Saint-Victor, ce frère Durand serait le Dominicain Durand de Saint-Pourçain (1). Nous n'objectons rien à cette conjecture. On trouvera sans doute très singulier qu'un théologien, un philosophe aussi grave ait osé faire, en terminant son sermon, une comparaison aussi peu noble, aussi peu décente que celle-ci :

Notandum quod magni domini volunt habere juxta cameram suam *garde robe ;* sic Dei filius, licet haberet cor

(1) *Scriptor. ord. Præd.,* t. I, p. 587.

beatæ Mariæ pro camera in quantum Deus, voluit tamen ejus uterum pro *garde robe*.

Mais, comme on le sait, tel était généralement, en ce temps-là, le style des prédicateurs les plus goûtés. Nous avons une autre copie du même sermon dans le n° 3553 (fol. 17). Elle est anonyme.

Tous les sermons de Durand de Saint-Pourçain sont inédits. Il importe d'autant plus de signaler ceux qui nous ont été conservés par les manuscrits qu'Échard lui-même, le plus scrupuleux des anciens bibliographes, a, ce qui va surprendre, omis d'en mentionner quelques-uns.

Fol. 131, col. 3. *In Assumptione beatæ Virginis, Dur. — Posuit diadema regni in capite... — Si Assuerus in coronatione Esther reginæ largitus est munera... Dur.* est, nous venons de le dire, Durand de Saint-Pourçain.

Ce sermon est à l'adresse des présomptueux, des orgueilleux, et le prédicateur ne leur épargne pas les remontrances. Nous y remarquons le passage suivant :

Inter omnes mulieres magis suspectæ sunt uxores joculatorum, quia ubique discurrunt, coram omnibus ludunt, saliunt, strepunt. Motiva autem sunt hæc ad male agendum. Nota quod propter unam talem decollatus fuit Joannes. Quid ergo erit de illis quæ docent filias psallere, tripudiare? Tales videntur esse uxores joculatorum, et vix potest hoc esse sine suspicione mali.

Un exemplaire anonyme du même sermon est dans le n° 14966, deuxième série, fol. 104. Il y a, dans ce n° 14966, deux liasses de sermons dont chacune a une pagination particulière.

Fol. 132, col. 4 *In Annuntiatione Domini, Dur.* —
Hodie in domo tua oportet me manere... — *Consuetudo est altera natura et per modum naturæ inclinat.*
Il est connu que Durand de Sait-Pourçain pensait très
librement. N'a-t-il pas pris à partie saint Thomas lui-
même, l'accusant d'avoir, comme philosophe, fait à
ses adversaires plus d'une concession regrettable (1)?
Eh bien ! nous allons le voir se déclarer ici, comme
théologien, pour une des opinions que les docteurs
de son ordre condamnaient avec le plus de rigueur. Il
s'agit de l'immaculée conception de la Vierge, qu'il
expose en ces termes, fol. 733, col. 1 :

Isaias : « Erit in novissimis diebus præparatus mons
domus Domini in vertice montium » et cet. Talis domus
fuit beata Virgo, quia fuit purissima. Unde Ancelinus :
« Decebat illius hominis conceptum in matre purissima fieri,
quia ea puritate niteret qua sub Deo nequit major intelligi » (2). Sine peccato quoque fuit, quia nullum peccatum
actuale commisit et ab originali in utero matris sanctificata
fuit.

Fol. 133, col 3. *In Nativitate beatæ Virginis, Dur.*
— *Judæis nova lux oriri visa est...* — *Deus, qui mirabiliter formavit hominem in esse naturæ.* Nous avons
une autre copie de ce sermon, sans aucun nom d'auteur, dans le n° 3553 (fol. 13). Il y a de vives censures
à l'adresse des évêques qui, pour grossir leurs revenus,
imposent à leurs diocésains des charges nouvelles :

Legimus de Nerone quod, cum nihil grande fecisset unde
ejus nomen celebre haberetur, hoc novum fecit quod urbem

____

(1) *Hist. de la phil. scol.;* deux. pér., t. II, p. 346 et suiv.
(2) Anselmus Cantuar., *De conceptu virg.,* cap. xviii. *Patrol.*
t. CLVIII, col. 451.

succendit, nec permisit quemquam ad sua currere ut ex eis aliquid salvaretur. Sic aliqui prælati, qui volunt præesse, non prodesse, cum nil fecerunt dignum memoria, novitates damnosas subditis constituunt, nulli acquiescentes contrarium suadenti.

La thèse de l'immaculée conception est encore ici très fermement exposée. Durand dit de Marie (fol. 133, col. 3):

Nova oritur, sine veteri fermento originalis peccati quod totam massam humani generis corrupit, cum sanctificatorum in utero est privilegiata nativitas, quia hoc est præter communem legem nascentium secundum quam nascimur omnes filii iræ.

Fol. 134, col. 3 . *In Annuntiatione beatæ Mariæ, P. de Pal. — In rore cœli desuper erit benedictio...* — *Dicitur Job XII : Narrabunt pisces maris...* Comment devons-nous interpréter ces initiales *P. de Pal. ?* L'auteur est-il *Petrus de Palma,* Pierre de Baume, ou *Petrus de Palude,* Pierre de La Palu, l'un et l'autre Dominicains. Alva croit qu'il s'agit ici de Pierre de Baume; mais Échard prouve qu'il motive mal son opinion, et lit *Petrus de Palude.* Cependant Échard ne justifie pas mieux cette lecture lorsqu'il prétend que Pierre de La Palu fut un des contemporains de Durand, tandis que Pierre de Baume vécut longtemps après. *Longe posterior,* dit-il. Or si Durand de Saint-Pourçain mourut en 1334 et Pierre de Baume en 1343, Échard lui-même ne fait mourir Pierre de La Palu qu'un an plus tôt, en 1342. Ainsi l'argument allégué contre Pierre de Baume n'est pas moins valable contre Pierre de La Palu. Trois des sermons contenus dans notre volume ont été transcrits sous cette rubrique : *P. de Pal.* Mais, dans le n° 14973, la rubrique de l'un d'eux est, en toutes lettres, *P. de Palma.* Du premier nous citons cette explication d'un proverbe populaire :

Vulgo dicitur quod melior est ros unus vel pluvia maii quam thesaurus regis David, quia thesaurus regis solum regem ditat et non regnum, eo quod sunt multi pauperes sub divite imperio; sed ros maii vel aprilis frugibus quandoque ditat totum regnum.

Fol. 135, col. 4. *In Nativitate beatæ Mariæ, P. de Pal. — Egredietur virga de radice... — Gaudium est pauperi cui non remansit nisi truncus aridus...* L'auteur est donc Pierre de Baume. Autre copie : n° 14973 (fol. 145).

Fol. 136, col. 4. *In Nativitate beatæ Virginis, Dur. — Sicut sol oriens mundo — Gloriosa virgo Maria, forma et illuminatio totius Ecclesiæ...* Nous ne remarquons rien dans ce sermon, si ce n'est une phrase d'Aristote citée pour démontrer que la conformité du soleil et de la Vierge n'est en rien contraire aux lois de la physique. Cette démonstration semble superflue. D'autres exemplaires du même sermon sont dans les n°ˢ 3565 (fol. 1) et 14973 (fol. 147).

Fol. 138, col. 3. *Dominica XXII post festum Trinitatis, Jo. Par. — State in Domino. — Terra non est stabilis extra centrum.* Le nom abrégé paraît bien être *Joannes Parisiensis;* mais il y eut, au xiiiᵉ siècle, plusieurs Jean de Paris, plusieurs même parmi les Dominicains. Nous ne savons donc auquel attribuer ce sermon. Il n'est pas, d'ailleurs, intéressant. Il y a des exemples ; mais ils sont empruntés à l'*Histoire scolastique* de Pierre Le Mangeur.

Fol. 140. *Dominica XX*ᵃ *post Trinitatem, Dur.* — *Misit servos suos vocare...* — *Cum spiritualia sub aliqua similitudine rerum corporalium proponuntur...* Échard n'a pas mentionné ce sermon, où les mœurs du clergé séculier sont très durement censurées. Après avoir empathiquement exposé combien grande est la dignité professionnelle de tout clerc ordonné pasteur des âmes, l'orateur fait ainsi le portrait des curés de son temps (fol. 140, col. 3) :

Hodie super omnes alios homines curam carnis faciunt ecclesiarum ministri, in desideriis, in comessationibus et ebrietatibus, in cubilibus et impudicitiis. Quæ gens aut regnum ubi tot vacent comessationibus et ebrietatibus sicut ministri ecclesiarum, adeo ut in quibusdam locis non erubescant de ecclesia, imo de Christi mensa et de altari, statim, in dominicis omnibus, publice, in tabernam ire, in opprobrium suum et scandalum aliorum, et illud quod jura statuunt de vita et honestate clericorum, quod a crapula et ebrietate clerici abstineant et quod vinum sibi temperent ; et se vino sic facto suo exponunt quasi temperare se vino sit immergi, sicut panis dicitur temperatus vino quando in eo totus immergitur ; et, cum ebrietas mentis exilium et libidinis provocat incentivum, consequens est quod vivant carnis in impudicitiis.

Et plus loin, après les avoir représentés comme des monstres de crapule, il leur reproche ainsi leur tyrannique cupidité :

Magna perversitas est si pastor, qui debet oves pascere, eas comedit. Talis non est pastor, sed lupus ; et tamen hic videmus quotidie clericos, per fas et nefas et abusiones, pauperes opprimere quibus sua potius debuerunt erogare.

L'Église, née pauvre, est devenue riche et sa richesse l'a perdue. Une voix du ciel avait, dit-on, annoncé sa future décadence le jour où Constantin lui conféra l'empire d'Occident : *Tempore Constantini, qui dedit imperium occidentale Ecclesiæ, audita fuit hæc vox manifeste dicens : « Hodie infusum est venenum in Ecclesia.* » Il plaît à Durand de reproduire cette prophétie, qui n'est pas assurément plus authentique que la donation de Constantin. Son confrère Guillaume Péraud avait autrefois conté la même fable, animé, comme lui, de sentiments peu favorables à l'Église séculière (1). On sait du reste qu'il ne faut pas plus se fier aux séculiers parlant des réguliers. Ni les uns ni les autres n'avaient généralement, en ce temps-là, de très bonnes mœurs ; mais les uns et les autres se sont certainement calomniés.

Un exemplaire anonyme de ce sermon est dans le n° 14966, deuxième série, fol. 13.

Fol. 141, col. 2. *In die Paschæ, J. de N. — Surrexit, non est hic... Exsurge in adjutorium, Domine... — Volens aliquod onus levare de terra et non potens solus...* Nous sommes ici d'accord avec Échard : les initiales *J. de N.* (nous lirons plus loin *J. de Neap.*) désignent certainement le frère Prêcheur Jean de Naples, qui, licencié en 1315 (2), mourut en 1330.

Ce sermon est suivi d'une longue collation. Jean de Naples cite volontiers Aristote et Senèque ; mais il paraît n'avoir trouvé dans les écrits de ces graves auteurs que la matière de comparaisons frivoles.

(1) Guill. Perald., *Summa de vitiis*, tract. IV, cap. vii, art. 3.
(2) *Hist. litt. de la Fr.*, t. XXX, p. 410.

Fol. 144, col. 4. *Dominica XXI* post Trinitatem, a fratre Dur., in capitulo nostro acceptus* (sic) *ad commendationem omnium Sanctorum. — Multi sunt vocati... — Hieronymus dicit quod timor est custos virtutum.* Il s'agit ici, dit Échard, du chapitre de Saint-Victor, où Durand avait été prié de venir se faire entendre. Nous avons déjà constaté que les religieux de Saint-Victor appelaient quelquefois chez **eux** des prédicateurs étrangers, même des séculiers; mais ils ne faisaient cet honneur qu'à des gens de grand renom.

Fol. 145, col. 4. *De pluribus sanctis, **P.de Pal.** — Laboraverunt in evangelio cum Clemente... — Quando homo non habet unde vivere possit, nisi de labore manuum...*Après ce sermon, une collation sur le même thème. Sous le nom *P. de Palma* dans le n° 14973 (fol. 177). La matière du sermon est l'éloge du travail, et l'orateur fait remarquer que le plus fructueux des arts est l'art de vivre selon les préceptes de l'Évangile, celui-ci procurant des biens éternels, les autres des biens périssables.

Fol. 147. *Dominica secunda Adventus, et fuit festum beati Nicolai, a fratre J. de Palma, ordinis Prædicatorum. — Cum adhuc esset puer... Puer parvulus juvabit eos... — In verbo isto secundo proposito pro preambulo præmisso dicere possumus...* Une notice sur ce frère Prêcheur, Jean de Baume, se lit dans le tome XXII de l'*Histoire littéraire*, p. 153. A la suite de cette notice est l'analyse du sermon que nous avons ici. On y voit que Jean de Baume prêchait dans le genre familier.

Fol. 149, col. 3. *In festo omnium Sanctorum,*

vel Petri et Pauli. — Laudemus viros gloriosos... — Sapiens dicit, Eccles. XI : Ante mortem... — Ratio est quia soli boni et virtuosi sunt laudandi. Ce sermon anonyme est court et grave. Nous en avons une autre copie, où manque aussi le nom de l'auteur, dans le n° 14966, deuxième série, fol. 71.

Fol. 150, col. 1. (Sans indication de jour.) *Viam Dei in veritate doces... — Intra sicut in illo sermone : Sequamur vestigia ejus.* Le jour n'est pas, disons-nous, indiqué; mais, dès le début, l'orateur annonce qu'il va faire l'éloge de saint Martin. Il termine en racontant cette anecdote :

Notandum de idolo quod fuit in provincia Provinciæ, quod dabat responsa justiciariis de omnibus qui forefaciebant revelando malefactores ; ad quod venit latro volens furtum facere, dicens ei quod, si eum manifestaret, in illa die se occultaret. sed sequenti frangeret ei caput cum clava quam portabat. Quo facto, venit justitia, petens more solito de malefactore notitiam. Nec primo, nec secundo, nec tertio potuerunt habere responsum. Tandem ab ipsis infestatum respondit : « Tempora mutantur et homines deteriorantur, et qui vera loquitur caput ei frangitur ». Sic his temporibus veritas est odiosa. Qui loquitur veritatem caput ei frangitur ; veritas corruit in plateis.

Cette dernière phrase paraît contenir une allusion à quelque fait récent, Peut-être néanmoins est-ce une maxime banale ; on n'a jamais, dans aucun temps, beaucoup aimé la vérité.

Un autre exemplaire anonyme est dans le n° 14966, deuxième série, fol. 57. Les premiers mots, *Intra sicut in illo sermone,* montrent que le sermon est tiré d'un de ces recueils qui doivent être considérés comme des œuvres littéraires. Quant à celui dont les premiers mots sont *Sequamur vestigia*, nous ne l'avons pas ici ; mais il y est dans le nº 14966, deuxième série, fol. 42, et il y est anonyme.

Fol. 151. *In Epiphania, fratris Girardi de S. Dionysio.* — *Apparuit gloria Domini super tectum... Non apparebis in conspectu meo..,* — *Qui verbum Dei proponit Deo assistit.* Ce prédicateur, Girard ou Gérard de Saint-Denys, était un régulier puisqu'il est appelé « frère » ; mais nous ignorons à quel ordre il appartenait. Le sermon dont on vient de lire les premiers mots est mentionné dans le tome XXVII de l'*Histoire littéraire*, p. 428. Ce qu'il y a de plus notable, c'est, vers la fin, une diatribe contre les philosophes qui se sont mis en peine d'expliquer la formation du monde, n'ayant pas appris de Moyse comment Dieu l'a créé. Autre copie : nº 14973 (fol. 179).

Fol. 152 col. 2. *Magister P. de Sancto Dionysio in Septuagesima.* — *Voca operarios et redde illis mercedem...* — *Et legitur dominica in Septuagesima, quando aliquis amisit hereditatem.* L'*Histoire littéraire*, qui cite ce sermon, fournit quelques renseignements sur l'auteur, Pierre de Saint-Denys. Il professait la théologie dans l'Université de Paris vers l'année 1308 : *Hist. littér. de la Fr.*, t. XXVII, p. 429. C'était un séculier ; il le prouve quand il impute aux exemptions des ordres le relâchement de la discipline et la perversion de la foi :

Insurgunt hæreses quia non habentur operarii in vinea Domini qui radices hæresum velint et possint extirpare, et, si vellent, non possent propter exemptiones ; quod credo

esse malum et specialiter in religionibus quæ sunt dispersæ
per totum mundum, et maxime ubi omnes sunt laici igno-
rantes, qui sine dubio possunt facere multa mala et tamen
non possunt corrigi quia non possunt visitari, nec ab istis
qui sunt ordinarii, cum sint exempti, sed nec a papa cum
sint nimis remoti, et ideo oportet ut sequantur multi errores.

L'orateur n'hésite pas d'ailleurs à reconnaître, quoique séculier, que beaucoup trop d'évêques négligent
de visiter les lieux dont l'accès ne leur est pas interdit,
et que de nombreux abus, qui pourraient être corrigés,
ne le sont pas. Le mal, dit-il, est que ces évêques,
qui devraient résider dans leurs diocèses, préfèrent
vivre dans les cours des rois. Comment pourraient-ils
de si loin surveiller l'administration de leurs églises
et les pourvoir de bons pasteurs? Aussi les voit-on
souvent appeler aux emplois les plus enviés des ignorants, des incapables, même des infâmes. Ce prédicateur, quelle que fût sa robe, appartenait, comme
on le voit, au parti des mécontents.

Fol. 153, col. 4. *Fratris Durandi, in Quinquagesima.
— Ecce ascendimus Jerosolymam. — In progressu viæ
necessaria est cogitatio termini.* Nous avons ici le nom
de frère Durand, en toutes lettres. Le sermon est,
d'ailleurs, digne de remarque, offrant plus d'un trait
original. Le style en est généralement simple, sans
mouvements oratoires; tout y vise à la démonstration.
C'est bien le sermon d'un logicien, mais d'un logicien
nullement gourmé, qui, pour exprimer plus clairement
sa pensée, a souvent recours à des comparaisons fami-
lières. Nous en citerons plusieurs. D'abord celle-ci :

Divites isti habent equum et palefridum et cursorem. Licet
palefridus suaviter incedat et a dominis libentius equitetur,

tamen in loco periculoso bene habent necesse dimittere palefridum suaviter incedentem et accipere cursorem durius ambulantem. In Isaia dicitur : *Equi eorum caro* (1). Quidam de carne faciunt palefridum, eam impinguant et nutriunt; quidam de ea faciunt cursorem per pœnitentiam. Sed tempore isto divites homines, et maxime clerici, qui præ ceteris viventibus volunt deliciose vivere, nequaquam volunt cursorem ascendere per pœnitentiæ inchoationem, et tamen sunt in periculo damnationis æternæ.

Et maxime clerici; c'est-à-dire, on l'entend bien, les clercs séculiers. S'ils ne s'amendent, ils seront damnés. On a, du moins, la charité de les en prévenir. Nous trouvons ensuite cette paraphrase assez ingénieuse d'une autre métaphore :

Duo sunt genera pontium. Quidam sunt stabiles et fixi ; quidam sunt levabiles et intransibiles nisi secundum voluntatem levantis. Christus fecit pontem levaticium in quo nullus potest transire nisi quandiu dies (est) ; si differtur venire, levatur pons et nullus transit. Et ideo dicebat Dominus : Operamini dum dies est; *Veniet nox quando nemo potest operari* (2). Et hoc deberet movere ad celeriter veniendum. Videmus quod viatores distantes et habentes transire per talem pontem quantum possunt festinant ut de die veniant ad pontem, scientes quod, si præoccupentur nocte, non intrabunt. Sic peccator quandiu dies est debet laborare quomodo per opera sua possit Christum habere et ad gloriam ingredi.

Fol. 155. *Dominica prima post Trinitatem, Jo. Nea.* — *Diligamus Dominum quoniam ipse prior...* — *Prudens et bonus servitor, qui vult aliorum pedes lavare...* C'est le deuxième sermon de Jean de Naples, que suivront plusieurs autres pareillement inédits.

(1) Isaïe, xxxi, 3.
(2) *Evang.* Joannis, ix, 4.

Fol. 156, col. 2. *Dominica tertia post Trinitatem, et in nativitate Joannis Baptistæ, Jo. Neap. — Gaudium erit coram angelis... Factum est mihi verbum tuum... — Experientia docet quod omnis amicus libenter...* Voilà un long sermon, où les citations abondent, mais où l'originalité fait complètement défaut.

Fol. 158, col. 2. *Dominica quarta Adventus, Jo. de Neap. — Dominus prope est... Experientia docet quod domini temporales consueverunt libenter sibi propinquos...* Sermon encore plus long, mais non plus intéressant. Si la diction en est soignée, on y cherche vainement un trait original.

Fol. 161, col. 2. *In festo beati Ludovici, dominica duodecima post Trinitatem, Jo. de Neap. — Bene omnia fecit... Sine me nil poteris facere.... — Sicut naturaliter arbor, quantumcumque bona, non fructificat...* Un sermon sur le roi saint Louis, composé peu d'années après sa canonisation, doit nécessairement, même quand l'orateur est médiocre, offrir un ou deux passages qu'il peut être utile de transcrire. Dès le début, après l'exorde, nous lisons :

Dici potest congrue quod bene omnia fecit de eo qui sic spiritualiter servos fecit audire et mutos loqui. Talis fuit beatus Ludovicus, cujus totus conatus et studium videtur fuisse fidem et nomen Christi etiam in terris infidelium propalare et divulgare ; propter quod etiam bis cum ingenti exercitu contra eos personaliter transfretavit, ut vel sic, saltem timore, eos ad fidem revocaret, vel terras eorum fides inhabitaret, a quibus semel captus est ut fidei suæ virtus et meritum augeretur. Post captionem interrogatus a quodam quid cogitaret dum actu cogeretur, respondit quod cogitabat quam esset utilis illi populo infideli unius boni prædicatoris

prædicatio cum bona audientia, qui eos ad fidem instrueret
et ad fidem induceret. Tandem in eodem facto et opere
mortuus est, die scilicet secundo dum transfretasset et actu
obsideret quamdam civitatem impiorum. Congrue ergo de eo
potest dici quod bene omnia fecit...

Sunt homines terreni quærentes otium... Non fuit talis
beatus Ludovicus, scilicet otiosus ; imo, ut patet ex ejus
legenda, continue in aliquo sancto opere occupabat se ;
propter quod a multis amatoribus hujus mundi vocabatur
frater Ludovicus...

Mais le reste du sermon n'est que du verbiage. Les
prédicateurs italiens de ce temps-là ont généralement
la parole très facile ; mais leur défaut est de parler
beaucoup pour ne dire presque rien.

Fol. 163, col. 2. *Dominica infra octabas Epiphaniæ,
Jo. de Neap. — Dolentes quærebamus te... Petite et
dabitur vobis... — Proverbialiter dicitur quod promissio fidelis hominis æquivalet...* Rien à citer.

Fol. 164, col. 3. *Dominica in Passione et de Annuntiatione Domini, Jo. de Neap. — Introivit semel... —
Reges de novo coronati, vel quando intrant civitatem
aliquam...* A la suite une collation où, vers la fin,
l'orateur se prononce pour l'immaculée conception
de la Vierge.

Fol. 166, col. 2. *De Assumptione beatæ Virginis
Mariæ. — Sedet ad dexteram majestatis... — Nil prohibet eamdem rem deberi alicui dupliciter, scilicet jure
communi et privilegio.* Ce sermon est anonyme. En
voici d'autres exemplaires où manque aussi le nom de
l'auteur : n⁰ˢ 3553 (fol. 36), 14973 (fol. 132), 17516
(fol. 36). Puisqu'on l'a plus d'une fois copié, c'est qu'on
l'a jugé louable. Il est suivi d'une collation.

Nous trouvons dans le sermon (fol. 166, col. 4)

quelques phrases plus vives que décentes à l'adresse
des chanoines et des prélats trop jeunes :

Hodie præsident mali sicut boni, non solum in regimine
sæculari sed in ecclesiastico et pastorali, et pueri regunt
qui seipsos regere non noverunt. Jam diu est quod in
gremio matris positi sunt pueri in præbendis et in talibus..,
et ex tunc fœdatum est gremium Ecclesiæ, quia puer parvulus non multum stat in gremio matris vel nutricis quin
fœdet ipsam.

Ces trop jeunes évêques, qui n'avaient pas les mœurs
de leur emploi, étaient, pour la plupart, de noble race.
N'ayant fait que paraître dans les écoles, ils les avaient
quittées sans grades, avec une instruction insuffisante.
On les avait sans doute canoniquement élus, mais
pour jouir en leur compagnie d'une plus grande
liberté.

Fol. 168, col. 4. *De Assumptione beatæ Mariæ.* —
Maria abiit cum festinatione... — *Quando regina
aliqua, sicut Franciæ, debet coronari et nuntiatur per
totum regnum...*

L'auteur inconnu de ce sermon n'avait pas une
gravité soutenue. Voici les comparaisons dont il use
pour bien faire comprendre quelle était la pureté de
la Vierge :

Sicut liber non reputatur alicujus valoris nisi sit illustra-
tus et illuminatus ; sed quando ibi sunt litteræ « dazur »
et de auro « tornees au pincel, » tunc liber est pulcher. Ista
(*Maria*) autem bene fuit illuminata, scilicet lumine fidei
super omnes sanctos, ut patuit in passione Domini ; quod
figuratur in candelis in Parasceve. Sed aliqui sunt sicut
libri beguinarum vel dominarum, qui sunt extra noviter
depicti, intus vero maculati et deleti ; qui vellet eos emere
cito posset decipi.

Presque tout le sermon est du même style. Un chanoine de Saint-Victor, nommé Jean d'Aunay, l'ayant trouvé selon son goût, en a fait ou fait faire une copie que nous mentionnerons sous le n° 14961 (f. 169).

Fol. 170, col. 2. *Sancti Petri apostoli, a fratre Johanne de Neap. — Princeps et maximus cecidit... Loquente Petro hæc, cecidit Spiritus sanctus super eos...* Autre copie, sous le même nom, n° 14793) (fol. 136.

Nous sommes loin, dit l'orateur, de saint Pierre, des apôtres, et l'on a perdu tout souvenir des leçons de conduite qu'offrent leurs légendes :

Quomodo prædicator persuadere poterit sæculari laico quod non fornicetur, qui videt eos, qui ad honestatem servandam tenentur, eam nullatenus observare ? Quomodo persuadere poterit sæculari ut ad ecclesias et prædicationes conveniat, qui videt clericos, qui debent esse divino cultui et servitio mancipati, raro ad sermones audiendos accedere, missæ et reliquo servitio divino interesse ? Quomodo persuadere poterit ut in res hujus mundi affectionem non ponat, qui videt clericos, qui debent esse maxime ab istis temporalibus segregati et divinis intenti, pompis et curiositatibus vestium delectari ?...

Le ton de cette censure la fera certes juger plutôt haineuse que charitable. Voilà le dernier des sermons que nous avons ici sous le nom de Jean de Naples. Ont-ils eu, les uns et autres, quelque succès ? Antoine de Sienne dit que l'on conservait de son temps, au couvent de Naples (1), un gros recueil, *volumen magnum*, de sermons attribués à ce religieux. Mais il ne paraît pas qu'il s'en trouve beaucoup aujourd'hui dans

(1) *Biblioth. ord. fr. Præd.*, p. 137.

III.

les bibliothèques de France, d'Angleterre, d'Allemagne et même d'Italie.

Fol. 774, col. 1. *De uno martyre.* — *Certamen forte dedit illi...* — *In omni exercitu bene ordinato, primi et ultimi debent esse robustissimi.* Cette vague rubrique *De uno martyre*, annonce un exercice litteraire plutót qu'un vrai sermon.

Fol. 175, col. 3. *De beato Bernardo.* — *Vidi et ecce equus albus...* — *Secundum apostolum ad Rom., invisibilia Dei per ea quæ facta sunt...* L'*Equus albus* est le moine blanc de Cîteaux, et tout le sermon est une apologie de cet ordre. Aussi ne l'attribuons-nous pas à un Dominicain.

Fol. 177. *De sancto Vincentio, a fratre Joanne de Palma.* — *Certamen forte dedit...* — *Dominus Christus Jesus, princeps militiæ christianæ.* Ce sermon de Jean de Baume est cité dans l'*Histoire littéraire*, t. XXVII, p. 155.

Fol. 177, col. 4. *De uno martyre.* — *Labora sicut bonus miles...* — *Job IX, dicitur quod homo nascitur ad laborem.*

Un éloge d'un martyr innomé ne peut être qu'un assemblage de phrases banales. De tels sermons étaient faits pour servir en des occasions diverses, quelques mots étant, suivant le cas, ajoutés ou changés. Il devaient être courts, comme l'est celui-ci; ils étaient ainsi plus facilement mis en usage par tel ou tel clerc doutant de lui-même ou pris au dépourvu.

D'autres copies de ce sermon, anonymes comme celle-ci, se rencontrent dans les n°ˢ 14966, deuxième série, fol. 76 et 14973 (fol. 176).

Fol. 178, col. 2. *In Exaltatione sanctæ crucis.* —
Exaltari oportet filium hominis... — Contraria contra-
riis curantur.

Il y a dans ce sermon plus d'une thèse médicale ;
c'est Galien qui fournit la matière des démonstrations
théologiques ou des enseignements moraux. Nous en
citons ce passage qui donnera quelque idée du reste :

Scitis quia inter alios infirmos illi qui habent vermes·circa
cor subito moriuntur et pereunt. Sic inter alios peccatores
clerici videntur habere vermes circa cor, scilicet remorsum
conscientiæ de malis quæ faciunt. Laici enim peccare possunt ex ignorantia ; sed clerici, qui legunt per se et audiunt
in scolis et in sermonibus quæ sunt facienda et quæ fu-
gienda, qualiter possunt peccare ?

Remarquons en passant que l'orateur excuse les
laïques de ne rien entendre aux sermons faits dans
la même langue que les leçons des écoles. Il est bien
de les excuser ; il eût été mieux, comme il semble, de
prêcher devant eux dans une autre langue. Le même
sermon est dans le n° 14966, deuxième série, fol. 73.
Le nom de l'auteur ne nous est pas non plus indiqué
par cette copie.

Fol. 179, col. 4. *In Inventione sanctæ crucis.* —
Lignum vitæ est his qui apprehenderunt... — Vulgo
dicitur quod qui nescit petit.

Nous avons quatre autres copies anonymes du même
sermon : n°ˢ 3736 (fol. 240), 13374 (fol. 143), 14963,
deuxième série, n° 25, 14966, deuxième série, fol. 82.
Mais l'auteur nous est connu ; c'est Jacques de Lausanne, dont le nom se lit dans le n° 18181 (fol. 234).
Ce sermon est inédit.

Fol. 180, col. 2. *De angelis.* — *Divisit lucem a tenebris...* — *Dominus, qui ex ordine sapientiæ suæ omnibus rebus providet...* Autre exemplaire anonyme : n° 14966, deuxième série, fol. 65.

Fol. 181, col. 3. *De beato Francisco.* — *Propheta magnus surrexit...* — *Proverbium est quod nova faciunt mirari.* Autres exemplaires anonymes : n°ˢ 14966, deuxième série, fol. 66 et 14973 (fol. 163). Il s'agit de saint François d'Assise, et nous n'avons que la matière d'un sermon. Ici, dit l'auteur, il faudra raconter tel miracle du saint, là tel autre.

Fol. 182, col. 2. *Petri et Pauli.* — *Tu es Petrus...* — *Secundum apostolum, XX, 13, debemus omnibus reddere debita.*

L'orateur est un ennemi déclaré des évêques, et l'on peut dire qu'il ne trouve pas de termes assez forts pour exprimer combien ils lui sont odieux. Il ne parle d'abord, à la vérité, que des mauvais prélats ; mais en laissant déjà comprendre qu'il n'en connaît pas un seul bon. Voici comment il réclame ensuite l'expulsion des mauvais :

Gallus gallinacius non cantat nec generat, et tamen habet magnos et fortes aculeos quibus fortiter pungit et vulnerat. Sic malus prælatus nec ecclesiam officiat nec prædicando fructificat, et tamen volentes fructificare suis aculeis graviter pungit et vulnerat. Est ergo sicut gallus gallinacius, qui portatur ad forum ligatis pedibus et capite verso ad terram. Sic una est sententia de omnibus talibus, quod, ligatis manibus et pedibus, projiciantur in tenebras exteriores.

Cette dure sentence doit avoir été dictée par un religieux à qui la permission de prêcher avait été

refusée par quelque évêque. On connaît les vifs et
longs débats que provoqua, vers la fin du XIII° siècle,
cette question canonique : le droit de prêcher est-il
sans condition, sans limite ? Les religieux, non jus-
ticiables des ordinaires, peuvent-ils prêcher en tous
lieux, sans leur congé ? Les mots *Nec prædicando
fructificat, et tamen volentes fructificare suis aculeis
graviter pungit* nous paraissent contenir une claire
allusion à cette contestation tumultueuse.

Assurément, le religieux l'accorde, les évêques sont,
en droit, les successeurs des apôtres ; mais, en fait,
remplissent-ils les devoirs que cette succession leur
impose ? Non, sans doute, et ils ne le peuvent, élus
comme ils le sont. Voici la mise en scène d'une élec-
tion épiscopale :

Si essent mille millia hominum et nonnusquam duo nite-
rentur esse in eodem loco, nonnusquam facerent pressu-
ram ; sed quia plures volunt habere eumdem locum, nec
possunt, ideo est pressura ; id est nullam rem mundanam,
nec prælationem, nec quodcumque aliud possunt habere duo
simul, et ideo in electionibus est pressura et non pax, dum
plures sunt qui volunt habere et non possunt simul esse,
sicut inter canes est rixa quando quilibet vult habere os
projectum in medio, et quilibet non potest.

Il y a sans doute des évêques qui valent mieux que
d'autres ; mais n'hésitons pas à dire qu'il n'y en a pas
de louables en tout point :

Tot incumbunt prælato agenda, et in agendis tot instigant
ad minus recte agendum, quod, si videamus aliquem in aliquibus minus recte agentem, compati debemus ; si autem
bene in omnibus, quasi pro miraculo habendum est.

Et cependant ces grands pécheurs sont d'arrogants despotes et ne veulent être blâmés par personne :

Si scirent quid de eis dicitur, non sic facerent; sed modo, non solum non interrogant, imo, si quis non interrogatus loquitur, caput ei frangitur, sicut dixit quædam statua in Provincia, quæ erat posita ad custodiandas res ab hostibus ; quibus comminantibus quod si diceret qui essent raptores, quod verberarent eam, cum postea alii supervenientes peterent quis bona rapuerat, respondit : « Tempora mutantur et homines deteriorantur, et qui veritatem dicit, vel loquitur, caput ei frangitur. » — « Audi, vide, tace, si tu vis vivere in pace, » dicunt Lombardi.

Nous avons reproduit plus haut un autre texte de cette légende. Les deux narrations peuvent être comparées. Ce sermon est aussi dans le n° 14966, deuxième série, fol. 101. Le nom de l'auteur n'est pas non plus fourni par cette autre copie.

Fol. 184. *De beata Maria Magdalena. — Cum amaro esset animo... — Magnum avantagium est ad recte eundum habere ostendentem viam.*

Ce sermon est d'un style très familier. On va le reconnaître en lisant ce qui suit :

Mercatores, quando plus perdunt in nundinis quam lucrantur, sunt in magna amaritudine. Vita ista data est nobis pro nundinis ad meritandum futuram... Si bene cogitemus, forte inveniemus quod pro una bona mercatione fecimus decem malas. Simus ergo sicut mercatores qui semper plus cogitant et melius sciunt quantum perdunt quam quantum lucrantur. Nos autem e contrario optime computamus bona, sicut beguinæ et religiosi computant annos beguignagii et religionis, et male frequenter quia solum deberent computari illi anni quibus vixerint secundum instituta religionis, et essent multo pauciores aliis. Istæ dominæ

quæ portant « Pater noster » optime scirent dicere quot
« Pater noster » dixerunt in die, sed non quot defectus fecerunt male cogitando, vane loquendo, et cet.

On ne parlait pas cette langue barbare au xiie siècle, quand on avait Donat et Priscien pour maîtres de
grammaire. Pourquoi donc en a-t-on pris d'autres ?
Fol. 184, col. 4. *Dominica XXIII[a] post Trinitatem.*
— *Observate eos qui ita ambulant...* — *Sicut dicit
beatus Gregorius, nemo repente fit summus.*

Ce prédicateur n'est pas non plus bien porté pour
les évêques :

Modo aliqui prælati sunt sicut oculi non habentes palpe-
bras, ut est in piscibus, quia in mari, id est in negotiis
sæcularibus, tumultuosis et fluctuosis, optime sciunt se et
alios regere ; sed in medio rariori vel subtiliori, id est in
spiritualibus, pertinentibus ad salutem, nil sciunt, et
tamen magis tenentur subditos dirigere in istis quam in aliis.

Autre exemplaire anonyme : n° 14966, deuxième
série, fol. 83. Le sermon se compose de deux parties,
dont la seconde est intitulée *collatio ;* ce qui veut
dire, comme on le sait, sermon de l'après-midi.
Fol. 186, col. 3. *In Rogationibus.* — *Petite et accipietis...* — *Vulgo dicitur quod bonum forum extrahit
argentum de bursa.* Dans le n° 14966, deuxième série,
fol. 43, où se trouve une autre copie du même sermon, le proverbe que nous venons de citer est en
français : « Bon marchié trait argent de borse. »
Quelques phrases de l'exorde vont faire apprécier
la manière de l'orateur :

Nos sumus in hoc mundo ut paradisum emamus. Velit
Deus quod simus boni mercatores ! Sic autem fecit Christus

ut faciunt mercatores in nundinis, qui primo denariatas suas faciunt cariores, deinde dant pro minori pretio, sed in fine adhuc pro minori. Sic Christus de paradiso, quem per passionem suam emerat, fecit in primo carum forum, scilicet prima dominica post octavas Paschæ; tunc enim, secundum recitationem Ecclesiæ, primo exposuit paradisum venalem, nec fuit forum adeo carum quin esset justum, quia pro tanto dedit pro quanto emit... Pro tali pretio emerunt paradisum primi sancti, scilicet apostoli et martyres... Postea vero fecit melius forum, non exspectando mortem pro pretio paradisi, sed condescendendo infirmitati nostræ. Sufficit enim quod doleamus de malis commissis et caveamus a futuris... Sed hodie, appropinquante termino quo recessurus erat de mundo et iturus ad patrem, offert regnum cœlorum quasi pro nihilo, sed pro sola petitione, dicens : *Petite et accipietis.*

Ce sermon a pour suite, comme le précédent, une *collatio.*

Fol. 188. *De beato Nicolao.* — *Cum adhuc esset puer...* — *Cuilibet viatori et præcipue ductori lumen est necessarium.*

Il faut, pour bien conduire les autres, savoir se conduire soi-même. C'est une leçon de morale à l'adresse des évêques. Mais elle est donnée dans un style banal.

Fol. 189. *De beato Stephano.* — *Cum esset plenus spiritu...* — *Homines qui sunt aggressivi terribilium et difficilium...* Ce sermon n'est pas moins banal que le précédent.

Fol. 190, col. 2 (sans indication de jour). *Diliges Dominum Deum tuum...* — *Tangit duo : primo dilectionis modum.* C'est une homélie soigneusement composée par un théologien sans abandon.

Fol. 191, col. 2. *De beato Ludovico.* — *Rex sapiens*

stabilimentum populi... — A capite multum dependet regimen corporis.

L'exorde est une apologie du régime monarchique. Dans l'exposition se lisent plusieurs anecdotes, empruntées soit à l'histoire, soit à la légende populaire. Nous citons :

Rector bonus est minister Dei et amicus, et ideo communitas commissa tali rectori commissa est amico, quod est signum dilectionis ; de qua dilectione est Deo valde regratiandum. Talis fuit beatus Ludovicus. Unde fertur dixisse quod prius vellet quod omnes filii essent mortui quam quod Deum offenderent per peccatum mortale.

Et plus loin :

Semel vel pluries in septimana sedebat in loco communi, ut pauperes possent habere accessum ad eum. Ita puniebat magnos sicut parvos. Nota de domino de Cociaco (1). Sed nunc econtra versum est.

Ainsi, dit l'orateur, le roi présent ne fait pas, comme saint Louis, bonne justice. Il est dur, ajoute-t-il, pour les petits, indulgent à l'excès pour les grands :

Justitia est quasi torrens fortis. Quod si obviet turris forti, non trahit eam secum, sed res minutas trahit ; sic exsecutio justitiæ nunc non trahit magnos dominos potentes, sed parvos et pauperes. Non sic fecit beatus Ludovicus...
Si sol staret, tota ejus influentia esset ad unam partem vicinam, et aliæ privarentur lumine et beneficio solis. Sic, quando princeps est otiosus et negligens, totum emolumentum venit ad collaterales et propinquos consiliarios assistentes ; isti replent bursam suam et alii

(1) Enguerrand de Coucy, emprisonné d'abord, ensuite puni par le roi pour avoir fait pendre de pauvres paysans. Voir *Le Confesseur de la reine Marguerite; Hist. de la Fr.*, t. XX, p. 113.

remanent in frigore multiplicis desolationis. Non sic beatus Ludovicus; sed circuibat investigando per se vel per alios defectus suorum officialium, et bene proveniebat; propter hoc regnum ejus firmum fuit et populus ei adhæsit.

Ces regrets sont très touchants. Et n'omettons pas de faire remarquer qu'ils sont exprimés en des termes très désobligeants pour un des successeurs du roi béatifié, qui paraît être Louis le Hutin. On voit ici quelle était alors la liberté de la chaire à l'égard de la puissance civile. Cette liberté n'avait, pour ainsi parler, aucune limite, l'Église n'ayant pas encore éprouvé le besoin de se faire protéger par l'État.

Une autre copie de ce sermon est dans le n° 14966 (deuxième série, fol. 25).

Fol. 192, col. 1. *Dominica tertia post Trinitatem.* — *Primum quærite regnum Dei... — Quæ a Deo sunt ordinata sunt; Joann. XIII; et ideo qui recedit a debito ordine...*

Le même sermon est dans le n° 14966, deuxième série, fol. 26. Il faut en citer un fragment pour montrer une fois de plus avec quel sans-façon les prédicateurs de ce temps-là se pillaient les uns les autres. La preuve de ces pilleries sera faite quand, en regard de ce fragment, nous aurons mis quelques phrases d'un sermon imprimé sous le nom de Jacques de Lausanne et dont une copie se trouve au fol. 211, col. 3, de notre volume :

Fol. 194, col. 1	Fol. 212, col. 1
Beati pauperes spiritu, quoniam vestrum est regnum Dei; Luc. VI. Isti si divites habent timere, plus	Matth. IX : *Quam difficile qui pecunias habent regnum Dei intrabunt.* Et quare magis clerici quam

tamen clerici quam laici. Cujus ratio est quia ex signo clericatus ascribuntur regno. Corona enim signum est regale. Modo sic est quod corona clericorum fit sola ablatione capillorum; laici vero principes coronantur per appositionem, in signum quod clerici ascribuntur regno Dei per contemptum et depositionem terrenorum, quamvis contrarium sit de aliis...

laici ? Quia ex signo clerici huic regno ascribuntur. Corona enim signum est regale. Sed aliter coronantur principes, aliter clerici; illi enim apponunt, sed clerici sola capillorum ablatione, in argumentum quod ascribuntur regno Dei per contemptum terrenorum...

Fol. 194, col. 2. *In Nativitate beatæ Virginis.* — *Judæis nova lux oriri visa est...* — *Deus qui mirabiliter formavit hominem.*

N'avons-nous pas déjà rencontré ce sermon, au feuillet 133, sous le nom de Durand ? Comparés l'un à l'autre, les textes ne sont pas tout à fait semblables. Si la plupart des phrases sont littéralement conformes dans l'un et dans l'autre, il y en a qui diffèrent plus ou moins, quelques mots ayant été changés, ajoutés ou retranchés. Nous allons montrer comment ont été faites ces retouches, en transcrivant le passage du présent sermon où les mauvais prélats sont comparés à l'incendiaire Néron :

Legimus (de Nerone) quod, cum nihil grande fecisset in bonum rei publicæ unde nomen ejus celebre post mortem suam haberetur, ipse æmulus in vicinos, sævus in subditos, post multa flagitia diversis illata, hoc novum fecit quod urbem incendit, nec permisit quemquam ad sua currere ut aliquid ex eis salvaretur. Sic aliqui, in regimine animarum constituti, qui subesse non sustinent, præesse semper volunt, non prodesse, cum nil in se dignum memoria habeant, mercenarii, non pastores, aliquid novi committunt in dispendium subditorum, et, quod majoris dementiæ est, volentes occurrere periculo alios non permittunt.

Ce qu'on vient de lire est manifestement la paraphrase plus ou moins élégante de ce qu'on a lu ci-dessus, page 84. Mais quel est l'auteur de cette paraphrase? Il n'est pas impossible que ce soit Durand lui-même. Cependant il est aussi permis de supposer que c'est un autre. Ces pilleries, que nous tenons aujourd'hui pour illicites, devaient être alors facilement pardonnées, car nous avons surabondamment prouvé qu'il y en a de nombreux exemples.

Fol. 195, col. 3. *In festo sancti Petri martyris. — Dilectus meus candidus... — Secundum beatum Dionysium hæc est vis amoris ut amantem transformet in amatum.*

Il s'agit du frère Prêcheur Pierre de Vérone, assassiné près de Milan en 1253. Mais ce qui concerne, dans ce sermon, la vie et la mort du saint n'offre aucun intérêt.

Fol. 194, col. 2. *De beato Dominico. — Hic magnus vocabatur... — Vulgo dicitur* « que nouveles font merveiller et merveilles font demander ».

Nous ne remarquons dans ce court sermon que cet autre proverbe français : « Qui à bon seignor sert bon guerredon en atent. » Autre copie : n° 14966, deuxième série, fol. 104.

Fol. 198, col. 2. *Dominica tertia in Quadragesima, a fratre Dur. — Cum ejecisset dæmonium... — Carissimi, sicut patet ex pluribus locis sacræ Scripturæ.*

Échard n'a cité, sous le nom de Durand, ni ce sermon, ni la collation qui le suit. Nous trouvons dans la collation une moralité tirée d'une supposition bien singulière :

Si esset aliqua domina quæ de marito suo nobili et pulchro concepisset filium pulchrum, similem marito, et de servo suo turpi filium turpem, patri similem, si in pariendo filium de legitimo marito conceptum pareret mortuum, alium pareret vivum, multam amaritudinem haberet, tam quia pulchrum filium amisisset, tam quia ne damnaretur ut adultera timeret. Ita est de anima existente in peccato mortali. Aliquando concepit filium pulchrum et cet., id est propositum aliquod bonum opus faciendi, a Deo inspiratum, aliquando turpem filium concepit a servo et cet., id est malum propositum et voluntatem perpetrandi aliquod malum a diabolo suggerente ; in partu autem, id est in exteriori opere, quando perducit scilicet ad effectum, quod proposuerat bonum opus producitur mortuum, quia sine gratia et immeritorium, aliud autem vivum et meritorium, non vitæ æternæ sed mortis perpetuæ et pœnæ.

Fol. 200, col. 1. *Dominica post Pascha, a fr. Dur.* — *Non sis obliviosus auditor...* — *Plus requiritur ad hoc quod aliquis sit bonus quam ad hoc quod sit sciens.*

Toute la première partie de ce sermon est contre les conversations déshonnêtes. Durand en fait voir ainsi le péril :

Quando canis tenet porcum vel bovem per aurem ducit eum ad voluntatem suam ; propter hoc carnifices consueverunt canes fortes habere. Sic quando diabolus tenet hominem per aurem, quod libenter audit turpia verba et scurrilia, facit de eo pro voluntate sua et præcipitat in quodcumque vult peccatum.

Fol. 202, col. 1. *Dominica infra octabas Ascensionis.* — *In omnibus honorificetur Deus...* — *Decor et valor operis redundat in gloriam et honorem operantis.* Une collation succède à ce sermon.

Fol. 204, col. 2. *De sancto Nicolao, — Deus, docuisti me... — Nos legimus in Isaia quod prædicator appellatur tuba.* Autre copie, pareillement anonyme : n° 14973 (fol. 168).

De ce sermon très familier tirons ce proverbe français : *Vulgo dicitur* « que touz jours sent le mortier les aus et la poche le haranc. » Il ne faut donc pas contracter de mauvaises habitudes. C'est la matière que développe l'orateur, laissant bientôt de côté saint Nicolas.

Fol. 205, col. 3. *Dominica prima in Adventu. — Sicut in die honeste ambulemus... Dicetis in illa die : Confitemini Domino... Vulgo dicitur quod curialitas incognita est perdita.*

Ce sermon est de Jacques de Lausanne. On peut le voir sous son nom en divers manuscrits et dans l'édition de ses *Sermones dominicales et festivales* donnée par Ambr. Girault en 1530, au fol. 2 de cette édition. Il est habituel à Jacques de Lausanne de mêler, dans ses sermons, le latin et le français. Quelquefois il cite des proverbes français ; d'autres fois il traduit en français le latin de son thème ou son propre latin, et ses traductions sont même souvent des paraphrases. Citons un exemple :

Sicut in die, etc. Ibi tanquntur tria ; gallice : « Il nous amoneste de nostre profist fare, » *ambulemus* ; « il nous monstre maniere qui doit à chacun plaire », *honeste* ; « il dit que le temps nous doit à ce atraire, » *sicut in die.* Circa primum notandum quod « mal vit qui ne s'amende ». Ideo dicit : *Ambulemus* ; qui enim ambulat semper appropinquat termino.

Nous citons d'après notre manuscrit, non d'après l'imprimé, qui n'est pas correct. D'autres copies de ce sermon sont dans les n°s 3553 (fol. 6), 13374 (fol. 148); 14973 (fol. 103), 18181 de la Bibliothèque nationale, 337 de Toulouse, 128 de Soissons, 1711, 1765, 1889 de Troyes, 266 et 267 de Bruges.

Fol. 206, col. 3. *Dominica tertia in Adventu.* — *Cæci vident, claudi ambulant...* — *Sicut dicit Seneca, dementia est supervacua quærere.*

D'autres exemplaires anonymes de ce sermon sont dans les n°s 14966, fol. 1 de la deuxième série et 17516 (fol 53). Oui, dit l'orateur après Sénèque, c'est folie de s'employer à la recherche des choses superflues. Or, quoi de plus superflu que les disputes de l'école? Ce passage de son exorde est notable :

Carissimi, istis diebus motæ sunt quæstiones multæ et disputatæ de quodlibet; nec est mihi dubium quod multæ inutiles et supervacuæ, nihil pertinentes ad ædificationem fidei et morum, sed potius ad subversionem, quia ex talibus et similibus oriuntur invidiæ et contentiones et pugnæ verborum... Tamen hujusmodi quæstionibus solvendis, quas forte melius esset contemnere quam solvere, invigilabunt magistri et laborabunt.

Si donc la foule des maîtres et des écoliers avait alors tant de goût pour les tournois quodlibetiques, quelques gens osaient dire qu'ils les trouvaient inutiles, et qu'on y disputait moins sur des choses que sur des mots. Nous ne sommes pas très loin aujourd'hui de penser comme ces gens-là. Mais quand l'orateur, allant plus loin, incrimine avec la même aigreur toute science qui n'est pas celle des textes canoniques, on ne peut plus, cela va sans dire, témoigner qu'on adhère à son réquisitoire. Le sermon est suivi d'une collation.

Fol. 208, col. 4. *De Joanne Baptista.* — *Angelus Domini exercituum...* — *Intra sicut in illo sermone : Propheta magnus.*

Ce sermon est en l'honneur de saint François, comme celui dont les premiers mots sont *Propheta magnus,* au feuillet 181. L'auteur de l'un et de l'autre est-il Jacques de Lausanne ? A cette question, nous ne saurions faire une réponse appuyée par un témoignage. Mais voici bien le style de Jacques de Lausanne :

Angelus enim exercituum est ; et tanguntur tria ad ejus commendationem : sublimitas conversationis, *Angelus ;* dignitas legationis, quia Domini *Angelus ;* probitas actionis, *exercituum.* Gallice sic : « Sa conversation fu de grant hautece », *Angelus;* « ses offices de grant noblece », *Domini;* « si fet de grant prouece », *exercituum.*

Autres exemplaires anonymes : n° 14966, deuxième série, fol. 92, 14973 (fol. 162).

Fol. 209, col. 3. *De pluribus martyribus.* — *Beati qui persecutionem patiuntur...* — *Omnis dolor quem aliquis voluntarie patitur aut habet delectationem principaliter annexam...*

Ce sermon anonyme l'est aussi dans les n°ˢ 3553 (fol. 10) et 14966, deuxième série, fol. 74. Il y a des mots durs contre les riches. On lit à la fin : *Tertium membrum habes in sermone ; Mundo corde. Quære ibi.*

Or nous avons, dans le n° 18181 (fol. 294) et ailleurs, un sermon inédit de Jacques de Lausanne qui commence par ces mots : *Mundo corde*. Il est donc probable qu'il est aussi l'auteur de celui-ci.

Fol. 211, col. 3. *Dominica sexta post Trinitatem. — Nisi abundaverit justitia vestra... Sicut dicit beatus Gregorius, hoc solum bene agitur...*

A Jacques de Lausanne appartient sûrement ce sermon anonyme. Il est sous son nom dans le n° 18181 (fol. 155) et est imprimé dans l'édition citée de 1530, fol. 179. Mais faisons remarquer que le texte imprimé n'est pas complet. Il y a dans ce sermon plus d'un trait que l'auteur a cru plaisant. Nous en citerons, d'après nos manuscrits, non d'après l'imprimé, qui est souvent fautif, un passage où se rencontre une des mille fables contées sur maître Renard :

Hypocritæ sunt martyres diaboli, et per præsentem afflictionem acquirunt sibi supplicium æternum. Isti simulant se mortuos mundo, quasi non curantes de mundo, cum in veritate mundo vivunt, quia quidquid faciunt totum faciunt intuitu acquirendi aliquid terrenum, sicut recitatur de vulpe quæ simulavit se mortuam quousque projecta fuit in loco ubi erant alectia et tunc comedendo se vivam ostendit. Sic aliqui ostendunt se quasi mortificatos quousque habeant præbendam vel prælationem in qua delicate vivant ; et ideo vere sunt ut vulpes cujus pellis prævalet carni ; sic exterior conversatio istorum prævalet intentioni.

Le même sermon est, sans nom d'auteur, dans les n°ˢ 14963 (fol. 67) et 14966, deuxième série, fol. 50.

Fol. 212, col. 2. *Item de eodem. — Nisi abundaverit... Vulgariter dicitur* « que tant comme l'en prie le vilain, lors ne fera il ja bien. » *Unde oportet rusticum non*

solum allicere promissis. Pareillement anonyme dans
les nᵒˢ 14966, deuxième série, fol. 51 et 16508 (fol. 83).

L'auteur, quel qu'il soit, n'avait pas, on le soupçonne déjà, les vilains en grande estime. Il va, dans
ce qui suit, les traiter plus mal encore :

Oportet rusticum non solum allicere promissis, sed etiam
terrere minis, quia plus facit timore quam amore : « Nus
n'est vilain se du cuer ne li muet; au cuer tient la villenie;
au cuer tient la noblece et la courtoisie ».

Ce sermon, d'ailleurs très court, est du plus bas
style. Si le superbe contempteur des vilains était un
clerc de noble race, son langage ne répondait pas à sa
naissance.

Fol. 212, col. 3. *Dominica secunda post Trinitatem et
in Cœna Domini. — Homo quidam fecit cœnam magnam... Beatus Augustinus, loquens de Christo in quadam homelia...*

Ce sermon est sans nom d'auteur, comme ici, dans
les nᵒˢ 3553 (fol. 7) et 14966, deuxième série, fol. 71.
Il y a, dans la première partie, une vive déclamation
contre la noblesse de race. Ainsi l'on n'épargnait pas
plus en chaire les nobles que les vilains. Chacun avait
liberté d'y déclarer ses opinions politiques ou sociales,
et en usait sans aucun égard pour des convenances
qui n'étaient pas encore dans les mœurs.

Fol. 214, col. 3. *Dominica septima post Trinitatem.
— Omnis arbor quæ non facit fructum... — Consue-
tum est quod, cum aliquis in horto suo...*

Voici maintenant un sermon du Dominicain Nicolas
de Biard. Nous l'avons sous son nom dans le nᵒ 15383
(fol. 103) et il en suit, il en précède d'autres dont ce

religieux est l'auteur certain dans les n°ˢ 12419 (fol. 88), 13579 (fol. 143), 15964 (fol. 176), 18081 (fol. 113).

Fol. 215, col. 4. *De uno martyre. — Qui sustinuerit usque in finem... — Intra sicut in sermone: Beati qui persecutionem patiuntur.*

Le sermon qui commence par *Beati qui persecutionem* se lit au feuillet 209 de notre volume, et s'il est, comme nous l'avons supposé, de Jacques de Lausanne, celui-ci lui doit être pareillement attribué. De celui-ci nous avons deux autres exemplaires anonymes : dans les n°ˢ 3553 (fol. 15) et 14966, deuxième série, fol. 91.

Au fol. 216, col. 2, une collation qui fait suite au sermon.

Fol. 217. *De beato Joanne Baptista. — Mittam præcursorem tui... — Isti reges et nobiles, quando de novo incipiunt terram tenere...* Court sermon, qui paraît n'avoir pas été très estimé, car nous n'en pouvons indiquer une autre copie.

Fol. 217, col. 3. *De beato Joanne Baptista. — Dedi te in lucem gentium... — Experientia docet quod in nocte ambulantibus necessaria est lux.*

Ce sermon est d'un religieux, car les clercs séculiers y sont maltraités :

Multi sunt sicut aliqua specula quæ reddunt faciem hominis tortuosam in respiciendo ; sic qui vult speculari in vita clericorum invenit eam monstruosam, et hoc provenit ex abundantia materiæ, scilicet divitiarum.

Nous disons, qu'on nous comprenne bien, qu'il est d'un religieux, non pas qu'il est d'un moine. Depuis longtemps les moines avaient perdu le droit de reprocher leurs richesses aux clercs séculiers.

Fol. 218, col. 2. *De apostolis Petro et Paulo.* — *Assumpsi mihi duas virgas...* — *Auceps, in capiendo aviculas, inter alia instrumenta...*

On osait tout dans les sermons ; on osait même se plaindre des innovations, c'est à dire des altérations de la monnaie royale :

Rex quando innovat suam monetam, fiunt multæ monetæ falsæ juxta illam, et oportet quod illa moneta duplex ponatur pro duobus simplicibus, et tamen non valet. Unde, quando isti duplices venerunt, oportuit quod ponerentur pro duobus simplicibus beati Ludovici, et tantum non valent; tamen, quia est imago regis, oportet quod recipiantur.

Cela nous paraît se rapporter à l'ordonnance de Charles IV, du 15 octobre 1322, concernant l'émission des parisis doubles. Voir le *Glossaire* de Ducange, au mot *Moneta*. Mais on se demande peut-être à quel propos, dans un sermon, cette libre digression sur la valeur nominale, et non réelle, des nouveaux parisis. Cela tend à prouver qu'il n'en est pas de même en fait de parisis et en fait d'évêques. Le nouveau parisis ne vaut pas deux anciens. Eh bien ! deux évêques d'aujourd'hui en valent-ils un d'autrefois, un Martin, un Remi? Non sans doute. Il faut pourtant qu'on fasse le même accueil, qu'on rende les mêmes hommages aux modernes qu'aux anciens, puisqu'ils sont les uns et les autres, au même titre, des évêques. On n'avait certainement pas prévu cette badine conclusion.

Fol. 220, col. 1. *De sancto Martino.* — *Stetit sol in medio cœli...* — *Homo sanctus et virtuosus in omni opere suo debet stare semper in medio.* C'est là, dit l'orateur, un conseil donné par Aristote, et il engage tout le monde à le suivre.

Fol. 220, col. 4. *De beato Clemente.* — *Cum transieris per aquas...* — *Verbum commune est et in sacra Scriptura habetur quod amicus in necessitate...* Sermon sans intérêt.

Fol. 221, col. 2. *De beata Catharina.* — *Veni de Libano, sponsa...* — *Secundum jura, maritus transferens se...* Nous ne trouvons non plus rien de notable dans ce sermon.

Fol. 221, col. 4. *De sancto Andrea.* — *Christo confixus sum cruci...* — *In omni loco et negotio periculoso bonum est...*

Les traits de ressemblance sont nombreux entre ce sermon et un autre sur le même saint André que contiennent, sous le nom de Jacques de Lausanne, les nᵒˢ 18181 (fol. 200) de la Bibliothèque nationale et 1779 de Troyes. Jacques de Lausanne s'étant fait applaudir par ses confrères, un d'entre eux aura recherché le même succès en l'imitant un peu plus qu'il ne convient. C'est là ce que l'on va constater avec nous. Ainsi débute le sermon qui nous est offert par le nᵒ 18181 :

Christo confixus sum cruci; Gal. II. In negotio periculoso et dubio sequendum est consilium prudentius. Quæ sit via rectior paradisi negotium est periculosum et dubium. Periculosum quidem quia transiens male passum mortis nunquam potest redire ut corrigatur...

Et voici comment ce début, pris pour matière, est paraphrasé dans notre nᵒ 14799 :

Christo confixus sum cruci; Gal. II. In omni negotio periculoso bonum est sequi consilium sapientum, quia qui

sequitur consilium minus sanum aliquando recipit et repor-
tat damnum... Modo quæ sit via melior ad cœlum? Istud
est negotium periculosum, quia qui non transit modo per
bonam viam in perpetuum non poterit reverti... Quæstio est
bene dubia quando illi qui sunt magistri de illa quæstione
sibi invicem contrariantur. Sic est de via cœli, et non solum
homines ad se invicem adversantur et contrariantur, sed
quilibet sibi ipsi...

Cela n'est pas, toutefois, une transcription littérale.
Le délit est donc véniel.

Fol. 222, col. 2. *In capitulo.* — *Super muros tuos,
Jerusalem... — Rex habens duas civitates, unam sitam
in loco pacifico...*

Un exemplaire de ce sermon, conservé dans le
n° 631 de la Bibliothèque impériale de Vienne, porte
qu'il fut prononcé par Jacques de Lausanne dans un
chapitre assemblé à Reims en l'année 1300, tandis
qu'une note transcrite à la marge d'une autre copie,
n° 18181, fol. 321, assigne la date de 1307 à ce chapitre de Reims. Cette dernière date est la plus vraisemblable. Cependant nous sommes loin de la tenir
pour certaine, Jacques de Lausanne étant encore, en
l'année 1316, simple bachelier.

Le sermon, qu'il faut ranger au nombre des inédits,
est un véhément réquisitoire contre les évêques. En
chapitre, les portes closes, les religieux mendiants
s'exprimaient sur le compte de leurs ennemis déclarés, les évêques, d'une façon plus libre encore que
dans leurs églises, où se trouvaient habituellement,
parmi les auditeurs, beaucoup de séculiers. De ce discours capitulaire toute phrase est soit une remontrance, soit une injure. Pour n'être pas étonné d'un

tel langage il faut savoir à quel point les deux partis étaient alors animés l'un contre l'autre. Quelquefois l'injure est faite sur le ton plaisant :

Prælati ecclesiæ, tam majores quam minores, custodes sunt, et hoc consonat cum nomine curæ; omnibus enim est cura imposita. Sacerdotibus cura populi simplicis, prioribus et abbatibus cura conventuum et monasteriorum, episcopis et superioribus cura sacerdotum et omnium curatorum. Unde omnes sunt curati. Sed, nota, secundum communem usum loquendi multum differunt curatum esse et curam habere : ille enim dicitur de aliqua re curam habere qui circa eam sollicitus est ; ille vero dicitur a morbo curatus qui nil habet de ipso, sicut curatur a febre qui nil habet de febre. Secundun hoc prælati ecclesiæ non solum dicuntur curati, sed etiam curam habere, propter duo genera bonorum quæ sunt in ecclesia, scilicet temporalia et spiritualia : de temporalibus bene dicuntur curam habere, de ipsis enim ita sunt diligentes et solliciti quod exactiones, extortiones, pœnas pecuniarias nulli audent committere, imo talia ipsimet exercent in propria persona ; sed quantum ad bona spiritualia, scilicet salutem animarum, ipsi sunt curati, id est ab omni sollicitudine liberati et curati, de custodia animarum non curantes.

C'est assez jouer sur le mot *curatus*. Maintenant sur le mot *pastor* :

Pastor dicitur a pascendo ; ideo prælati ecclesiæ dicuntur pastores quia debent subditos pascere verbo doctrinæ, exemplo vitæ, subsidio temporalis substantiæ; ideo primo et principi pastorum dixit Christus, non semel aut bis, sed ter : « Pasce oves meas. » Non enim debet prælatus solum credentes verbo informare, sed virtutum exemplo conformare vel ædificare et etiam temporali subsidio, si necesse fuerit, sustentare. Verum est quod Petrus fuit turbatus quando dictum est ei tertio : *Pasce* et cet. ; et certe moderni prælati multum turbarentur si haberent subditis temporalia ministrare. Nec mirum. Quomodo enim dabit sua qui consuevit rapere aliena ? Et tamen istud prohibetur specialiter prælatis in decretis ; dicitur enim ibi : « Nulli episcoporum liceat a sacerdote subjecto vel a quolibet clerico vel a piis locis dationes ultra statuta patrum exigere »... Sed certe modo illud decretum per contrariam consuetudinem est abrogatum. Hodie prælati dicuntur pastores non quia pascunt subditos, nisi sicut ovis pascit herbam quam devorat et corrodit ; sic ipsi faciunt de bonis subditorum ; ipsi dicuntur pastores quia pascunt seipsos, non subditos.

Tout cela n'est pas sans doute du meilleur goût. Mais comme on sent la colère et la haine sous ces vulgaires facéties ! Aux jeux de mots succède une anecdote dont le récit a dû faire frémir ceux qui l'ont crue vraie :

Quidam prædicaturus in synodo angustiabatur cogitans quid posset dicere. Tunc apparuit ei dæmon inferni, dicens : « Quid angustiaris istis clericis prædicare ? Dicas eis hoc solum : « Princeps inferni principes salutat Ecclesiæ. Omni- « bus vobis gratias referimus, quia propter negligen- « tiam vestram quasi totus mundus ad nos devolvitur, « et cum prælatis nobis subditi offeruntur. » — Invitus ista tibi dico, tamen divina jussione coactus. » Cui prædicator : « Non credent, inquit, mihi. » Tunc dæmon tetigit faciem ejus et statim apparuit macula nigra insolita. « Ecce, ait, signum. Istam maculam ante sermonem non poteris amovere ; sed finito sermone, lota aqua benedicta statim delebitur. » Qui, sic faciens, multorum corda ad pænitentiam commovit.

La lettre de Satan aux princes de l'Église a eu le plus grand succès. M. P. Meyer en a cité cinq textes peu différents (1), et il en existe d'autres encore. La narration qui l'accompagne ici est empruntée au *Bonum universale de Apibus* de Thomas de Cantimpré (2).

(1) P. Meyer, *Les contes moralisés de N. Bozon*, p. 269.
(2) *Hist. litt. de la Fr.* t. XXI, p. 358.

La fin de ce sermon manque dans le n° 18181 ; mais nous lisons dans ce n° 18181 une anecdote qui, dans le n° 14799, est trop brièvement racontée. Cette anecdote, la voici :

Cum rex Angliæ teneret Normanniam, semel venabatur cum canibus quos adduxerat de Anglia. Cum ergo canes ejus, lupum captum tenentes, morderent, miles Normannus cœpit canes verberare et lupum juvare. Super quo cum argueretur a rege, respondit quod multo plus diligebat lupos de Normannia quam canes de Anglia.

Ces citations nous semblent suffire, les sermons imprimés de Jacques de Lausanne ayant déjà fait connaître que ce religieux s'était particulièrement signalé parmi les détracteurs de l'épiscopat. Nous remarquons qu'il n'y a pas un mot français dans ce sermon capitulaire. On a lieu de penser que l'orateur, parlant à des confrères, s'est fait une loi, dans cette occasion, d'être aussi solennel qu'il pouvait l'être. Nous avons d'autres copies anonymes dans les n°s 14963, deuxième série, n° 80, 14966 (fol. 33) et 14969 (fol. 232).

Fol. 224, col. 2. *De Conceptione beatæ Mariæ.* — *Ipsa est mulier quam præparavit... Vos videtis quod homines exheredati ad hereditatem possunt redire.*

Ce sermon, très court, n'offre rien à citer. L'auteur ne se prononce ni pour ni contre l'immaculée conception. Cette prudence est rare. Faisons remarquer qu'il offre aussi beaucoup d'analogie avec un sermon de Jacques de Lausanne que contient le n° 18181 (fol. 202). La même matière est ici et là peu diversement paraphrasée.

Fol. 224, col. 4. *De beato Thoma apostolo. — Ecce cognovi quoniam Deus... — Philosophus dicit quod experientia facit artem.*

Sermon également court et d'une familiarité souvent choquante. On en va juger :

Venaticus canis, quando non habet prædam præsentem, nec eam videt, non latrat; sed quando videt eam latrat ; sic beatus Thomas, quando non habuit Christum præsentem per experientiam, non latravit. Unde dixit quod non crederet nisi videret ; sed quando vidit cito clamavit: « Deus meus, etc. »

Fol. 225, col. 1. *De Nativitate Domini. — Venit Deus in castra... — Castrum quod tenetur in feodo a domino superiori quandoque ab hostibus obsidetur.* Autre copie : n° 14973 (fol. 156).

Celui-ci, s'il n'est pas plus long, est plus grave, mais sans aucune originalité.

Fol. 225, col. 3. *De Circumcisione Domini. — Infans octo annorum... In alia facultate dicitur quod contraria contrariis curantur.* Autre copie : n° 14973 (fol. 156).

Le prédicateur reproche aux religieux, ses confrères, d'être trop occupés des affaires du dehors et d'en trop parler :

Certe est de nobis sicut de avi quæ est in capiola inclusa. Nescit enim garrire a principio ; sed ibi addiscit et non sufficit sibi proprius cantus, sed cantus aliorum fingit. Sic de inclusis, de religiosis. Non sufficit eis habere proprios cantus, sed volunt habere garritum aliorum. Sciunt enim plus rumores de curia regis et papæ quam illi qui sunt in mundo, et istud non est tutum nec bonum.

Fol. 225, col. 4. *De beato Vincentio. — Vincenti dabo edere... — Pugil qui habet intrare duellum vel campum vult certificari de mercede.*

L'auteur est Jacques de Lausanne. Ce sermon est sous son nom dans le n° 18181 (fol. 210). Ajoutons qu'il est inédit. Nous en avons deux autres exemplaires anonymes : n°ˢ 14962 (fol. 233) et 14963, deuxième série, n° 9.

Fol. 226, col. 2. *De beato Firmino.* — *Thronus ejus erit firmissimus...* — *Justitia requirit quod miles qui cum rege in bello et labore...* Nous ne saurions indiquer une autre copie de ce sermon banal.

Fol. 226, col. 4. *De beato Marco.* — *Leo venatori insidiatur...* — *Venator, qui habet capere animalia et volatilia...*

Il ne s'agit, dans ce sermon, que de chasse ; d'animaux et de chasseurs habiles à se tromper les uns les autres. Il est tout entier la paraphrase de cet exorde :

Philosophus dicit quod aper involvit se in luto quando debet pugnare, et tunc vadit ad solem, et ita induratur et siccatur lutum in eo quod non timet jacula venatoris. Ita peccatores involvunt se luto peccati et ita indurant se quod non timent jacula venatoris Christi.

Saint Marc fut un des chasseurs envoyés par le Christ à la poursuite de ces animaux féroces et malins, et la paraphrase nous fait voir comment il réussit à les dompter.

Fol. 227, col. 2. *De beato Petro martyre.* — *Ascendit Petrus ad superiora...* — *Inter ceteras aves aquila altius volat.* Ce martyr est Pierre de Vérone, comme ci-dessus, fol. 195.

Fol. 227, col. 3. *De Ascensione Domini.* — *Si exaltatus fuero...* — *Adamas elevatus sursum trahit ad se ferrum.* Autre copie : n° 14973 (fol. 182).

Ce sermon est, à proprement parler, une courte leçon de physique céleste.

Fol. 228, col. 1. *De beato Joanne evangel. — Protegitur sub tegmine illius... — Comestor dicit quod ligna setim sunt imputribilia.* Autre copie : nº 14973 (fol. 174).

Ici nous avons une leçon d'histoire naturelle.

Fol. 228, col. 2. *De Trinitate. — Tres unum sunt... — Aliquando contingit secundum naturam, quod ab eodem fonte derivantur tres rivuli.* Autre copie : nº 14973 (fol. 175).

Ce prédicateur préfère, en matière de gouvernement, le régime héréditaire au régime électif :

Melius reguntur ea quæ habentur per successionem quam per electionem, quia tunc sollicitatur rex non solum propter se sed etiam propter heredem ; sed quando unus eligitur in regem vel dignitatem non est ita sollicitus quia non curat nisi de se.

On doit s'étonner d'entendre ainsi parler un régulier, ou même un clerc séculier, un sujet quelconque d'un pape élu. Un autre passage de ce sermon a trait aux mœurs du temps :

Homines in exercitu sunt bene uniti simul ; sed post exercitum, quando venitur ad spolia, tunc pugnant unus contra alium et sunt multum discordes. Sic clerici, quandiu sunt socii et scolares, in studio existentes, sunt uniti per dilectionem ; sed ponatur quod unus habeat præbendam, tunc fit divisio ; unus qui nihil habet pugnat contra alium ut illum amoveat si potest ; vel, si est in dignitate maxima constitutus, alium socium suum pauperem non recognoscit. Unde in domo canis et catus sunt uniti, quia unus jacet juxta alium ; sed quando projicitur os ante ipsos, tunc fit divisio et tunc rixantur. Ita fit hodie in Ecclesia.

Fol. 229, col. 1. *De beatis Simone et Juda.* — *Nubes spargunt lumen...* — *Augustinus dicit quod oculis infirmis odiosa est lux.* Ce sermon est encore d'un religieux très animé contre les évêques.

Fol. 229, col. 2. *De omnibus sanctis.* — *Justorum animæ in manu Dei...* — *Tempore persecutionis et periculi homines consueverunt meliora bona sua portare in secretiori loco.* Autre copie : n° 14973 (fol. 183). Il s'agit moins des saints que des grenouilles, des poissons, des oiseaux.

Fol. 229, col. 3. *In Cathedra sancti Petri.* — *David sedet in cathedra...* — *In curia bene ordinata quilibet sedet secundum exigentiam personæ.*

Les élections épiscopales avaient souvent, trop souvent, de fâcheux résultats. L'orateur n'a pas cru devoir négliger l'occasion de s'en plaindre :

Modo est de Ecclesia sicut de festis in quibus portæ male custodiuntur. Tunc enim multitudo hominum intrat et viles personæ portantur a multitudine, et sic intrant curiam et sedent quandoque in loco honoris, et (quando), personæ valentes veniunt, sedent in pulvere et loco minus nobili. Sic aliqui indigni modo intrant sedem Ecclesiæ per violentiam, per preces, per munera vel per obsequia, et, licet isti sint cæci vel claudi spiritualiter et viles personæ, tamen, quia multitudo supportat eos, ideo intrant sedem honoris et reverentiæ.

Fol. 230, col. 1. (Sans indication de jour.) *Salomonem, filium meum, elegit Deus...* — *Prudens hortolanus, habens in horto suo arborem sterilem...* C'est l'éloge funèbre de saint Matthias.

Fol. 230, col. 4. *De beato Gregorio.* — *Virgam vigilantem ego video...* — *Pastor non potest commode exercere officium...* Encore un sermon contre les évêques. Nous n'en citons rien, pour ne pas reproduire soit des témoignages, soit de vains propos qui sont également connus.

Fol. 231, col. 3. *De Annuntiatione dominica. — Hæc dies boni nuntii est... — Nativitas seu conceptio primogeniti regis solet...* Rien à citer.

Fol. 232, col. 1. (Sans indication de jour.) *Sanguis Christi emundabit conscientias... — Ecclesiastes, IX, dicit quod omni negotio tempus est et opportunitas, et ideo medici...* Ce sermon paraît être pour le jour de la Passion. D'autres exemplaires anonymes se rencontrent dans le n° 14966, deuxième série, fol. 21 et dans le n° 14969 (fol. 191).

Fol. 232, col. 4. *De Circumcisione. — Apparuit benignitas et humanitas... — Ex operibus mundanis, peccato duntaxat factis, possumus devenire...* Autres exemplaires anonymes : n°ˢ 14966, deuxième série, fol. 29 et 14973 (fol. 157). Le style de ce sermon est celui de Jacques de Lausanne.

Fol. 233, col. 3. (Sans indication de jour.) *Reformabit corpus humilitatis... — Vas dissipatum solet melius reformari per artificem.*

Ce sermon est de Jacques de Lausanne. Il est sous son nom dans le n° 18181 (fol. 193) et il a été publié parmi ses *Sermones dominicales*, fol. 218. Les princes du siècle et ceux de l'Église n'y sont pas plus ménagés les uns que les autres. Nous en avons un autre exemplaire anonyme dans le n° 14963, fol. 86.

Fol. 236, col. 3. *Dominica quarta in Adventu, a fr. A., lectore Bibliæ. — Gaudete in Domino semper... —*

Quando aliqui impugnantur a fortibus hominibus...
Nous ne savons quel est ce frère A., lecteur de la
Bible; mais nous ne risquons guère de nous tromper
quand nous le supposons Dominicain, ses sentiments
à l'égard des clercs séculiers étant ceux des religieux
de sa robe :

Quando viri ecclesiastici acceperunt satis de bonis Ecclesiæ, residuum deberent dare pauperibus eos sequentibus
et post eos clamantibus pro fame et inedia ; sed multi sunt
similes lupo qui, quando comedit satis de præda sua, residuum infodit sub terra ; sic multi sunt quibus non sufficit
quod saturati sint de bonis crucifixi, sed residuum abscon-
dunt sub terra et thesaurisant.

Fol. 238, col. 3. *Collatio de Innocentibus, a fratre
Jacobo de Los. — Innocentes et recti adhæscrunt...
Innocentia subditorum et rectitudo ad regem vel dominum...*
Rien, avait dit saint Grégoire, ne touche plus qu'un
exemple. De cela convaincu, Jacques de Lausanne ne
donne pas un conseil, n'énonce pas une maxime
sans alléguer un exemple plus ou moins propre à
démontrer ce dont il s'agit ; ce qui l'amène à faire des
rapprochements quelquefois ingénieux, comme l'est
celui-ci :

Diabolus est fraudulentus exactor ; unde ipse facit sicut
collector pedagii permittit mercatorem transire passum pedagii sine hoc quod aliquid exigat ; sed quando transivit
passum pedagii, arrestat cum et ipsum incarcerat. Sic
diabolus, quando videt hominem onustum peccatis, nil ab
eo exigit, cum tamen ipse pro modica pœnitentia posset
satisfacere ; sed quando ipse transivit passum mortis,
tunc ipsum arrestat et in inferno incarcerat.

Ce sermon est aussi sous le nom de Jacques de Lausanne dans les n°s 14973 (fol. 184), et 18181 (fol. 208); mais il est anonyme dans le n° 14963, deuxième série, n° 8. Il faut le compter au nombre des inédits.

Fol. 239, col. 3. *Dominica XVII^a post Trinitatem. — Solliciti servare unitatem... — Persona cui incumbit interesse bello mortali...*

Jacques de Lausanne est encore l'auteur de ce sermon, que nous lisons sous son nom dans le n° 18181 (fol. 180) et qui, d'ailleurs, est imprimé dans le recueil de l'année 1530, fol. 203.

Le n° 18181 et l'édition nous offrent un texte peu conforme à celui de notre manuscrit. Celui-ci est-il le moins authentique ? Il est, du moins, le plus correct et le plus clair. Pour faire apprécier la différence, nous citons d'abord le passage suivant d'après notre manuscrit :

Multi sunt alios judicantes et corrigentes et seipsos negligentes, qui tamen plus indigent corrigi quam forte alii. Isti sunt similes clamantibus pelliceum reparandum, qui tamen communiter magis dissutas vestes portant et laceratas magis quam alii.

Une anecdote qui vient après n'a pas été non plus assez fidèlement reproduite par l'éditeur. La voici d'après notre manuscrit et le n° 18181 :

Nota de milite qui, tempore Caroli Magni, moriens unicum nepotem suum exsecutorem fecit, rogans eum quod equum suum venderet et pretium pauperibus daret. Qui, videns equum pulchrum et fortem, pro se retinuit, nihil omnino dans pauperibus. Cui post biennium anima defuncti apparens ait : « Quare non fecisti quod præceperam tibi?

Gravissime usque nunc tortus sum ; sed Deus dedit sententiam quod ego vadam ad requiem et anima tua sustineat pœnas quas adhuc passurus eram. » Quo dicto, miles disparuit et nepos ille ægrotans cito obiit, succedens militi in tormentis.

Cette anecdote est tirée de la chronique de Turpin On peut la lire à la page 492 des *Appendices* à la *Chronique* de Philippe Mouskes, publiée par M. de Reiffenberg.

Un autre exemplaire anonyme est dans le manuscrit coté 14963, n° 79.

Fol. 240, col. 3. (Sans indication de jour.) *Qui se humiliat exaltabitur... Humilia valde spiritum... — Ramus non fructificat quando inseritur trunco sicco.*

Sous le nom de Jacques de Lausanne dans le n° 18181 (fol. 167) et dans l'édition de 1530, fol. 189. Il y a dans ce sermon plusieurs anecdotes que nous allons transcrire. Voici la première :

Filius usurarii orabat Deum ut ostenderet sibi statum patris sui et fratris sui defunctorum in sæculo ; qui, inter ceteras pœnas inferni, vidit puteum ardentem in quo pater suus et frater descendebant et ascendebant sicut situlæ, et, quando sibi invicem obviabant, se mutuo mordebant et dentibus lacerabant, dicente patre filio : « Maledicta hora qua natus es ! Propter te damnatus sum, factus usurarius ut te ditarem. » Et contra filius patri : « Maledicta hora qua me genuisti ! Propter te damnatus sum, succedens usurariis bonis.

Celle-ci n'est certes pas moins tragique :

Guido, magister beguinarum de Nivella, cum juvenis scolas regeret, incaute feminam intuens ita graviter fuit tentatus quod post mortem feminæ per tres (1) annos, vigilando et dormiendo, crederet eam habere præsentem. Videns ergo

____

(1) Dans le n° 18181, fol. 168, col. 4 et dans l'imprimé, il y a *tredecim*.

III.   9

tentationem dæmonis, clam de nocte sepulchrum ejus ape-
riens, faciem et nares in cœno putrefacto corporis tandiu
tenuit quod fere suffocatus cecidit resupinus. Quod sibi tantum profecit quod nunquam postea sensit motum libidinis.

Fol. 241, col. 4. (Sans indication de jour). *Quicumque spiritu aguntur*... — *Communiter dicitur : Bona
vita ducit ad bonam mortem.*

De Jacques deLausanne; édition de 1530, fol. 183 ;
pour le huitième dimanche après la Trinité. Encore
une anecdote, dont nous allons donner un texte meilleur, en corrigeant tour à tour, les uns avec les autres,
notre manuscrit, le n° 18181 (fol. 159) et l'imprimé :

Quidam princeps cum esset religiosus, maturus, semper
cogitativus, quidam mimus de curia sua interrogavit eum
quare talem vitam duceret, et non in festis et ludis sicut ceteri. Respondit ei per exemplum. Paravit enim cathedram
altam de lignis antiquis et putridis sub qua fecit ignem co-
piosum, et super cathedram ligavit gladium acutum et eva-
ginatum et fecit mimum ibi situari. Quo facto, petiit ab eo
quare esset tristis et quare non faceret bonum vultum. Ille
autem mœrens et tristis respondit : « Quomodo, inquit,
possem facere lætum vultum, videns quod non possum diu
vivere. Cathedra in qua sedeo debilis est et putrida ; diu
durare non potest. Si cado inferius, combustus sum ; si
erigo me superius, mortuus sum. » Tum princeps adjecit :
« In tali, inquit, statu sum ; semper enim considero debili-
tatem corporis, quod semper corrumpitur et putrescit et diu
durare non potest. Considero subtus me ignem inferni, super
me gladium divini judicii, et ideo timore sollicitor, nec possum in præsenti vita gaudere. »

Autre exemplaire anonyme : 14963, n° 69.
Fol. 243, col. 1. (Sans indication de jour.) *Cognosco
oves meas*... — *Pastori præcipitur in Prov. : Diligenter
agnosce vultum pecoris tui.*

De Jacques de Lausanne, dans le n° 18181 (fol. 103) et dans l'édition de 1530, fol. 120 ; pour le dimanche dans l'octave de Pâques. Il y a, dans ce sermon, un passage où l'orateur nous donne en spectacle une classe de Garlande au xiiie siècle : les écoliers assis par terre, dans la poussière :

Scolaris quandiu sedet in imo, in pulvere, non cognoscitur, non examinatur ; sed quando vult promoveri ad cathedram magistralem, vel ecclesiasticam dignitatem, tunc oportet quod cognoscatur et examinetur. Nos sumus in hoc mundo sicut scolares sedentes in terra, scilicet in pulvere. Sicut enim scolares sedentes in terra vel in pulvere acquirunt scientiam per quam postmodum examinantur et honorantur, sic oportet nos in hoc mundo virtutes acquirere, spiritualia bona et dona lucrari per quæ debemus honorari et ad cœlestia exaltari.

Autre exemplaire anonyme : 14963, n° 46.

Fol. 244, col. 2. (Sans indication de jour). *Pontifex ex hominibus assumptus... — Assumptio seu promotio unius bonæ personæ aliquando est relevatio totius parentelæ.*

De Jacques de Lausanne. Sous son nom dans le n° 18181, fol. 313 ; anonyme dans les n°ˢ 14963, deuxième série, n° 74 et 14973 (fol. 186). Ce sermon est inédit.

Fol. 245, col. 1. (Sans indication de jour.) *Voluntas Dei sanctificatio nostra... — Non potest bene serviri personæ nisi sciatur ejus voluntas.*

De Jacques de Lausanne, édition de 1530, fol. 67 ; pour le second dimanche du Carême. Ce sermon est incomplet dans notre manuscrit. Dans l'édition et dans le n° 18181 (fol. 47), il est suivi d'une collation.

Les premiers mots du thème sont, dans le n° 18181 :
Hæc est voluntas Dei... Autre exemplaire anonyme :
14963, n° 30.

Fol. 245, col. *De beatis apostolis Petro et Paulo.* —
Fecit Deus duo luminaria... — *Carissimi, in operibus
Dei nullus potest esse defectus ; quod patet...*

Ce sermon est encore calqué sur un autre de Jacques
de Lausanne. Voici l'exorde de celui de Jacques dans
le n° 3554 (fol. 213), où il est anonyme, et dans le
n° 18181 (fol. 251), où se lit le nom de l'auteur :

Fecit Deus duo luminaria. Omnibus in operibus Dei
non potest esse defectus. Deuteron. xxxi : « Dei perfecta sunt
opera ». Perfectum est cui nihil deficit. Ratio autem qualiter
in operibus Dei non potest esse defectus, quia artifex nunquam deficit bonum operando nisi propter artis ignorantiam, vel impossibilitatem operandi, vel voluntatis malitiam,
vel materiæ insufficientiam vel ministrorum. Nihil istorum
potest poni id Deo ; in ejus operibus non potest esse malitia
et defectus.

Et telle est, dans notre n° 14799, l'amplification de
cet exorde :

Fecit Deus duo luminaria magna. Carissimi, in operibus Dei nullus potest esse defectus ; quod potest ostendi
auctoritate et ratione. Auctoritate : in Deuteronomio dicitur :
« Dei perfecta sunt opera ». Perfectum autem est cujus nil
deest ; igitur in operibus Dei nullus est defectus. Item Gen.
primo : « Vidit Deus cuncta quæ fecerat et erant valde bona ».
Bonum et perfectum idem. Item potest ostendi ratione quod
in operibus Dei nullus sit defectus. Quod enim in operando
artifex deficiat hoc contigit vel propter ignorantiam artis,
vel propter impossibilitatem operandi, vel propter voluntatis malitiam, vel propter materiæ indispositionem, vel
propter instrumentorum carentiam. Sed nullo istorum mo-
dorum potuit esse defectus in opere Dei. Quare et cet. Major patet ex sufficienti divisione...

Fol. 246 (*bis*), col. 2. *Dominica in Passione.* — *Sanguis Christi enundavit conscientias...* — *Augustinus dicit quod vincere consuetudinem dura pugna est.* Ce sermon très grave est d'un théologien qui a dédaigné d'égayer son auditoire.

Fol. 247, col. 1. (Sans indication de jour.) *Humiliavit semetipsum... Bernardus dicit sic : « Non est magnum esse humilem in abjectione ».* Nous croyons ce sermon du même prédicateur que le précédent. Un autre exemplaire anonyme est dans le n° 14973 (fol. 187).

Fol. 248, col. (Sans indication de jour.) *Venit Jesus et stetit... — In Ecclesiastico dicitur : « Non agnoscetur (in bonis) amicus » ; quia, sicut patet ad sensum, in prosperis ita se aliquando offert infidelis amicus sicut fidelis.*

Il ne faut pas confondre ce sermon avec un autre de Jacques de Lausanne, qui commence par les mêmes citations de l'évangile de saint Jean et de l'Ecclésiastique. Les princes de l'Église ne sont pas toutefois mieux traités ici qu'ils ne le sont habituellement par Jacques de Lausanne :

Exercitus dicitur bene ordinatus quando nobiles sunt in equis et ignobiles sunt pedites ; sed, si econtra fit, male est ordinatus. Ita dico quod Ecclesia dicitur bene ordinata quando nobiles nobilitate morum sunt in equis, scilicet dominantur, et ignobiles sunt subjecti vel vilescunt. Sed hodie fit econtra, quia nobiles sunt pedites et ignobiles sunt equites vel in equis.

Cela veut dire : à cheval sont les évêques ; à pied les religieux.

Fol. 249, col. 3. (Sans indication de jour.) *Gaudebit*

cor vestrum... — Inter alia quæ dolorem cordis leniunt et mitigant...

Ce sermon est suivi d'une collation. Nous lisons dans la collation :

Parisius, quando satellites Castelleti insequuntur furem, fur, si invenit ostium ecclesiæ, evadit ab eis qui eum insequuntur; sed, si non intrat, capitur et ad patibulum ducitur.

Fol. 251, col. 3. *Pet. de Palud., tempore pœnoso.— Tempus tribulationis est... — Ad hoc quod bladum ponatur in horreo et vinum in cella...*

L'auteur est sûrement ici le Dominicain Pierre de La Palu. Ce n'était pas un orateur de très noble tenue. Il y a dans son sermon plus d'une comparaison vulgaire.

Fol. 252, col. 2. *De Purificatione beatæ Mariæ A. de Insula. — Ecce gloria Domini impleta est... — Domus est sancta mater Ecclesia.*

Nous avons déjà signalé ce sermon d'Alain de Lille : *Mémoires de l'Acad. des Inscript.*, t. XXXII, première partie, p. 21. Il est d'un homme naturellement indépendant, qui censure à la fois ou tour à tour les mœurs des séculiers et des réguliers. Autre copie : n° 14973 (fol. 171).

Fol. 213, col. 3. *In die Paschæ. — Fui mortuus et ecce sum vivens... — Dicit Psalmus : « Hæc mutatio dexteræ excelsi. »* A la suite de ce long sermon est une longue collation.

Fol. 256, col. 3. *In octavis Paschæ. — Vidimus Dominum. — Dicit Isidorus quod panthera est amica omnium animalium.*

Ce sermon finit par le récit d'un miracle :

Psalmus: « Audi, filia, et vide », etc. Nota, sicut ille monachus de Sancto Joanne, qui, infidelitate percussus dum corpus Christi teneret, post *Agnus Dei* mutatum est corpus Christi in veram carnem ; quod manens usque hodie cernitur ; item, sanguis ebullire cœpit super corporale.

Fol. 260, col. 1. (Pour le jour de l'Épiphanie.) *Venit lumen tuum et gloria... — Vulgo dicitur quod pauper est qui non videt. Tanta paupertas est cæcitas...*

Nous avons quatre autres copies anonymes de ce sermon, dans les n°s 3552 (fol. 28), 14963, n° 14, 14966 (fol. 42) et 17516 (fol. 64); mais il est à bon droit sous le nom de Jacques de Lausanne dans le n° 18181 (fol. 22), et l'éditeur de l'année 1530 l'a publié dans son recueil, au fol. 31.

Fol. 257, col. 1. (Pour la fête des SS. Innocents.) *Sine macula sunt ante thronum Dei... — Carissimi, in verbis nobis propositis accipienda ea loco prothesis.*

Un passage de ce sermon, d'ailleurs peu recommandable, est assez curieux pour être transcrit :

Si quis vellet commendare Achillem, magis deberet eum commendare ex hoc quod interfecit Hectorem, qui fuit optimus Trojanorum, quam ex hoc quod super Trojanos militavit, quia super Trojanos militare fuit commune sibi et Diomedi et multis aliis ; sed Hectorem interfecisse, qui fuit optimus Trojanorum, solum convenit Achilli. Modo ad propositum. Inter omnes sanctos de quibus mater Ecclesia solemnisat, præter illos paucos qui de speciali gratia fuerunt sanctificati in utero matris, esse sine macula magis proprie convenit istis Innocentibus quorum solemne agimus quam aliis sanctis, quia sine ulla culpæ macula fuerunt tam in locutione quam in operatione...

Fol. 260, col. 4. (Sans indication de jour.) *Apparuit*

benignitas et humanitas... Boni rumores lætificant cor... — *Meliores rumores qui possunt audiri...* Peut-être pour le jour de Noël. C'est un sermon de haut style.

Fol. 261, col. 4. (Sans indication de jour.) *Exsurgam diluculo...* — *Augustinus super Joann.* : « *Hoc solum lætificat in laboribus et periculis...* » Il y a beaucoup d'histoire naturelle dans ce sermon très travaillé.

Fol. 262, col. 3. (Sans indication de jour.) *Facta est lex...* — *Lex divina, etiam lex humana facta est et ordinata propter cognitionem defectuum.*

Avec une collation. Nous lisons plus d'une fois dans le sermon et dans la collation que les dignités ecclésiastiques sont trop souvent conférées à des personnes indignes. Cela nous apprend que l'orateur est un régulier.

Fol. 264, col. 3. (Sans indication de jour.) *Formans me ex utero...* — *Solet dici in mundo quod nullus ita bene facit negotium suum sicut ipsemet...* Nous ne croyons avoir ici qu'un fragment de sermon.

Au fol. 265, la série des sermons est interrompue par le prologue et le commencement d'un commentaire sur le livre de Job. Le prologue a pour début : *Quæritur quis libri beati Job scriptor habeatur.* Le commentaire est très développé. Nous n'en connaissons pas l'auteur.

Fol. 267. (Sans indication de jour.) *Veni, coronaberis...* — *Dicitur communiter :* « Qui a mestier du feu a son doit le quiert. » *In quolibet opere quod habemus...*

Il y a beaucoup de français dans ce sermon. Nous y lisons aussi une anecdote :

Ad hæc multa exempla leguntur... De armigero despe-
rato, in diœcesi Bituricensi, in tempore sancti Ludovici, qui
servierat libenter et devote beatæ Mariæ, sed pro paupertate
se reddidit diabolo et abnegavit fidem christianam et
Christum et omnes sanctos, præter beatam Mariam. Postea
pœnitens coram imagine quadam beatæ Mariæ cum lacrymis
uberrimis se prostravit, et quidam miles ibi orans vidit imaginem parvulum quem tenebat alloquentem, et ut omnem
culpam et offensam suo præsenti armigero dimitteret sup-
plicantem ; quod ita impetravit. Tunc imago militem hæc
videntem et super hoc admirantem vocavit eique præcepit
ut armigerum surgere faceret et ei peccatum suum esse re-
missum, dum tamen pœniteret et confiteretur, nuntiaret
ipsumque secum duceret et filiam unam quam habebat ei
daret uxorem, sciens pro certo quod eis esset semper auxi-
liatrix. Ita factum est. Postea, cum armiger factus esset
potens et dives, recolens auxiliatricem suam et dominam,
fecit tantum quod uxor sua castitatem vovit et sanctimo-
nialis effecta est et beatæ Mariæ serviens sancte vixit.
Ipse quoque, Cisterciensis ordinis monachus factus, beatæ
Mariæ devotissime servivit et salvatus est.

Fol. 268. *In dei Natali Domini. — Natus est tibi
puer... Nescio loqui quia puer... — Quando aliquis
magnus vult mittere aliquem suorum nuntiorum...*

Ce sermon anonyme est de Gui d'Évreux, dont il
porte le nom dans les n⁰ˢ 16492 (fol. 16), 17516
(fol. 117) et 18180 (fol. 17).

Gui d'Évreux, de l'ordre des frères Prêcheurs, est
un orateur souvent facétieux. Ses sermons sont restés
inédits, sans doute parce que ses confrères ne les ont
pas, au xvi⁰ siècle, jugés assez graves. Nous ne pouvons dire qu'ils flattent notre goût ; mais ils nous
intéressent le plus, avouons-le, quand ils l'offensent
davantage. Comme la plupart des prédicateurs de son
temps, Gui d'Évreux est banal et médiocre lorsqu'il

ne vise pas à forcer l'attention de ses auditeurs par quelque gai propos.

Pourquoi Dieu s'est-il incarné dans la personne d'un enfant? Il semble périlleux de poser cette question. Mais un prédicateur badin est prompt à la résoudre :

Deus puer. Si enim secundum formam suæ immensitatis nasceretur, homo eum non caperet. Si nasceretur magnus et gigas, timeret peccator ejus potentiam omnia corrigentem. Si appareret philosophus et sapiens, timeret peccator ejus sapientiam omnia cognoscentem. Si veniret angelorum agminibus circumseptus, timeret peccator et erubesceret ejus societatem. Propter hoc venit puer. « Qui veut que l'en n'eust paour de sa grant felonie; que l'en n'eust paour de son sens ne de sa grant clergie; et que l'en n'eust honte de sa grant compaignie. »

Cela n'est-il pas décisif ? En tout cas, l'orateur s'est bien certainement moins soucié de convaincre ses auditeurs que de les égayer. Il dit plus loin, sur le même ton :

Ad nostram ædificationem dicere possumus quod Salvator noster dicitur puer quia quatuor conditiones sunt in puero quæ in nostro Salvatore eminentius sunt repertæ. Primo puer vult mundus excubari : « que il soit couchié neitement. » Videtur enim quod panni ubi puer debet cubari multum frequenter debent mundari et siccari ; aliter puer non bene dormiret. Ita certe puer noster Jesus Christus vult habere lectum mundum, id est mundam conscientiam. Debent enim esse mundi quod sentiant « lessive; » talis conscientia est domus Christi Jesu ; talem conscientiam accepit pro camera sua tanquam plenam puris cogitationibus, sanctis affectionibus, desideriis bonis, et ideo dicitur, Sap. VIII: *Intravi in domum meam, conquiescam in illa.* Nota quod non libenter intraret domum suam si sciret ibi esse latrones. Unde rex multum turbatur quando de villa sua, maxime de camera sua, fit receptaculum latronum... « Toutes manieres de gens » qui habent cor pollutum pravis cogitationibus, pejoribus, pessimis consensibus, nefandis operibus, similes sunt meretrici quæ nullum respuit ; fecerunt de corde suo prostibulum. In talibus non quiescat puer (1). »

Quelle façon d'enseigner aux gens qu'ils doivent tenir leur conscience en bon état ! Mais un prédicateur qui parle cet étrange langage ne fait-il pas mieux connaître et lui-même et son temps qu'un grave rabacheur de somnifères banalités ?

Fol. 269. (Sans indication de jour.) *Laventur pedes vestri... — Si viator lutosus, fessus et famelicus inveniret fontem in itinere...*

Gui d'Évreux est aussi, l'on n'en doute pas, l'auteur de ce sermon, où le français et le latin sont mêlés comme dans le précédent, et de la même manière. A la vérité, nous ne l'avons rencontré nulle part sous son nom ; mais il fait partie dans le n° 14969, fol. 197, d'une liasse où tout lui appartient. Signalons, en outre, un exemplaire incomplet de ce sermon dans le n° 14973 (fol. 24).

Fol. 270, col. 1. (Pour le jour de la Passion.) *Humiliavit semetipsum factus obediens... — Consuetudo est, quando mulier habuit maritum quem multum dilexit..*

Un autre exemplaire anonyme de ce sermon est dans le n° 508 de Tours ; mais nous l'avons sous le nom de Gui d'Évreux dans les n°s 16492 (fol. 72), 17516 (fol. 182), 18180 (fol. 77). C'est un sermon très long, où sont racontées toutes les circonstances de l'arrestation, du jugement, du supplice de Jésus.

(1) Nous établissons notre texte sur les n°s 14799 et 18180.

Fol. 272, col. 4. (Sans indication de jour.) *Christus passus est pro nobis... — Quando aliquis facit curialitatem alicui, si ille cui fit curialitas est valens homo...*

Nous n'avons aucune information sur l'auteur de ce sermon ; mais nous allons montrer qu'il est du même style que ceux auxquels il succède :

Christus fecit sicut tabernarius indigens pecunia qui vult allicere homines ad vinum suum et retrahere ab aliis : facit bonum forum de vino suo, et multi veniunt ad bonum forum, et ideo facit plura foramina in vasis suis ; ita Dominus indigebat animabus nostris, non propter se, sed propter bonitatem suam, et gloriam nobis communicandam, nec poterat habere ubi faceret bonum forum de suis mercibus ; ideo, ut nos alliceret et retraheret de taberna peccati, fecit quinque foramina in corpore suo et ideo totus mundus deberet currere ad ipsum et fugere peccatum.

Ici finit la série des sermons. Les dernières pages du volume sont occupées par quelques fragments théologiques et un petit recueil de proverbes français.

14802

Tout le contenu de ce volume, daté de l'année 1153, est un commentaire sur le Cantique des cantiques, dont tels sont les premiers mots : *Os sponsi inspiratio Christi.* Le copiste n'en ayant pas indiqué l'auteur, on a voulu suppléer à son silence. C'est pourquoi l'on crut devoir, plus tard, ajouter au titre : *Expositio beati Gregorii.* Mais nous lisons à la marge une note postérieure qui proteste contre cette attribution ; l'auteur n'est pas, dit-elle, saint Grégoire ; c'est l'abbé Robert. Qui faut-il croire ? Il faut croire le dernier annotateur. Oui, sans doute, on a maintes fois copié, maintes fois imprimé ce commentaire sous le nom de saint Grégoire ; mais Oudin (1) et les auteurs de l'*Histoire littéraire* (2) ont clairement démontré qu'il appartient à Robert de Tombelaine, abbé de Saint-Vigor. L'argument le plus fort de leur démonstration, c'est que des copies de ce commentaire ont une épître dédicatoire où l'auteur se nomme lui-même. Cette épître manque dans notre manuscrit ; mais Oudin ainsi que Mabillon l'ont publiée, et l'on en peut lire, dans notre n° 13199, une copie faite sur un manuscrit de Pébrac, en Auvergne, qui fut donnée par Claude Estiennot à son confrère Mabillon. Un autre exemplaire que précède cette épître est dans le n° 1132 de l'Arsenal.

14804

Claude de Grandrue a reculé devant le dépouillement de ce gros volume, formé de pièces très nombreuses, presque toutes anonymes et confondues, pour la plupart, de telle sorte qu'il est souvent difficile de discerner où les unes finissent, où les autres commencent. Le savant chanoine semble, en reculant, nous mettre au défi de tenter l'entreprise. C'est pourquoi nous voulons la tenter, au risque de laisser voir plus d'une fois les défauts de notre expérience.

Le volume nous offre d'abord un long commentaire

(1) *Comm. de Script. eccl.*, t. II, col. 779 et suiv.
(2) Tome VIII, p. 337.

sur le prophète Joel dont il existe une autre copie, pareillement anonyme, dans le n° 344 des *Cod. Laud. misc.*, à la Bodléienne. Nous le trouvons, à la vérité, dans le tome CLXXV de la *Patrologie*, col. 322, sous le nom du célèbre chanoine Hugues de Saint-Victor ; mais nous croyons avoir démontré que cette attribution n'est pas acceptable (1). L'auteur a voulu rester inconnu. C'est une intention qu'il a lui-même exprimée dans ces quatre vers qui terminent son œuvre :

Non quæras nomen cui gratia contulit omen.
    Utilis et dulcis et sine mole levis ;
Nam studii flores morumque propino sapores.
    Ergo non dubito quin placeam; legito.

En publiant cet écrit sous le nom de leur confrère, (probablement d'après notre manuscrit), les chanoines de Saint-Victor ont supprimé les quatre vers qu'on vient de lire. Ils auraient été tenus, en les donnant, de justifier leur attribution ; ce qu'ils n'auraient pu faire.

Au revers du feuillet 25, commencent les fragments confus dont nous allons nommer quelques auteurs. Des premiers nous n'avons rien à dire, n'en ayant rencontré jusqu'à ce jour aucune autre copie. Mais sur tous ceux qui se succèdent du fol. 26 v° au f° 33, voici des informations précises.

Fol. 26 v°. *Fili memorare*, etc. C'est le sermon XII de saint Bernard, parmi ceux que les éditeurs ont intitulés *Sermones de diversis.*

(1) *Les Œuvr. de Hug. de S. Victor,* p. 18.

Fol. 28 v°. *Tria sunt oscula...* — *Duo sunt ubera.* De saint Bernard, dans le petit recueil de ses *Sentences*, art. 8 et 9. — *Duo sunt pedes Dei*. De saint Bernard : Sermon XC *De diversis*.

Fol. 30. *Emissiones tuæ paradisus*. Sermon XCI *De diversis*.

Fol. 31 v°. *Erant ibi positæ*. Sermon LV *De diversis*.

Fol. 32 v°, au milieu de la colonne. *Capientes singulæ*. Sermon LVI *De diversis*.

Suit une très courte glose sur ce thème : *Sapientia vincit malitiam*. Est-elle de saint Bernard ? Nous ne la trouvons pas dans ses Œuvres. Elle n'est pas non plus dans celles de Hugues de Saint-Victor, où le même texte est plusieurs fois paraphrasé, mais en des termes différents. Après cette glose, nous avons deux autres extraits de saint Bernard.

Fol. 33 v°. *Intravit Jesus*. Sermon XLVIII *De diversis*. — *Qui vult venire*. Sermon LXIII *De diversis*.

Les fragments qui se suivent, du f° 33 v° au fol. 37 r°, sont des définitions, des sentences extraites de sermons divers. Si nous n'avons pu découvrir de qui sont tels ou tels des sermons, nous n'avons pourtant pas, en faisant cette recherche, perdu toute notre peine. Voici les premiers mots de ces fragments, avec les notes que nous avons recueillies au cours de notre laborieuse enquête.

Le premier commence par : *Ad exercitium humilitatis quinque prodesse possunt : amor vilitatis...* C'est un de ceux dont nous ignorons l'auteur.

Justum deduxit Dominus... — *Est justus qui in principio.* Extrait d'un sermon de saint Bernard ; sermon XXI *De diversis.*

Aspiciebam ego in visione... Cœlestibus vir desiderii flagrans mysteriis. Phrases extraites, avec quelques abréviations, d'un sermon de Pierre le Lombard que Beaugendre a publié dans les *OEuvres* d'Hildebert ; col. 238. Nous l'avons déjà rencontré dans les n⁰ˢ 3537 (1), 12415, 13374, 13578 (2).

Ad me clamat ex Seir... — *Seir hispidus et pilosus interpretatur.* Extrait du sermon de Pierre le Lombard qui, dans l'édition de Beaugendre, est à la col. 245 des *OEuvres* d'Hildebert. Ce qu'on lit ici se trouve à la col. 247.

Melior est puer pauper... — *Puer Christus est.* L'auteur nous est inconnu.

Dum medium silentium... — *Tria sunt silentia. Primum ante legem.* Extrait d'un sermon de Pierre le Lombard ; *OEuvres* d'Hildebert, col. 269. Pierre le Lombard a, dans ce passage, reproduit une série de distinctions et d'antithèses dont le subtil inventeur nous paraît être Hugues de Saint-Victor : *Collationes de verbo incarn.* ; coll. 1.

Dum natus esset Jesus... — *Omnes de Saba venient.* Extrait d'un sermon de Pierre le Lombard : *OEuvres* d'Hildebert, col. 274.

Dominus de Sinai venit... — *Sinai interpretatur mandatum.* Extrait d'un sermon de Pierre le Lombard : *OEuvres* d'Hildebert ; col. 511. Des phrases

(1) Tome I, p. 217.
(2) Tome II, p. 274.

que nous avons ici, les unes sont au commencement, les autres à la fin du sermon. Le même extrait se lit dans le n° 16 d'Alençon.

In Ægyptum descendet populus... — *Descendit Adam tribus modis.* Extrait du sermon de Pierre le Lombard qu'on lit à la col. 766 des *Œuvres* d'Hildebert. Les phrases ici transcrites sont à la col. 767.

Pone mensam... Quatuor indicantur : mensæ positio.. Extrait d'un sermon de Pierre le Lombard : *Œuvres* d'Hildebert, col. 395.

Imago terreni est vetustas, imago cœlestis novitas. Extrait d'un sermon de Pierre le Lombard : *Œuvres* d'Hildebert, col. 415.

Non solum abiit Adam, sed et stetit et sedit. Extrait d'un sermon de Pierre le Lombard : *Œuvres* d'Hildebert, col. 309 et suivant. On remarquera néanmoins que le dernier paragraphe de cet extrait manque dans l'édition donnée par Beaugendre. C'est que Beaugendre n'avait pas le sermon tout entier dans le manuscrit qu'il a copié. Nous en avons reproduit la fin dans le tome XXXII, deuxième partie, des *Notices et extr. des Manuscrits*, où commence, à la fin de la page 121, le paragraphe qu'on ne lit pas dans l'édition de Beaugendre.

Ici finissent les emprunts faits aux sermons de Pierre le Lombard. Nous ne savons pas à qui nous devons attribuer l'extrait qui suit et dont tels sont les premiers mots : *Non est vir in domo sua; abiit via longissima.*

Fol. 37. *Panem angelorum...* — *Non lateat vos, venerandi sacerdotes, seriem hanc vobis recitatam.* Ici nous avons un sermon entier, prononcé, comme on disait, en synode. Mais nous n'en avons pas trouvé l'auteur. Autre sermon :

Fol. 40. *Ex Ægypto vocavi filium...* — *Tria esse loca ex sacræ Scripturæ erudilione cognovimus*. L'auteur ne nous est pas non plus connu.

Au fol. 42, un traité sur les vœux, *De votis*, qui s'étend sur quatre colonnes bien remplies. Une dédicace le précède, commençant par : *De votis votum non solvo. Tu postulasti; ego quod non spopondi solvere cogor.*

Du feuillet 43 au revers du feuillet 48, une dissertation étendue sur les vices et les vertus, sous un long titre où sont indiquées toutes les divisions des chapitres qui la composent. Ce n'est pourtant pas, comme cela paraît être, un traité particulier; c'est un morceau détaché d'un grand et très remarquable ouvrage, le *De sacramentis* de Hugues de Saint-Victor. Nous avons ici la treizième partie tout entière du second livre. Le premier et le second chapitre de cette treizième partie se trouvent, ainsi détachées de l'ensemble, dans le n° 2 d'Évreux.

Au revers du feuillet 48, un long sermon, commençant par : *Videns turbas Jesus ascendit...* — *Ut, quasi vitans multitudinem, solis discipulis loqueretur*. Une autre copie de ce sermon est dans le n° 529 (fol. 134); mais cette autre copie est pareillement anonyme.

Au feuillet 52, le premier écrit dont l'auteur soit indiqué, du moins par la lettre initiale de son nom, c'est Hugues de Saint-Victor, et nous avons ici son opuscule intitulé *De Oratione, De Virtute orationis*, ou

De Modo orandi, qu'on peut lire au tome CLXXVI de la *Patrologie*, col. 977. Les éditeurs ont singulièrement altéré les premiers mots du prologue, qu'ils donnent de cette façon : *Domino et patri carissimo H. Munusculum hoc dilectionis meæ ea vos precor...* Ainsi l'opuscule serait anonyme, et la lettre H. commencerait le nom de la personne à qui l'auteur l'aurait dédié. Mais, dans notre manuscrit et dans tous ceux où ne manque pas la dédicace, le début est : *Domino et patri Th. H. Munusculum hoc dilectionis meæ...;* ce qui nous apprend que l'auteur, Hugues, avait adressé son opuscule à quelque religieux nommé Thomas, Thibaut ou Thierry.

Puis encore un fragment, dont l'auteur nous est connu. Ce fragment, qui commence, au revers du feuillet 53, par *Sacramentum circumcisionis ante legis lationem,* contient encore (quelques phrases omises) cinq chapitres du traité *De sacramentis* de Hugues de Saint-Victor; au livre I, partie xiii : *Patrologie,* t. CLXXVI, col. 351-359. Le copiste n'a pas achevé la transcription du cinquième chapitre.

Au revers du fol. 65, un sermon : *Induite vos armaturam Dei... — Militia est, fratres, vita hominis super terram.* Ce sermon est de Geoffroy de Troyes. Nous l'avons cité sous son nom dans notre notice sur le n° 13586 (1).

A la suite, quatre sermons que nous avons le regret de laisser anonymes :

1° *Salomon fecit sibi thronum... — Non solum Salo-*

-----

(1) Tome II, p 300.

mon, verum et David qui Salomonem præcessit Chris-
tum regem designat — 2° Diliges Dominum Deum
tuum... — Ecce summa totius religionis in qua lex
tota pendet. 3° — Tres sunt status amoris Dei in anima
fideli. — 4° Ægrotante Elisæo in infirmitate qua
mortuus est, descendit ad eum rex Israel.

La pièce suivante mérite d'être particulièrement signalée. C'est un sermon commençant par : *Quantas commissis vobis ovibus debeatis excubias,* et ce sermon, anonyme, comme il l'est ici, dans notre n° 14804 (fol. 60), dans les n°ˢ 272 (fol. 53) de l'Arsenal et 962 (fol. 83) de la Mazarine, est sous le nom de l'auteur, Hildebert de Lavardin, dans nos n°ˢ 2484 (fol. 46), 2904 (fol. 56) et 14867 (fol. 128). Parmi les cent trente neuf sermons publiés dans les Œuvres d'Hildebert, c'est un des quatre qui seuls sont sûrement de lui. Il est à la col. 662 de l'édition de Beaugendre.

Cette pièce commence une nouvelle série de sermons ou de *Themata sermonum* qui sera rarement interrompue.

Fol. 67. *Beata illa et sempiterna trinitas, Pater et filius et Spiritus Sanctus, unus Deus...* C'est le sermon de saint Bernard que nous avons, sous le n° XLV, parmi les *Sermones de diversis.* Mais il y a de grandes différences entre notre manuscrit et l'édition bénédictine. Une partie du commencement fait défaut dans notre manuscrit, et, dans l'édition, toute la fin, le sermon tronqué n'ayant pas de conclusion. Cette fin, la voici :

Est præterea et alius resurgendi modus sub eodam numero comprehensus, primi hominis casui oppositus. Adam quippe in paradiso positus primo perdidit circumspectionem Dei. Testatur enim beatus Augustinus quod nequaquam hominem tentator de paradiso ejecisset nisi aliqua elatio in anima hominis præcessisset, cum verissime scriptum sit : *Ante ruinam exaltatur cor* (1). Secundo perdidit justitiam quando uxoris voci plus quam divinæ obedivit. Justitia enim est virtus quæ sua unicuique reddit. Tertio amisit judicium cum post peccatum, correptus oblique per mulierem, retorsit propriam culpam in auctorem, dicens : *Mulier quam dedisti mihi*... Eisdem igitur virtutum gradibus redeundum est homini in exilio posito quibus privatus expelli meruit de paradiso. Primum itaque faciendum est judicium, deinde exercenda justitia, tandem circumspectio adhibenda : judicium quæro nobis ut nos ipsos judicemus et accusemus, justitiam proximo, circumspectionem Deo. Hanc redeundi viam ostendit nobis propheta Micheas, dicens : *Indicabo tibi, o homo, quid sit bonum et quod Dominus quærat a te : utique facere judicium et diligere misericordiam et ambulare sollicitum cum Deo tuo* (2). Hanc salutis viam testatur apostolus se docuisse, dicens : *Apparuit gratia Dei, Salvatoris nostri, hominibus, erudiens nos ut abnegantes, etc., etc.* (3). Et in multis aliis sacræ Scripturæ locis hic ordo vitæ et institutio, si diligenter quæratur, potest inveniri ; ut illud : *Beatus vir qui in sapientia morabitur et qui in justitia sua meditabitur et in sensu cogitabit circumspectionem Dei* (4). Moratur quippe in sapientia et sapiens est qui semetipsum hic semper dimicat ut æternum Dei judicium evadat ; si enim nosmetipsos dimicaremus, non utique judicaremur : *Cum judicamur autem a Domino corripimur, ut non cum hoc mundo damnemur* (5) ; sapiens non secundum sapientiam hujus sæculi, sed secundum illam sapientiam quæ trahitur de occultis, per quam utique, miro Dei opere, agitur ut electi quique, tonsionibus et pressuris attriti, in ædificio veri Salomonis sine sonitu mallei postmodum construantur.

(1) *Prov.* XVI, 18.

(2) Micheas, VI, 8.

(3) *Epist.* Pauli ad Titum, II,

(4) *Ecclesiasticus*, XIV, 22.

(5) *Epist.* Pauli ad Corinth. prima, XI, 32.

11.

Voilà donc un fragment de saint Bernard qui était resté, jusqu'à ce jour, inédit. L'intérêt, nous le reconnaissons, n'en est pas considérable. Mais le grand renom de l'auteur nous faisait presque un devoir de le publier.

Aiel de Bethel ædificavit Jericho... — *Aiel bonos in hac vita, Deo servientes, significat.* D'autres copies anonymes sont dans les n°° 13572 (fol. 59) (1), 18096 (fol. 57).

Fol. 63. *Ait Dominus : Ecce ego demetam...* — *Ad litteram, non mirum si iniquitatem Dominus punivit.* Autres copies anonymes : 13572 (fol. 61) (2), 17400 (fol. 134), 18096 (fol. 69).

Fol. 65. Un fragment du faux Denys l'Aréopagite sépare ici deux sermons. Le titre de ce fragment en indique l'auteur.

Audite, peccatores, orantem peccatorem et discite qualiter pro peccatis vestris orare debetis. Le thème de ce sermon, qui manque dans notre copie, est : *Miserere mei, Deus, secundum magnam misericordiam tuam.* Quant à l'auteur, c'est Hugues de Saint-Victor ; *Miscell.*, lib. II, cap. LVIII. La première phrase du sermon est moins claire dans l'imprimé. D'autres corrections pourraient encore être faites, d'après notre manuscrit, au texte publié par les chanoines de Saint-Victor.

Fol. 66. *Tria sunt mala in quibus homo affligitur.* — *Quatuor sunt paces.* — *Factus est in pace locus.* Trois courtes distinctions, dont les deux premières sont de

(1) Tome II, p. 225.   (2) *Ibid.* p. 226.

Hugues de Saint-Victor : *Miscell.* lib. II, c. LXI et LXII. La troisième est peut-être aussi de lui ; mais nous ne la trouvons pas dans ses Œuvres.

Sacerdotes nescientes Dominum... — *Cum quilibet christianus scire debeat Dominum, maxime sacerdotes quibus incumbit doctrina sua.* Autre exemplaire anonyme : n° 18096 (fol. 51). La fin du sermon manque dans notre manuscrit.

Fol. 67. *Desiderium pauperum exaudivit Dominus....* — *Est enim paupertas trifaria. Alia quidem necessaria, alia simulatoria, alia voluntaria.* Hugues de Saint-Victor a fourni la matière dont nous avons ici l'amplification : *Miscell.* lib. V. cap. LVII.

Beati qui nunc fletis... — *Tria sunt genera fletus vel compunctionis : primum in pudore, secundum in dolore, tertium in timore.* Ce fragment n'occupe que dix lignes.

Hora est jam nos de somno surgere... — *Tres sunt species somni : prima qua dormitavit homo, secunda qua dormivit...* Ces trois sortes de sommeil sont décrites presque dans les mêmes termes par Hugues de Saint-Victor : *Mélanges*, livre VI, chapitre VII.

Dicite Joanni: Surdi audiunt... — *Quæ cum tria sint numero, unumquodque sub ternario continetur.* Nous avons encore, dans cette sorte de sermon, une imitation, et même, en certains endroits, une reproduction tout à fait littérale d'un morceau très soigné de prose mystique dont l'auteur est Hugues de Saint-Victor. L'original est le chapitre LVIII du livre II des *Mélanges* ; l'imitation paraît devoir être attribuée à quelque Victorin.

Fol. 69. *Dum medium silentium tenerent... — His verbis tria in brevi proponimus : silentium, sermonem et sedes.* Une autre copie de ce sermon est dans le n° 14934 (fol. 17). Elle n'offre pas non plus le nom de l'auteur.

Fol. 70. *Obtulerunt magi Domino... — Sunt qui Dominum regem credunt, sed Deum negant.* Auteur inconnu.

Nuptiæ factæ sunt in Cana... — Quia per litteram manifeste patet historia et quoniam nuptiæ frequenter fiunt in ecclesia. Autres copies anonymes : n°s 3563 (fol. 80), 14925 (fol. 190). Avec le nom de l'auteur, Gébouin : n°s 14937 (fol. 124) de notre fonds latin et 982 (fol. 19) de la Mazarine.

Ce Gébouin, archidiacre de Troyes, dont Hildebert, saint Bernard et Nicolas de Clairvaux ont honoré de leurs suffrages les mœurs et le talent oratoire, est aujourd'hui presque inconnu. Non seulement ses œuvres sont inédites, mais la notice qui le concerne, dans l'*Histoire littéraire*, n'occupe que cinq lignes (1). C'est vraiment trop peu. Nous indiquerons particuliè-rement chacun de ses sermons que contient notre volume, en faisant remarquer que plusieurs ont été quelquefois copiés sous un autre nom que le sien.

Fol. 71. *Singuli singulos accepere... — Verba prolo-cuti sermonis sunt evangelica, assertione Salvatoris apud fideles authentica.* Autre copie anonyme : n° 3563 (fol. 83). Dans l'exorde nous lisons ces vers, dont l'auteur n'est pas nommé :

(1) *Hist. litt. de la Fr.*, t. XII, p. 230,

> Mane dedit viti cultores. Tertia, sexta
> Horaque nona suos misit et undecima ;
> Sed qui non fuerunt operis tolerando labores
> Mercedem fuerunt accipiendo pares.

Plus loin, d'autres vers, que ces mots précèdent :
Quidam alius versificator :

> Vinea culta fuit, cultores præmia quærunt.
> Non labor æqualis, æqualia dona fuerunt.
> Qui venit extremus, dispensatore vocante,
> Tantumdem recipit quantum qui venerat ante.

Ces quatre hexamètres ont été publiés par Beaugendre sous le nom d'Hildebert ; mais nous doutons qu'ils soient de lui (1). Nous ignorons aussi l'auteur des premiers. Quant au sermon, la place qu'il occupe dans ce volume et dans le n° 3563 nous fait supposer qu'il est de Gébouin, quoiqu'il ne soit pas au nombre de ceux qui figurent sous son nom dans le n° 14937.

Fol. 72. *Fili, memorare novissima...* — *Filius prodigus, jam in regionem dissimilitudinis...* Sur ce sermon, attribué quelquefois à Pierre Le Mangeur, plus souvent à l'archidiacre Gébouin, voir ce que nous avons dit sous le n° 3705 (2).

Fol. 73. *Christus apparuit nobis...* — *Tribus modis Christus.* Ce sermon est aussi, croyons-nous, de Gébouin. Nous pensons avoir justifié cette attribution sous le n° 3705 (3).

Faciamus hominem ad imaginem... — *Hæc verba*

---

(1) *Les Mélang. poét. d'Hild.*, p. 127.
(2) Tome I, p. 227.
(3) Tome I, p. 226.

partim respiciunt ad præteritum, partim ad futurum.
Autres copies anonymes : n°s 3563 (fol. 74), 3570
(fol. 67), 14925 (fol. 194) ; Arsenal, 272 (fol. 15) ; Mazarine, 962 (fol. 81). Sous le nom de Pierre Le Mangeur, n° 14934 (fol. 14). Sous le nom de Gébouin,
n° 14937 (fol. 129).; Mazarine, 982 (fol. 24).

Fol. 74. *Cum venerit Spiritus Sanctus...* — *Spiritus scilicet donum Patris et Filii est, quia vere spiritus.*
Autres copies anonymes : n°s 2952 (fol. 3), 3563
(fol. 75), 14925 (fol. 195) ; Arsenal, 272 (fol. 7). Sous
le nom de Pierre Le Mangeur, n° 14934 (fol. 15). Sous
le nom de Gébouin, n°s 14937 (fol. 130) ; Mazarine,
982 (fol. 25).

On s'étonne de rencontrer dans ce sermon un proverbe gascon : *Sicut ait Gasco :* « à tal cultel tal
morsel. » Ce mélange de la langue latine et d'une
langue vulgaire était, au xiie siècle, tout à fait inusité.

Spectaculum facti sumus... — *Ita plane, et malis et
bonis pariter.* C'est le sermon LXX *De diversis* dans
les *OEuvres* de Saint Bernard.

Fol. 75. *Dixit Jesus Petro : Petre...* — *A petra autem
dictus est Petrus ; qua petra tres notantur proprietates.*
Autre copie anonyme : n°s 14925 (fol. 205). Avec le
nom de Gébouin : n° 14937 (fol. 247) ; Mazarine, 982
(fol. 38).

Même feuillet : *Mulier Cananea a finibus Tyri...* —
Hæc mulier magna simplicium est informatio. Autres
copies anonymes ; n°s 3563 (fol. 85), 3730 (fol. 246),
14925 (fol. 199). Sous le nom de Gébouin : n°s 14937
(fol. 139) ; Mazarine, 982 (fol. 30).

Fol. 76. *Dominus dedit, dominus abstulit...* -- *In*

hac verborum brevi superficie, brevi conatu prolata...
Autres copies anonymes : n°ˢ 3730 (fol. 249), 14925
(fol 200). Avec le nom de Gébouin : n°ˢ 14937 (fol. 141);
Mazarine, 982 (fol. 32).

Ite, ait, baptizate eos... — *Tria vero sunt quibus
Dominus vindictam exercet in hostes suos.* Autres
copies anonymes ; n°ˢ 3563 (fol. 76), 14925 (fol. 195).
Sous le nom de Pierre Le Mangeur : n° 14934 (fol. 15).
Sous le nom de Gébouin : n°ˢ 14937 (fol. 131); Maza-
rine, 982 (fol. 25).

Amice, commoda mihi tres panes. — *Amicus est
qui loquitur et amico loquitur.* Autres copies anonymes : n°ˢ 3563 (fol. 76), 14925 (fol. 185). Avec le nom
de Pierre Le Mangeur, n° 14934 (fol. 16). Avec le nom
de Gébouin : n°ˢ 14937 (fol. 119); Mazarine, 982 (fol. 14).

N'omettons pas de faire remarquer que ce sermon
est inséré dans les *Mélanges* de Hugues de Saint-Victor,
livre V, tit. xlii. Mais très certainement il n'y est pas
à sa place. Quoique le style de l'archidiacre ne soit
pas sans rapports avec celui du chanoine, on les distingue néanmoins l'un de l'autre.

Fol. 78. *Defunctus efferebatur.* — *Sub hac verborum
brevitate dicendi quatuor quidem dantur nobis intelligi.*
Autres copies anonymes : n°ˢ 3563 (fol. 77), 14925
(fol 186). Sous le nom de Pierre Le Mangeur :
n° 14934 (fol. 16). Sous le nom de Gébouin : n°ˢ 14937
(fol. 119 et 132); Mazarine, 982 (fol. 14).

Aucun sermon de Gébouin n'ayant été jusqu'à ce
jour publié, nous allons tirer celui-ci des ténèbres :

Defunctus efferebatur. Sub hac verborum brevitate
dicendi quatuor quidem dantur nobis intelligi : defunctus

ipse qui portabatur, lectica cadaveris in qua ferebatur, homines ipsi qui cadaver portabant, sepulchrum patens ad quod illud deferebatur. Ex quatuor autem elementis corpus ipsum, ex quatuor pedibus constat feretrum, qui portant illud quatuor sunt rustici, et sepulchri quoque quatuor sunt anguli. Sed hæc omnia, sic intellecta secundum litteram, alia quidem moraliter vel typice designant per figuram. Corpus enim defuncti quod portatur substantiam peccati nobis significat ; lectica qua cadaver exanimati fertur significat feretrum quo portatur peccatum; qui vero portant corpus mortui portitores designant peccati ; sepulchrum quo portatur juvenis monumentum est peccati mortalis. Ex quatuor enim elementis peccatum quodam modo constat, sicut ex quatuor pedibus ejus feretrum ; qui portant illud quatuor sunt rustici ; sepulchro quoque ejus quatuor anguli sunt. De singulis eodem ordine. Corpus enim peccati, quod hominem veterem farcit corruptionibus, ex quatuor membris constat inter cetera principalibus, quæ sunt curiositas, loquacitas, crudelitas, voluptas. Hæc autem quatuor ex quatuor elementis proveniunt, a quibus singula singulis originem trahunt : curiositas ab igne, loquacitas ab aere, crudelitas a terra, voluptas ab aqua. Ignis enim alta petens et naturæ subtilis principaliter cooperatur oculis, lumen exterius subministrans eis. Aer autem linguæ mobili, et lingua cooperatur aeri, per quæ duo, quodam modo mirabili, data est hominibus facultas loquendi; terra vero, gravitate ponderis sui principaliter accedens corpori, subministrat membris vires potenter operandi; aqua vero per humorem fluens corpus humidum reddit et ex eo facultas propagandi animalibus venit. Est igitur in oculis curiositas, in lingua loquacitas, in manibus crudelitas, in lumbis voluptas : curiositas in oculis per ignem; loquacitas in lingua per aerem; crudelitas in manibus per terram ; voluptas in lumbis per aquam. Est enim ab insolentia visus curiositas, a levitate linguæ loquacitas, a corpulentia terræ crudelitas, ab humorum superfluitate voluptas : curiositas in oculis quia inde pullulat, loquacitas in lingua quia vox inde sonat, crudelitas in manibus quia ibi regnat, voluptas in lumbis quia ibi titillat. Ecce qualiter, ad similitudinem humani corporis, corpus peccati constat ex quatuor elementis.

Similiter autem et feretrum ejus quatuor habet pedes, videlicet animi humani affectiones, quæ sunt quatuor : timor,
spes, dolor, gaudium : timor mali temporalis, spes boni
materialis, dolor adversitatis, gaudium prosperitatis ; timor
perdendi, spes acquirendi, dolor de perditis, gaudium de
acquisitis ; timor de futuro malo, spes de futuro bono, dolor
de præsenti adversitate, gaudium de instante prosperitate.
Unde philosophus :

> Gaudia pelle,
> Pelle timorem
> Spemque fugato,
> Nec dolor assit (1).

Ecce per ordinem quatuor pedes prædicti feretri in quo
misere portatur miserum corpus peccati ; quod quatuor
rustici deferunt ad hoc destinati, videlicet impulsio, attrac_
tio, deceptio, delectatio : impulsio comminationis, attractio
promissionis, deceptio ignorantiæ, delectatio malitiæ. Fit
autem comminatio per odiosa, promissio per gratiosa, ignorantia per errorem, malitia per saporem. Est enim impulsio
gravis, attractio suavis, deceptio occulta, delectatio mellita.
Ecce quatuor rustici nominibus propriis et descriptionibus
designati, portantes quatuor pedes prædicti feretri, ex proprietate sua singuli singulis adhibiti. Impulsio comminationis defert timorem mali, attractio promissionis vehit
spem boni, deceptio ignorantiæ sustinet dolorem adversitatis, delectatio malitiæ gerit gaudium prosperitatis ; de
malis enim est impulsio, de bonis attractio, in adversis est
deceptio, in prosperis delectatio. Ferunt autem in consilium
impiorum ; quod similiter in quatuor consistit, quæ sunt
malitia, astutia, audacia, impudentia : malitia ad amandum,
astutia ad ordinandum, audacia ad peragendum malum,
imprudentia ad iterandum ; malitia enim operatur delectationem, astutia dispositionem, audacia impletionem, impudentia iterationem ; primo enim concupiscimus, secundo
disponimus, tertio perficimus, quarto recidimus ; concupiscimus enim ex malitia, disponimus ex astutia, perficimus
ex audacia, recidimus ex impudentia. Primum est in con-

---

(1) Boëce, *Consol. phil.* lib. I, circa finem.

ceptu, secundum in consensu, tertium in actu, quartum in usu; conceptus in cogitatione, census in deliberatione, actus in operatione, usus in perfruitione.

Cum autem jam sepeliendus ita portaretur, accessit Jesus et teligit loculum. Qui vero portabant steterunt, et ait : *Tibi dico surge.* Quia igitur contraria contrariis conveniunt, surgit per contrarium. Corpus enim justitiæ similiter per contrarium consistit in quatuor, quæ sunt modestia, facundia, innocentia, continentia. Opponuntur enim frontibus oppositis modestia et curiositas, facundia et loquacitas, innocentia et crudelitas, continentia et voluptas : modestia in rebus, facundia in sermonibus, innocentia in operibus, continentia in voluptatibus; modestia in rebus damnandis, facundia in sermonibus divinis, innocentia in operibus honestis, continentia in voluptatibus illicitis ; modestia nihil nimis desiderans, facundia bona tantum prædicans, innocentia a malo declinans, continentia libidinem refrænans.

Sequitur in evangelio : *Et sedit qui erat mortuus.* Hoc enim corpus justitiæ reportatur in quadriga quatuor rotarum, quæ sunt timor servilis, spes salutis, dolor compatientis, gaudium triumphantis. Timor servilis initium sapientiæ; spes provehit, dolor perficit, gaudium custodit. Timor creat timidum, spes recreat securum, dolor adjuvat proximum, gaudium est apud semetipsum. Timet enim quia dicitur : *Magnus Deus et magna virtus ejus* (1). Sperat quia legitur : *Confitemini Domino quoniam bonus* (2). Condolet proximo quia præcipitur : *Alter alterius onera portate invicem* (3). Gaudet quia promittitur : *Vincenti dabo edere de ligno vitæ* (4).

Sequitur : *Et cœpit loqui.* Reportant enim eum quatuor principes, qui sunt prudentia, temperantia, fortitudo, justitia : prudentia astuti serpentis, temperantia columbæ simplicis, fortitudo irati leonis, justitia regiæ volucris; serpens enim astuta, simplex columba, leo fortis, fera aquila solem fert in rota; prudentia in bonis agendis, temperantia ne quid fiat nimis, fortitudo in adversis, justitia in prosperis. Prudentia cantat : *Estote prudentes sicut serpentes*

(1) Psalmus CXLVI, 5. (3) *Epist.* Pauli ad Gal., VI, 2.
(2) Psalm. CVI, 1. (4) *Apoc.* II, 7.

(1); et iterum : Timentibus Deum in veritate nihil deest. Temperantia cantat : *In patientia vestra possidebis ani_ mas vestras* (2) ; et iterum : Sperate in Domino ; spes, non confundit *(3)*. Fortitudo cantat : *Viriliter agite (4)* et iterum : Estote constantes ; videbitis auxilium. Justitia cantat : *Justus Dominus justitias dilexit* (5) ; et iterum *Gaudete in Domino* (6).

Sequitur : *Et dedit eum matri suæ.* Reportatur autem in consilium piorum ; quod per contrarium consistit in quatuor, quæ sunt innocentia, providentia, constantia, reverentia ; innocentia privat, providentia dotat, constantia confirmat, reverentia exornat : privat fœtore, dotat odore, confirmat honore, exornat decore : fœtore pravitatis, odore bonitatis, honore venustatis, decore sanctitatis. Innocentia mundat, providentia fundat, constantia ædificat, reverentia consummat : mundat locum, fundat domum, ædificat murum, consummat tectum : locum ædificii, domum Domini, murum templi, tectum tabernaculi. Sequitur : *Et accepit omnes timor et magnificabant Dominum, dicentes qui propheta magnus surrexit* (7).

Ainsi l'on pouvait tirer de deux mots, de ces deux seuls mots *Defunctus efferebatur,* toutes ces antithèses, toutes ces pointes et, par surcroît, toutes ces leçons de morale. Qui par avance l'aurait soupçonné ? Mais l'art de l'écrivain, le voilà. Cet art, nous ne l'admirons plus ; mais on ne peut ne pas reconnaître que, pour trouver et mettre en œuvre tant de subtilités de cette sorte, il faut avoir beaucoup d'esprit naturel et, de plus, avoir acquis beaucoup d'expérience littéraire. Si les contemporains de Gébouin ont fait,

(1) *Evang.* Matthæi, X, 16.
(2) *Evang.* Lucæ, XXI, 19.
(3) Psalm. LXX, 1.
(4) *Deuter.* XXI, 6.
(5) Psalm. X, 8.

(6) *Epist.* Pauli ad Philipp. IV, 4.
(7) Ce texte est établi sur notre nº 14804 et sur les autres copies.

comme nous l'avons dit, grand cas de lui, il ne faut pas trop s'en étonner.

Qui præibant increpabant eum... — *Hæc ad litteram simpliciter intellecta simplices instruunt.* Autres copies anonymes : n°s 3563 (fol. 84), 14925 (fol. 198). Sous le nom de Gébouin : n°s 14937 (fol. 138) ; Mazarine, 982 (fol. 29).

Venient ad vos in vestimentis ovium... — *Hæc sunt salubria Salvatoris nostri verba, hæc est pia cœlestis magistri doctrina.* Autres copies anonymes : n°s 3563 (fol. 89), 3730 (fol. 244), 14925 (fol. 205). Sous le nom de Gébouin : n°s 14937 (fol. 146) ; Mazarine, 982 (fol. 37).

Fol. 80. *Et factum est dum irent leprosi...* — *Sunt autem tres principales lepræ species.* Autres copies anonymes : n°s 3563 (fol. 87), 14925 (fol. 202). Avec le nom de Gébouin : n°s 14937 (fol. 143) ; Mazarine, 982 (fol. 34)..

Nolite conformari huic sæculo... — *Ordine naturali, fratres carissimi, apostolus vitia prius evellit et extirpat.* Nous n'avons rencontré que des copies anonymes de ce sermon : n°s 3563 (fol 87), 3570 (fol. 65), 3730 (fol. 252).

Du fol. 83 au 93, nous avons une suite de fragments, quelquefois de simples phrases, dont il faut bien qu'on nous pardonne de ne pas connaître tous les auteurs. Nous indiquerons du moins ceux qui nous sont connus.

Amice, commoda mihi ; fragment d'un sermon de Gébouin que nous avons mentionné plus haut. — *Tribus panibus ;* de Hugues de Saint-Victor : *Miscell.,* lib. V, tit xxvi. — *Tres sunt panes Salomonis;* du même, *ibid.*, lib. IV, tit. LIX. — *Dispone domui tuæ;* du même, *ibid.*, lib. IV, tit. LXXIV. Mais remarquons que le texte imprimé n'est pas complet; il y manque, en effet, tout ce que nous allons transcrire :

De duabus portis ait Sophonias *: A prima porta erit clamor, a secunda ululatus* (1). Clamabunt impii cum sua conscientia accusabit eos; ululabunt cum audient verbum asperum : *Ite maledicti in ignem æternum* (2). Sic ergo janitor vigilet in domo vestra, fratres, ne, ancilla ostiaria dormiente, feriatur a latronibus in inguine. Quo vigilante. dicamus dapifero tutius sedentes : Pone mensam, præcinge te, ministra mihi. Acceleret dolor; primo ponat panes, lacrymas scilicet pro delictis : hic est panis quotidianus, quem pro quotidianis excessibus sumebat qui dicebat : *Fuerunt mihi lacrymæ panes die ac nocte* (3). Unde : *Cibabis nos pane lacrymarum* (4). Post istos panes dicat animus dolori : *Puer, numquid pulmentarium non habes* (5) ? *Non in solo pane vivit homo* (6). Tunc apponat dolor tria fercula : primo miseriarum nostrarum memoriam, secundo recordationem et pœnitentiæ dilationem, tertio difficultatem redeundi. Primum apponens dicat : *Memento quia cinis est et in cinerem reverteris* (7), et: Fili, *memorare novissima tua et in æternum non peccabis* (8). Secundum afferens dicat : *Heu tibi quia incolatus tuus prolongatus est ! Habitasti cum habitantibus Cedar; multum incola fuit anima tua* (9); et iterum : *Super flumina Babylonis* sedere debes dum recordaris Sion (10). Dansque tertium clamet : *Vix justus salvabitur* et tu *impius* ubi apparebis (11) ? Quid facies, virgula deserti, ubi concutietur cedrus Libani ? Durus est iste dapifer fidelis, de apotheca docti

(1) Sophonias, I, 10.
(2) *Evang.* Matthæi, XXV, 41.
(3) *Psalm.* XLI, 4.
(4) *Psalm.* LXXIX, 6.
(5) *Evang.* Joann. XXI, 5.
(6) *Evang.* Matthæi, IV, 4.
(7) Texte liturgique tiré de Job, XXXIV, 15.
(8) *Ecclesiastic.*, VII, 40.
(9) *Psalm.* CXIX, 5.
(10) *Psalm.* CXXVI, 1,
(11) *Epist.* prima Petri, IV, 18.

medici ferens cibaria ; [cibus] asper, sed salutaris, amarus in gustu, sed, cum deglutitus fuerit, dulcorabitur super mel et favum. Tali cibo refecti dicamus : Sitio, misce potum quo exhilaretur facies mea. Cibus confortavit cor meum ; sicut scriptum est : *Beati qui nunc fletis* (1) ; et iterum : *Exultate, justi, in Domino* (2). Tunc acceleret gaudium, tria genera propinans potuum : primum infusio gratiæ primæ, scilicet operantis ; secundum infusio subsequentis gratiæ, scilicet cooperantis ; tertium perseverantia finalis. Primum apponens dicat : *Signatum super* et *lumen vultus* Domini ; ideo *dedit lætitiam in corde* tuo (3). Secundum apponens dicat : *Cantabiles* tibi sint *justificationes* Domini *in loco peregrinationis* tuæ (4). Tertium afferens, dicat : Habe caritatem et fac quidquid vis ; omnia enim difficilia facilia sunt amanti. Hilaris pincerna iste et amplectandus ! Felix hæc ebrietas quæ sobrios reddit ! Suspectus est aureus calix Babylonis. Accedat et cubicularius et dicat : Edisti satis atque bibisti ; surge, veni, cuba, quiesce. Hæc tria lectisterna parat : carnis resurrectionem, sanctorum communionem, vitam æternam. Carnis resurrectionem, dicens : Mortale hoc induit immortalitatem et corruptibile hoc incorruptionem. Sanctorum communionem.... (5) gaudium omnium esse singulorum : non minus gaudebit unus de bono alterius quam de suo. Vitam æternam, inquiens : Ibunt hi in vitam æternam. Audiendus est iste cubicularius qui stratum quod versaverat homo in infirmitate sua iste ad ordinem convertit. Felix dominus si in hunc modum domui suæ disponat, quia non morietur, sed vivet, exaudiens prophetam dicentem : *Dispone domui tuæ* (6).

Il nous semble que les chanoines de Saint-Victor ont fait tort à leur confrère en ne donnant pas ce complément de sa paraphrase sur le verset d'Isaie. Quand on achève la lecture de ce qu'ils ont publié,

---

(1) *Evang.* Lucæ, VI, p. 21.

(2) *Psalm.* XXXII, 1

(3) Cette lacune existe dans le manuscrit.

(4) Isaie, XXXVIII, 1.

(5) *Psalm.* IV, 7.

(6) *Psalm.* CXVIII, 54.

on attend la suite d'un discours interrompu. Cette suite abonde d'ailleurs en traits ingénieux. C'est pourquoi nous n'avons pas cru devoir la laisser plus longtemps dans les ténèbres.

Le fragment qui vient après, commençant par *Tres legimus cœlestis verbi auditores*, est encore de Hugues de Saint-Victor : *Miscell.* lib. VI, tit. LVIII. — *Tria sunt vitia ;* du même : *ibid.*, tit. LXXXIII. — *Tria solent in prædicatore requiri ;* du même : *ibid.*, t. LXIV. — *Tres sunt piscinæ ;* du même : *ibid.*, tit. XCIII. — *Testimonia tua credibilia;* du même : *ibid.*, lib. III, tit. XVII. — *Prima hora qua Dominus;* du même : *ibid.* lib. VII, tit. X-XIII Il peut être utile d'indiquer quelques copies ignorées de ces fragments, si courts qu'ils soient, l'auteur ayant conservé justement un grand renom et l'édition de ses Œuvres étant, on le sait, très imparfaite.

Ad me clamat ex Seir... — Seir qui ipse est Edom. Ce fragment est composé de phrases empruntées à Richard de Saint-Victor. Ce sont des phrases dispersées dans les quatre premiers chapitres de son traité *De verbo incarnato ;* tome CXCVI de la *Patrologie*, col. 995 et suiv. — *Expurgate vetus fermentum ;* distinctions extraites des *Declarationes* du même ; *Patrologie,* col. 257. — *Animadverte quid sit inter pascha Judæorum...;* du même, *ibid.*, col. 263.

Les fragments que nous laissons anonymes, ne sachant à qui les rapporter, appartiennent sans doute à quelques chanoines de Saint-Victor dont les écrits n'ont jamais été publiés.

Du fol. 93 au fol. 112, de la même main, une liasse

de neuf sermons que nous croyons tous du même auteur, l'Italien Prévostin, chancelier de Paris. Plusieurs de ces sermons sont, en effet, sous son nom dans un manuscrit de l'Arsenal qui mérite notre confiance. Il est vrai que ce manuscrit ne nous en offre que quatre sur neuf ; mais ils sont tous du même ton, du même style, et d'un ton assez original, d'un style qui ne l'est guère moins.

On a peu copié les sermons de Prévostin, qui sont tous restés inédits ? Nous ignorons pourquoi. Il nous semble qu'on aurait dû les estimer davantage. N'en ayant ici qu'un recueil incomplet, nous les indiquerons tous séparément ; nous ne saurions autrement signaler l'existence de ceux que nous n'avons rencontrés ni dans le manuscrit de l'Arsenal ni dans aucun autre.

Super excelsa mea deducet me... — *Excelsus ille victor qui vicit et alligavit fortem et diripuit vasa ejus.* Ce sermon est un de ceux dont nous ne connaissons pas une autre copie.

Fol. 95. *Quæ est ista quæ progreditur...* — *Hodie, viri fratres, impleta sunt plurima sanctarum mysteria Scripturarum.* Ce sermon est sous le nom du chancelier Prévostin dans le nº 543 (fol. 229) de l'Arsenal.

Fol. 97. *Beati pauperes spiritu...* — *Consummatio abbreviata per quam inundavit justitia verbum abbreviatum fecit.* Sous le nom du chancelier Prévostin : Arsenal, nº 543 (fol. 230).

Fol. 98. *Hæc recordatus sum et effudi in me animam... In voce exultationis... — Miser ego quia sæpe mentitus sum animæ, veram ei confessionem promittens.* Pas d'autre copie.

Fol. 100. *Justus germinabit sicut lilium... — Beati Maglorii magna gloria, viri fratres, paucis verbis describitur.* Pas d'autre copie. Nous lisons dans ce sermon l'anecdote suivante :

Quidam regularis canonicus multum afflixit se comedendo herbas crudas et legumina, cum alii fratres comederent bona cibaria. Factus est præpositus, et, cum dapifer apponeret ei solita cibaria, ipse dixit : « Da mihi meliora, quia tandiu feci vigiliam quod veni ad festum. »

Fol. 101. *Nolite me vocare Noemi... — Noemi, nobilis mulier Bethleemites, cum viro suo...* Sous le nom du chancelier Prévostin ; Arsenal, n° 543 (fol 225).

Prévostin était chancelier de Paris en l'année 1210. Ce n'est pas un orateur composé, raffiné comme Gébouin ; il vise moins à l'esprit et a plus d'entrain. Gébouin prêchait suivant la mode de son temps. Mais la mode est changée. Maintenant le sermon doit être un vif réquisitoire. Si le prédicateur veut être écouté, qu'il s'abstienne désormais d'enseigner une morale abstraite ; ce qu'on attend de lui c'est un enseignement pratique, et plus ses remontrances seront véhémentes, plus on le trouvera, qu'il en soit certain, éloquent.

Après avoir établi que la condition sociale des clercs est bien supérieure à celle des laïques, l'orateur dit aux clercs ces dures vérités :

Non attendimus quod, quando nobis fit tonsura clericalis, exigitur a nobis ut dicamus: Dominus pars hæreditatis meæ, id est Dominus est portio mea hereditaria ; quasi dicat: Eli-

gant alii quidquid voluerunt, ego eligo Dominum in hereditatem. Sed nos interpretamur ad commodum nostrum, dicentes:
« Præter patrimonium nostrum et alia, habebimus Dominum
et ea quæ pertinent ad Dominum, scilicet decimas, primitias
et oblationes et amplas possessiones quas fideles ecclesiis
pro remediis animarum suarum dederunt... » Quid dicam de
prælatis ecclesiarum, qui, similes Jeroboam, posuerunt
duos vitulos aureos, unum in Dan et alium in Bethel ?
Dan interpretatur judicium, Bethel domus Dei. Ipsi in ju-
dicio et in domo Dei posuerunt duos vitulos aureos, qui non
judicant nisi pro muneribus, et præbendas quæ pertinent
ad domum orationis non dant nisi pro muneribus. Quid
dicam cum ipsa missa in domo Domini pro muneribus can-
tetur ? Quid dicam de scolaribus, qui, cum deberent audire
sacram Scripturam, ad vana studium suum convertunt et
student in legibus et aliis facultatibus, cum potius deberent
in his quæ pertinent ad animarum ædificationem ? Non dico
quin in artibus studendum sit ad necessitatem... ; sed omne
studium eorum in vanitatibus est. Quid dicam de theologis,
quorum plures discunt ut sciant, quod est curiositas..., vel
ut vendant, quod est simoniaca pravitas, et, quod deterius
est, ut veniant ad magnos honores; non discunt ut ædifi-
centur, quod esset prudens humilitas, vel ut ædificent, quod
esset fraterna caritas ? Quid dicam de scolaribus artium qui
nocte incedunt armati et frangunt domus muliercularum,
violentiam eis facientes, de quibus meretriculæ quotidie que-
rimoniam deponunt, aliæ quia ab eis verberatæ sunt, aliæ
quia vestes earum laniatæ, aliæ quia crines earum amputati,
et alia plura in acrimoniam veniunt quæ etiam dicere
verecundum est ?

Ce tableau de mœurs est d'un peintre dont le pinceau ne manque certes pas de vigueur. On s'étonne
même un peu de voir un chancelier traiter si durement les évêques. Quant aux écoliers, c'est différent:
en leur reprochant leurs scandaleux désordres, il ne
faisait qu'exercer un droit et remplir un devoir.

Fol. 103. *Formavit Dominus Deus hominem...* —

Admiranda est, viri fratres, Dei sapientia quæ in fine mundi ea fecit quæ in principio. Sous le nom de Prévostin : Arsenal, nº 543 (fol. 231).

Très différent du précédent, ce sermon est une solennelle leçon de théologie. La circonstance commandait sans doute au chancelier de parler sur ce ton. Il pouvait, d'ailleurs, le faire aisément ; d'autres de ses écrits nous attestent que c'était un théologien expérimenté.

Fol. 106. *Militia est vita hominis... — Dei sapientia, quæ hodie secundum carnem in tempus est præsentata nobis...*

Nous n'avons pas à citer une autre copie de ce sermon, dont l'objet est de recommander aux clercs l'exacte observation de leurs devoirs professionnels. L'orateur leur reproche ainsi de les négliger par paresse :

Tertium impedimentum est acidia, id est fastidium interni boni, quod bene dicitur acidia quasi acida, quia omnia bona nostra nobis reddit acida et insipida. Hæc duo septena habere dignoscitur, nam in surgendo est nobis somnolentia, in eundo ad ecclesiam inertia, in oratione multitudo muscarum, in stando ad psalmodiam dolor tibiarum, in divino officio murmuratio ; murmurationem sequitur exeundi occasio; exitum sequitur excusatio. In surgendo est nobis somnolentia, non attendentes illud Salomonis dicentis ad pigrum: *Paululum dormies, paululum dormitabis, paululum conseres manus tuas, et veniet tibi quasi viator egestas et paupertas quasi vir armatus* (1); id est æterna damnatio, fortis et improvisa, in qua nec gutta aquæ linguam divitis refrigerabit. In eundo ad ecclesiam est nobis inertia ; inertia enim corporis inertiam denotat mentis ; nec Paulum

(1) *Prov.* VI, 10.

audimus dicentem : *Sic currite ut comprehendatis* (1). In oratione est multitudo muscarum, multitudo inutilium cogitationum quæ perdunt suavitatem unguenti. Hæ sunt aves quas amovebat Abraham a sacrificio ; quas quia nullo modo aut nimis tenuiter abigimus, sacrificium nostræ orationis ab eis totum devoratur. In stando ad psalmodiam est nobis dolor tibiarum ; qui enim in videndo vel audiendo aliqua inutilia quotidie stamus absque fatigatione, statim cum ad ecclesiam accedimus crura dolemus ac si de longo itinere veniremus. Sed unde hoc, nisi quia sumus in terrenis fortes, in cœlestibus debiles.... In toto divino officio est nobis murmuratio, ut vere de nobis dicat Salomon : *Rota carri præcordia fatui* (2); fœnum portat et semper murmurat. Murmurationem sequitur exeundi occasio, in qua mentitur iniquitas, sibi dicens : « *Rationabile* sit *obsequium vestrum* (3) ; Dominus a te non exigit nisi quod facere potes ; exi ergo ut fortiter redeas ». Exitum sequitur excusatio, nam a prælato nostro, si reprehendimur, fingimus excusationis mendacium ; vel forsitan injuriose dicimus ad faciem ejus : « Alligas onera gravia et importabilia super humeros nostros ; digito autem tuo non vis ea movere. »

Hoc vitium jure vocatur torpor artuum, quia in omnibus bonis nos torpidos facit, ut cum dicimus *Benedicam Dominum in omni tempore* (4), verius diceremus : « Benedicam Dominum in omni torpore. »

La réprimande est évidemment faite à des chanoines séculiers. Or qui, prêchant devant un collège de chanoines, se serait permis de les admonester de telle sorte, si ce n'est un évêque ou un chancelier?

Fol. 108. *Dolebat Joannes quia non inveniebat qui aperiret librum et solveret septem signacula ejus.* Pas d'autre copie.

A deux pages occupées par une glose imparfaite

---

(1) *Epist.* prima ad Corinth., IX, 24.

(2) *Ecclesiastic.*, XXXIII, 5.

(3) *Epist.* Pauli ad Rom., xii, 1.

(4) *Psalm.* XXXIII, 2.

sur l'Ecclésiastique succèdent, en grand nombre, d'autres sermons anonymes.

Fol. 113. *Vos estis genus electum... — Venerandi patres et fratres et domini mei, qui estis sacerdotes Domini et ministri Dei nostri...*

Prononcé, comme ces premiers mots l'indiquent, en synode, ce sermon est long et, d'un bout à l'autre, très soigneusement rédigé. Nous voudrions en connaître l'auteur.

Il nous faut simplement mentionner la plupart des sermons qu'on lit ensuite. La plupart, en effet, n'offrent rien dont l'historien puisse faire quelque profit, et l'on doit croire que les contemporains des auteurs les ont jugés eux-mêmes sans intérêt, car nous n'en avons pas rencon-tré jusqu'à ce jour d'autres copies.

Fol. 116. *Unxit te Deus in principem... — Ut verbis cujusdam sapientis utar, utinam essem tam potens opere...*

Fol. 121. *Filii Israel in deserto cibo mannæ alti sunt donec tangerent terram Canaan. — Fratres dilectissimi, beatus Augustinus, cujus hodie solemnitas...*

Qui mihi ministrat me sequatur. — Hoc est verbum Domini breviter ad ministros. Quelques phrases de ce sermon indiquent qu'il est d'un séculier.

Fol. 122. *Numquid cadet laqueus... — Ista sunt verba Amos.* Un autre exemplaire anonyme a été cité sous le n° 13577 (1).

Tous les sermons qui suivent, jusqu'au feuillet 140,

_____

(1) Tome II, p. 257.

semblent de même auteur, et cet auteur paraît être un régulier.

Fol. 124. *Valde conturbor, carissimi, quando vel vobis vel coram vobis loqui compellor : nec enim a parvo grandia...*

Fol. 127. *In memetipsum confundor, simul et vobis compatior, fratres carissimi, quia nec vestris auribus dignum nec hodiernæ solemnitati congruum sermonem...*

Fol 129. *Vulnerasti me in uno oculorum... — Ego vir videns paupertatem meam inter viros divitiarum...*

Fol. 133. *In omnibus requiem quæsivi... — Quoties de illa virgine virginum inæstimabili, de regina cœlorum, de matre regis...*

Fol. 136. *Quæ est ista quæ progreditur... — Quia semel cœpi, loquar iterum ad dominos meos, cum sim pulvis respectu ipsorum.*

Fol. 140. *Levavi oculos meos ad montes... — Non dormit qui oculos levat.*

Ce sermon est de Pierre Le Mangeur. Beaugendre l'a publié dans les *Œuvres* d'Hildebert, col. 600. Nous l'avons cité sous le n° 2951 (1) et nous en avons indiqué de nombreuses copies.

Fol. 141. *Justus germinabit sicut lilium... — Justus lilio comparatur ratione foliorum.*

Après une colonne de phrases empruntées, comme il semble, à des sermons divers, nous avons de nouveau des sermons entiers.

(1) Tome, I n. 159.

Fol. 143. *Qui habet sponsam sponsus...* — *Sacros et solemnes in ecclesia conventus et amicus amplectitur et inimicus abhorret.* D'autres copies anonymes sont dans les nᵒˢ 1252 (fol. 158), 3733 (fol. 42), 16463 (fol. 96) de la Bibliothèque nationale et 20 d'Évreux ; mais les nᵒˢ 14935 (fol. 1) de la Bibliothèque nationale et 400 (fol. 1) de l'Arsenal offrent le nom de l'auteur, Étienne, abbé de Sainte-Geneviève, puis évêque de Tournai. Ce sermon est, d'ailleurs, imprimé dans l'édition des *Œuvres* d'Étienne, donnée par Claude Du Molinet. Il y a d'assez notables différences, surtout vers la fin, entre le texte de notre manuscrit et celui de l'imprimé.

Fol. 144. *Excitatus est tanquam dormiens...* — *Opus, fratres carissimi, supra vires aggredior. Fontibus enim irriguis licet siticns...*

Fol. 145. *Fecit Deus duo luminaria...* — *Hortum deliciarum, fratres carissimi, in quo aromatum areolæ mirabilem spirant odorem...*

Fol. 147. *Nolite accipere uxorem de genere Canaam...* — *Cujus, ad quem sint hæc verba, fratres carissimi, liber Geneseos evidenter insinuat.*

Fol. 148. *Sancti Spiritus adsit nobis gratia. Ipso siquidem inspirante, primitias laboris mei vobis secundario, Domino principaliter offerre proposui.*

Fol. 149. *Egredietur virga de radice Jesse.,. — Fratres mei, fidelis est Dominus in omnibus verbis suis.*

Fol. 150. *Tolle arma tua... — Ista sunt verba patris ad filium, Isaac ad Esau loquentis.*

Veni, mittam te ut educas... — Non mea, sed Domini verba vobis propono. Populus enim Israel in Ægypto...

Fol. 151. *Dum medium silentium tenerent... — Spiritus sanctus, per quem nobis manifestantur consilia Dei, hic aperte nobis insinuat...*

Fol. 152. *Canite tuba in Sion... — Fratres mei, fere toto mentis vigore destituor; nec mirum, quia fertiles areolas...*

Fol. 153. *Haurietis aquas in gaudio... Fratres, imo patres mei, rationis vigor etsi non penitus extinctus, maxime tamen debilitatus.*

Fol. 154. *Reddite quæ sunt Cæsaris Cæsari... — Fratres, invidiæ livor superari potest, non acquiescentem confutari.*

Fol. 155. *Apprehende arma et scutum... Fratres, declaratio sermonum tuorum... — Ut igitur eorum quæ nuper sonuerunt in auribus vestris declaretur intelligentia...*

Fol. 156. *Veni in altitudinem maris... — Ordinem doctrinæ turbatum video, fratres carissimi; residentibus enim in specula custodibus...*

Il y a dans ce sermon d'âpres censures, et les clercs n'y sont pas mieux traités que les laïques. Nous en citons un passage :

De avaritia nubes magna est; hæc est nebula totam terram tegens et obumbrans. Videtur ut de humano genere dici possit : *a planta pedis usque ad verticem* (1) non est in eo claritas. Planta pedis subditi sunt, quos obnubilat avaritia fœnoris et rapina. Vertex capitis sunt prælati, quos obnubilat iniquitas et simonia. Iniquum est enim munera accipere super innocentem, pupillo non indicare causam, tempore necessitatis viscera misericordiæ claudere, petenti-

_____

(1) Job, II, 7.

bus ad erogandum manus non porrigere, sed potius ad retinendum colligere.

Fol. 157. *Sacerdotes tui induantur justitiam. — Nisi quia sic obtinet ecclesiæ consuetudo, superfluum, imo valde præsumptuosum...* Un autre exemplaire de ce sermon, est dans le n° 3495 (fol. 9), sous le nom abrégé de *mag. H.*

Fol. 160. *Qui descendunt mare... — Domini mei et patres, verbum Sapientis, imo verbum sapientiæ est : Anima saturata .. Inde est quod ego...* Autre copie anonyme : n° 3495 (fol. 201).

Fol. 164. *Veni, sancte Spiritus ; reple tuorum corda... — Dum solemnitatis hodiernæ prærogativam attendo, merito loqui pertimesco.* Autre copie anonyme : n° 12420 (fol. 97).

Fol. 166. *Misit Deus filium suum, factum ex muliere... — Supernus ille medicus qui, sicut dicit Job, increpat per dolorem in lectulo...*

Fol. 168. *Hæc est virgo sapiens, quoniam Dominus... — Ubi de incomprehensibili sabbato sanctorum agitur, multum feriata mente opus est.*

Du fol. 171 au fol. 326, d'autres sermons, ou pour mieux dire, des paraphrases sur le Psautier que nous avons déjà rencontrées, sans le nom de l'auteur, dans les n°ˢ 447 (1), 457 (2), et qui sont pareillement anonymes dans le n° 129 de Soissons. Mais nous avons dit que, dans notre n° 2519 (fol. 37) et dans les n°ˢ 1387, 1993 de Troyes, ces paraphrases sont attribuées à

____

(1) Tome I, p. 12.
(2) *Ibid.*, p. 20.

Jean Halgrin d'Abbeville, et qu'elles sont, en effet, de ce fécond écrivain.

Du fol. 238 au fol. 243, des extraits de saint Grégoire et d'autres Pères sur la Genèse, l'Exode, les Juges, les Psaumes, etc., etc.

Fol. 243. Sous ce titre *Sententiæ quorumdam philosophorum*, quelques dits moraux, que suivent d'autres extraits des Pères.

Enfin, du fol. 245 au dernier feuillet, du volume des *Concordances* intitulées par Claude de Grandrue : *Concordantiæ et allegationes textuum sacræ Scripturæ de diversis moralibus materiis, ad prædicandum utiles.* Ces concordances n'ont aucun rapport avec celles dont nous faisons habituellement usage, où les mots de l'Écriture sont rangés suivant l'ordre alphabétique, avec l'indication des versets où ils se trouvent. Nous avons ici, sous les noms des vices, des vertus, les phrases des livres saints qui peuvent être citées, soit pour condamner ces vices, soit pour recommander ces vertus. Comme l'a reconnu Claude de Grandrue, l'objet de cette compilation est de venir en aide aux prédicateurs. Avaient-ils à parler contre l'orgueil, on leur indiquait pour thème cette phrase de la Genèse : *Venite, faciamus nobis civitatem et turrim contra Dominum;* contre l'ambition, cette phrase du deuxième livre des Rois : *Quis me constituat judicem super terram ?* Il était bon de leur rendre ce service ; mais il faut reconnaître qu'ils en ont beaucoup abusé.

14807

Nous avons ici des pièces mêlées dont la première
a pour titre : *Quæstiones super Epistolas Pauli et solu-
tiones earumdem*. Ces *Questions* ont été publiées dans
les Œuvres de Hugues de Saint-Victor ; mais c'est une
attribution qu'aucun manuscrit n'autorise et dont
plusieurs arguments démontrent la fausseté (1). Le
principal est qu'on y trouve cité maître Achard, qui ne
peut l'avoir été par Hugues, mort trente ans environ
avant lui. L'auteur est Gautier, le tumultueux prieur
de Saint-Victor, dont le nom se lit dans le n° 181 de
Dijon. Hugues n'a pu dire : *Quod a magistro Achardo
accepimus* (2) ; mais Gautier doit avoir eu pour maître
cet illustre abbé. Hugues n'a pu reproduire et contre-
dire les opinions diverses sur la double nature du
Christ qui mirent tant de docteurs aux prises vers la
fin du xiie siècle ; mais Gautier, cet ardent querelleur,
n'a pu manquer d'intervenir dans un tel débat (3). Le
copiste du manuscrit de Dijon doit donc avoir été bien
informé. Faisons remarquer qu'il y a dans ce manuscrit, en tête des *Questions*, un prologue que nous n'a-
vons pas ici.

A la suite, au fol. 99, d'autres *Questions*, dont la
fin manque, intitulées : *Quæstiones diligenter pertractatæ a magistro...* Le nom a été effacé. Mais ce nom
était certainement *Achardo*, car, dans le n° 181 de

(1) *Les Œuvres de Hug. de S.-V.*, p. 27 et suiv.
(1) In prim. ad Corinthios, quæst. XCXIII.
(2) In epist. ad Romanos quæst. VII, IX.

Dijon, tout à l'heure cité, le titre, sans rature, est *Quæstiones diligenter pertractatæ a mag. Achardo, abbate Sancti Victoris.* Mais pourquoi ce nom d'Achard a-t-il été supprimé dans notre manuscrit ? Parce qu'on savait, à Saint-Victor, qu'Achard n'avait pas traité ces questions. Deux autres copies anonymes des mêmes *Quæstiones* existent dans les volumes cotés 14868 et 17990 ; mais dans le n° 3230 (fol. 18) elles font partie d'une œuvre bien plus considérable, dont l'auteur est nommé, non pas Achard, mais Eudes de Soissons, abbé d'Ourscamp, plus tard évêque de Frascati. Nous avons plus d'une fois justifié cette attribution ; qu'il nous suffise aujourd'hui de rappeler ce qu'on peut lire à ce sujet dans le *Journal des Savants;* 1888, p. 360 et suiv. M. le cardinal Pitra a récemment publié, d'après notre n° 3230, la plus grande partie de ces *Questions : Analecta novissima Spicil. Solesm.; alt. contin.,* t. II. Si le manuscrit que nous décrivons présentement est loin de contenir tout ce que contient ce n° 3230, et par conséquent, tout ce qu'on peut lire dans l'édition de M. le cardinal Pitra, on y trouve néanmoins plusieurs chapitres qui manquent dans cette édition.

Au fol. 115 : *Objectiones contra eos qui dicunt quod Christus non est aliquid secundum quod est homo.* On connaît les docteurs qui disaient ou semblaient dire cela ; c'étaient Abélard, Gilbert de La Porrée et même Pierre le Lombard. Quant aux *Objections* dont nous avons ici le texte, elles ont été publiées dans les Œuvres de Hugues de Saint-Victor (1) ; mais on a

(1) *Patrologie*, t. CLXXVII, c. 295.

depuis longtemps reconnu qu'il n'en est pas l'auteur.
L'auteur véritable est-il, comme on l'a quelquefois supposé, Jean de Cornouailles ? Cela, sans doute, est
plus vraisemblable. Cependant on a pu même citer
à l'appui de cette supposition le témoignage d'un seul
copiste, et, d'ailleurs, la langue de cet écrit ne paraît
pas celle du xiie siècle (1). Confessons que l'auteur est
par nous ignoré. Un autre exemplaire anonyme des
mêmes *Objections* est dans le n° 14589 (fol. 191).

Au feuillet 125 : *Soliloquia beati Isidori, episcopi
Palatinensis urbis. Urbs Palatinensis* est *Palencia;* or
on ne compte aucun Isidore parmi les évêques de
cette ville, et, d'autre part, les *Soliloques* dont il s'agit
ici sont attribués par tous les bibliographes, anciens
et modernes, à saint Isidore de Séville. Il faut croire
néanmoins que ces mots *episcopi Palatinensis urbis*
ont été lus en d'autres manuscrits que le nôtre. Nous
les trouvons en effet reproduits dans une vieille édition des *Soliloques* que mentionne le *Répertoire* de
Hain, sous le n° 9293.

Au feuillet 155, sans titre, l'*Itinerarium mentis ad
Deum* de saint Bonaventure. Le nom de l'auteur est à
l'*explicit*.

Au feuillet 175, sous le nom de saint Augustin, l'o-
puscule mystique, souvent copié, qui commence par
ces mots: *Quoniam in medio laqueorum positi sumus,
facile a cœlesti desiderio refrigescimus.* Il est encore
sous le nom de saint Augustin dans nos n°s 458
(fol. 37) et 15988 (fol. 302), ainsi dans les n°s 868 et 1168

---

(1) *Les OEuvres de Hug. de S.-Vict.* p. 192 et suiv.

de la Mazarine et 113 de Soissons. Mais on lit le nom
de saint Anselme dans notre n° 10620 (fol. 171) et
dans le n° 865 de la Mazarine, tandis que dans le n° 191
de Toulouse, ainsi dans le n° 333 (fol. 238) de nos Nouvelles acquisitions, on lit celui de saint Bernard. Enfin
il a été publié sous le nom de Hugues de Saint-Victor,
comme étant le quatrième livre de son traité *De
l'Ame; Patrol.*, t. CLXXVII, col. 171. Aucune ces attributions n'est acceptable. Cet opuscule est un centon dans lequel on rencontre des phrases d'Augustin, d'Anselme, de Bernard, de Hugues, assez
habilement accouplées les unes aux autres ; mais
l'auteur de cet accouplement ne s'est pas fait connaître (1).

Au feuillet 186, un traité sous ce titre : *De conflictu
virtutum et vitiorum* (autre que celui qu'on a publié
sous le nom de saint Augustin), à la fin duquel on
lit : *Secundum beatum B.* C'est à dire *Bernardum*,
écrit sans hésiter Claude de Grandrue. Nous croyons,
en effet, que ce B. désigne saint Bernard, notre traité
commençant par les premiers mots de la deuxième
des *Paraboles* imprimées dans ses Œuvres. Mais, s'il
commence par les premiers mots de cette parabole,
les deux textes ne sont pas lontemps conformes. On
va l'apprécier. Voici notre début :

Inter Babylonem et Jerusalem nulla pax est, sed guerra
continua. Habet unaquæque civitas regem suum. Rex Jerusalem Christus Dominus; rex Babylonis est diabolus, et,
cum alterum in justitia, alterum in malitia semper
regnare delectet, rex Babylonis quos potest de civibus

(1) *Les Œuv. de Hug. de S.-Victor*, p. 183.

Jerusalem per ministros, spiritus immundos, seducere, ut eos iniquitati ad iniquitatem servire faciat, in Babylonem trahit, spiritualia nequitiæ suumque illum tumultuosum vitiorum exercitum dirigens ex adverso. Rex autem Jerusalem Christus, cujus animam semper cura sollicitat animarum, contra eum aciem producit virtutum terribilem et ordinatam, super muros Jerusalem spiritum misericordiæ constituens custodem et speculatorem, ut annuntiet sibi captam prædam duci in Babylonem et reducat ad se filium suum hominem quem creavit, quamvis sibi rebellem et inobedientem. Iste autem rex Jerusalem, rex, inquam, dives et potens, imo Deus omnipotens, filium sibi fecit hominem quem creavit, cui, sicut puero delicato, pædagogos delegavit legem et prophetas ceterosque tutores et actores, usque ad præfinitum tempus consummationis ejus'instruxit eum et monuit, dominum constituens eum paradisi, omnesque thesauros gloriæ suæ ei ostendens et repromittens si se non desereret ; et, ne quid deesset bonis ejus, etiam liberum arbitrium indulsit ut bonum esset voluntarium, non coactum. Sed ipse, accepta licentia boni et mali, cœpit eum tædere bonorum suorum a concupiscentia sciendi bonum et malum. Quem videns antiquus prædo lascivum puerum sine custode, sine rectore, jam egressum de paradiso bonæ conscientiæ, nova quærentem quæ nesciebat, qui nulla adhuc nisi bona noverat, jam etiam a domo patris vagantem, accessit ad eum...

Comme on le voit, notre texte commence par les premières phrases de la deuxième parabole ; nous en avons ensuite plusieurs qui manquent dans la première comme dans la deuxième, et à ces phrases succède un long passage de la première parabole, passage dont l'ordonnance n'est pas même celle du texte imprimé. C'est ainsi jusqu'à la fin.

Mabillon considère, dit-il, la première parabole comme authentique ; mais les deux suivantes en sont, ajoute-t-il, des pastiches. S'il était prouvé que notre texte, où les trois paraboles sont réunies, est le plus ancien, cette supposition de deux pastiches devrait être immédiatement écartée. Mais de cela nous n'avons aucune preuve. Il est donc possible que la première parabole ait, en effet, servi de matière aux deux autres. Mais nous ne croyons pas fermement que cette première parabole soit de saint Bernard. Elle existe, en effet, sous son nom dans un assez grand nombre de manuscrits ; mais on la trouve dans quelques autres, notamment dans les n°s 6674 (fol. 8) et 15959 (fol. 523), sous le nom de Hugues de Saint-Victor, et de cela nous pouvons conclure que, dès le xiiie siècle, on ne savait plus guère quel en est l'auteur.

14868

Toutes les pièces que renferme ce volume sont anonymes. La première, qui s'étend jusqu'au feuillet 56, a pour titre : *Allegoriæ veteris Testamenti*. Ces *Allégories* sont attribuées par divers copistes à Richard de Saint-Victor. Suivant d'autres, Hugues en est l'auteur, et c'est sous son nom qu'elles ont été publiées. Nous avons exposé les raisons qui nous portent à considérer cette dernière attribution comme la mieux fondée (1). L'œuvre est, d'ailleurs, très digne de remarque, et, si jamais on la réimprime sous le nom de l'un ou celui de l'autre Victorin, on fera sagement de recourir à notre texte, qui est généralement bon, pour corriger celui des anciennes éditions, où les fautes sont vraiment innombrables.

Au feuillet 56, *Allegoriæ novi Testamenti*. On n'a

(1) *Les Œuvres de Hugues de Saint-Victor*, p. 33-54.

jamais douté que ces *Allegories* fussent du même auteur que les précédentes. Elles ont été de même plusieurs fois publiées sous le nom de Hugues. Ici nous avons à louer les éditeurs, non pas, à la vérité, d'avoir mis en circulation un texte plus correct, mais d'avoir disposé dans un ordre meilleur les chapitres dont ces *Allégories* se composent.

Au feuillet 83, après une glose morale sur un verset de saint Luc, un sermon intitulé *Sermo ad populum*, qui commence par ces mots : *Juda, osculo filium hominis tradis...* — *Dominus et Salvator noster, cujus actio nostra lectio, cujus doctrina nostra est instructio...* N'ayant pas rencontré jusqu'à ce jour un autre exemplaire de ce sermon, nous ne saurions dire quel en est l'auteur. C'est probablement un Victorin. C'est peut-être, nous en doutons, Richard ; mais nous tenons pour certain que ce n'est pas Hugues. Nous refusons de mettre à son compte une si longue paraphrase du même texte, où les mêmes antithèses sont tant de fois reproduites presque dans la même forme. Son style très personnel ne nous paraît avoir rien de commun avec ce verbiage pénible.

A la suite, au feuillet 87, un autre sermon dont tels sont les premiers mots : *Sedisti ad mensam divitis...* — *Dei sapientia, quæ attingit a fine usque ad finem fortiter in activis...* Nous ne connaissons pas non plus l'auteur de ce sermon dont nous avons cité précédemment une autre copie sous le n° 13586, où il est à la page 147 (1).

(1) Tome II, p. 310.

A ce sermon succèdent deux courts fragments, le premier sur le sens des actes qui accompagnent la prière et le second sur le sacre des rois de France. Nous avons publié le second sous le n° 13578 (1).

Du feuillet 91 au feuillet 99, sur deux colonnes, nous avons une série de questions théologiques, sommairement discutées, mais très fermement résolues par un docteur qui ne doute de rien. Mais cela n'en fait pas soupçonner l'auteur ; qui doutait alors, en ces matières, de quelque chose ? Deux autres copies anonymes de ces *Quæstiones* existent dans nos volumes cotés 14807 et 17990 ; et nous avons dit, sous le n° 14807, qu'elles sont d'Eudes de Soissons, abbé d'Ourscamp, qui fut plus tard évêque de Frascati.

Du feuillet 99 à la fin du volume, un traité sur l'incarnation commençant par : *De verbi incarnatione tractaturi primo videamus quare solus filius sit incarnatus*. Nous ne savons pas quel est l'auteur de ce traité.

14869

Ce volume est un recueil de pièces très diverses. La première, intitulée *Allegoriæ quinque librorum Moysi, id est de veteri Testamento,* sans nom d'auteur, nous offre les treize premiers livres des *Seconds extraits, Posteriores excerptiones,* communément attribués à Hugues de Saint-Victor. Comme nous venons de le dire sous le n° 14868, cette attribution a plus d'une

(1) *Ibid.*, p. 272.

fois été contestée, et les Victorins eux-mêmes ne l'ont pas toujours admise avec une égale confiance. Quelques copistes et quelques bibliographes ayant donné ces *Extraits* à un autre de leurs confrères, Richard, dont la gloire ne les intéressait pas moins, ils ont tour à tour publié sous ces deux noms, Hugues et Richard, une partie détachée de l'ensemble. Hugues est, suivant nous, le véritable auteur. Nous croyons même l'avoir démontré (1).

Au verso du fol. 38, deux courtes notes, l'une sur la sainte-ampoule conservée à Saint-Remi de Reims, l'autre sur les mérites du jeûne, de la prière, de l'aumône. Ces deux notes terminent souvent dans les manuscrits les *Allégories* sur l'Ancien Testament. Nous avons publié la première, sous le n° 13578 (2) et l'avons depuis mentionnée sous le n° 14868.

Du fol. 39 au fol. 50, *Allegoriæ supra Evangelium*. C'est la seconde partie des *Posteriores excerptiones*, imprimées dans le tome CLXXVI de la *Patrologie*, col. 751. L'ordre suivant lequel sont rangés les chapitres est, encore ici, tout autre dans le manuscrit et dans l'imprimé.

Au fol. 57, sans titre et sans nom d'auteur, un traité commençant par : *De sacramentis Ecclesiæ locuturi, prius ipsa sacramenta ponamus, postea vero quid significent, prout dederit Dominus, exponamus.* Nous pouvons indiquer deux autres exemplaires de ce traité qui sont pareillement anonymes : l'un dans le n° 18096 (fol. 23) ; l'autre, à Florence, dans un

____

(1) *Les Œuvres de Hug. de S.-Vict.*, p. 33 et suiv.
(2 Tome II, p. 310.

volume décrit par Bandini (1). Mais le nom de l'auteur se lit ailleurs, notamment dans notre n° 3876. C'est Brunon d'Asti, évêque de Segni.

Au fol. 62, sans titre et sans nom d'auteur, un opuscule commençant par : *Quia quatuor elementis subsistentes Dominum die et nocte offendimus, dignum est ut quater in die et quater in nocte et hymnis et psalmis et orationibus Dei omnipotentiam, antiquorum exempla sequentes, placare studeamus.* D'autres exemplaires anonymes de cet opuscule sont dans les n°ˢ 17251, fol. 81, et 17990, fol. 76. Claude de Grand-rue l'intitule : *De horis canonicis.*

Du fol. 65 au v° du fol. 73, deux pièces sur la même matière, le sacrement de l'Eucharistie, qui sont réunies dans la plupart des manuscrits comme dans le nôtre, et se succèdent dans le même ordre. La première est une lettre anonyme dont voici les premiers mots : *Fratri in Christo carissimo illuminatos cordis oculos,* et dont un autre exemplaire, pareillement anonyme, existe dans le n° 388 de l'Arsenal, fol. 61. Quel en est l'auteur ? Une note de Jean Picard, chanoine de Saint-Victor, écrite sur la marge de notre volume, rapporte que Thomas de Galles a plusieurs fois cité cette lettre dans un de ses écrits contre Wiclef, l'attribuant à saint Anselme, archevêque de Cantorbery. Thomas de Galles en avait pu rencontrer des copies sous ce nom ; en effet Gerberon reconnaît qu'un volume, conservé, de son temps, dans une bibliothèque d'Arras, la donnait à saint Anselme. Cependant cet

______

(1) Bandini, *Catal. bibl. Laur.*, t. II, col. 56.

éditeur scrupuleux n'a pas admis une attribution que réfute clairement la seconde phrase du texte. Cette phrase, la voici : *Lego et relego, carissime, opus vestrum De Officiis multumque me delectat ejus lectio, tum pro sui utilitate tum pro auctoris dulcissima mihi caritate.* Or les passages de cet écrit *De Officiis*, que cite et censure plus loin l'auteur de la lettre, appartiennent à un traité de Rupert, abbé de Tuy, composé, croit-on, en 1111, mais tenu longtemps secret, et pour la première fois mis au jour après l'année 1126 (1). La critique épistolaire n'est donc pas d'Anselme, mort en 1109. Elle est, suivant plusieurs autres manuscrits, de Guillaume, abbé de Saint-Thierry, et sous son nom Tissier l'a publiée dans le tome IV, p. 132, de sa *Bibliotheca Cisterciensis.* Voir aussi *Patrologie*, t. CLXXX, col. 342.

Vient ensuite une courte lettre, qui précède, non plus une dissertation critique, mais un traité dogmatique sur l'Eucharistie, que les mêmes éditeurs ont pareillement publiée sous le nom de l'abbé Guillaume. Notre manuscrit ne dit pas à qui cette lettre fut adressée ; mais elle le fut, suivant le témoignage des manuscrits vus par Tissier, à saint Bernard. Elle ne peut donc pas être d'Anselme, le futur abbé de Clairvaux ayant à peine dix-huit ans quand Anselme est mort. Il est vrai qu'elle est sous le nom d'Anselme dans le n° 1036 de la Mazarine ; mais c'est un manuscrit du xve siècle, qui n'a conséquemment aucune autorité. Quant au traité lui-même, sans la lettre, le n° 863 de

_____

(1) *Hist. littér. de la Fr.*, t. XI, p. 546.

Vienne en nomme l'auteur Honoré d'Autun. Honoré d'Autun fut, il est vrai, contemporain de saint Bernard ; cependant ce n'est pas à lui qu'il convient d'attribuer ce traité. Les trois pièces sont inséparablement unies par cette phrase de l'épître à saint Bernard : *Cum nuper, te ita exigente, cuidam fratri breviter de sacramentis scripsissem*, et sont toutes les trois de Guillaume, abbé de Saint-Thierry. Nous pouvons en indiquer d'autres copies anonymes dans les n⁰ˢ 2155 de la Bibliothèque nationale, 1034 de la Mazarine, 63 et 64 de Douai.

Au fol. 73, v°, une autre lettre anonyme touchant l'interdiction du mariage entre les consanguins. Ailleurs, notamment dans le n° 388 de l'Arsenal, fol. 72, cette lettre se rencontre aussi sans le nom de l'auteur. Mais on cite plusieurs manuscrits qui l'attribuent à saint Anselme de Cantorbery. On les a toutefois tardivement remarqués, puisqu'elle manque dans les anciennes éditions de ses *OEuvres*. Publiée pour la première fois dans celle de Cologne, elle a été reproduite dans le tome CLVIII de la *Patrologie*, p. 557.

Au fol. 74, une pièce sans nom d'auteur, sous ce titre : *De missa ; qua hora debeat celebrari*. Les premiers mots du texte sont : *Missa, juxta sanctorum instituta Patrum, hora tertia celebranda est*. C'est donc la messe que cette pièce a pour objet principal ; cependant il y est encore fait mention d'autres cérémonies. L'auteur est Eudes de Soissons, abbé d'Ourscamp. Nous avons ici un fragment de ses *Questions* récemment publiées par M. le cardinal Pitra.

Au fol. 78, verso : *Epistola a S. Remigio, Altissio-*

dorensi episcopo, tradita et sanctorum Patrum senten-
tiis et auctoritate confirmata. C'est encore de la messe
qu'il s'agit dans cette lettre, qui commence par *Cele-*
bratio missæ in commemorationem passionis Christi
peragitur. Ainsi qu'on vient de le voir, notre manuscrit la donne à saint Remi d'Auxerre, à qui certainement elle appartient, quoiqu'on l'ait mise au compte
d'autres théologiens, plus anciens et plus modernes.
Nous avons apprécié la valeur de ces attributions sous
le n° 12312 (1).

Du fol. 86 au fol. 94, traité *De sacramento pæni-*
tentiæ, commençant par : *Sacramentum pænitentiæ*
redeuntibus ad Dominum semper est necessarium.
Nous avons déjà rencontré, sous le n° 13442 (2), un
exemplaire anonyme de ce traité.

Du fol. 95 au fol. 112, *Excerpta canonum, quæ*
quælibet ex his utilissima suggerunt per compendium.
De quelle collection sont tirés ces *Extraits ?* Cela
n'est pas facile à découvrir. Le premier, emprunté au
livre 1, art. 91, de cette collection, commence par :
Episcopus in synodo residens, post allocutionem con-
gruam, septem ex plebe ipsius parochiæ...

Au folio 112, *Salubre antidotum animabus,* commençant par : *Institutio illa, quæ fiebat in diebus pa-*
trum nostrorum, rectas vias nunquam deseruit. C'est
le premier chapitre des *Canones de remediis peccato-*
rum publiés dans la *Patrologie,* t. LXXXIX, col. 443,
sous le nom d'Egbert, archevêque d'Yorck. Nous en
pouvons citer d'autres exemplaires anonymes dans le

(1) Tome II, p. 59.
(2) Tome II, p. 188.

nº 14993 (fol. 8) de la Bibliothèque nationale et 216 du Mont-Cassin ; mais le nom de l'auteur se lit dans les nºˢ 485 et 554 de la bibliothèque Palatine, ainsi que dans le nº 69 de Verdun, volumes du ixᵉ et du xᵉ siècles, dignes de toute confiance. Cette attribution n'est pas, d'ailleurs, contestée. De nombreuses différences sont à signaler entre le texte de notre manuscrit et celui de la *Patrologie*, qui est très défectueux.

Au vº du fol. 112, une prière, *Oratio sacerdotis ad pœnitentiam venientibus dicenda*, que suit un formulaire à l'usage des confesseurs. Les premiers mots de ce formulaire sont : *Credis in Dominum Patrem et Filium et Spiritum Sanctum ? Credis quod istæ tres personæ unus Deus sit ? — R. Credo.* L'auteur de ce formulaire est inconnu. Nous savons, du moins, que la prière n'est pas inédite. Canisius l'ayant pour la première fois publiée dans ses *Antiquæ lectiones*, t. V, p. 285, après le *Pénitentiel* d'Halitgaire, elle a depuis été remise sous la presse à la suite du même *Pénitentiel.* Voir *Hist. litt. de la Fr.*, t. IV, p. 507.

Au fol. 120, *Ex Pœnitentiali Theodori*. Ce sont les soixante chapitres des *Capitula Theodori* qu'on peut lire au tome XCIX de la *Patrologie*, col. 935-952.

Du fol. 126 à la fin du volume, la longue paraphrase du Psaume 118 que nous avons déjà rencontrée sous le nº 14427 (1). Elle est ici, comme dans ce nº 14427, sans le nom de l'auteur, qui, nous l'avons dit, est le Cistercien Jean de Limoges.

(1) Ci-dessus, p. 11.

14877

Ce volume est un mélange de pièces de diverses mains et qui n'offrent pas toutes, il s'en faut bien, le même intérêt.

La première, intitulée *Laudes Virginis matris*, est anonyme ; mais le bibliothécaire de Saint-Victor, Claude de Grandrue, a facilement reconnu qu'elle est de saint Bernard. Ce sont les quatre homélies dont la préface commence par : *Scribere me aliquid devotio jubet et prohibet occupatio.*

L'opuscule suivant, *De gradibus humilitatis et superbiæ*, est pareillement anonyme et l'auteur est encore saint Bernard. Il suffit de mentionner des écrits si justement célèbres. Sur le dernier nous faisons simplement remarquer qu'il est, dans notre manuscrit, à l'adresse d'un frère Gilduin, tandis que, dans l'édition de Mabillon, ce religieux est nommé Godefroy.

Vient ensuite la lettre du même Bernard à Guillaume, abbé de Saint-Thierry, commençant par : *Usque modo si quid me scriptitare jussistis.* Cette lettre a, dans l'édition, une préface qui manque ici.

Au folio 83, une simple page de pensées, non moins puériles que pieuses, exprimées dans une langue peu littéraire, où des mots français s'entre-croisent avec des mots latins. Si cette page, qui paraît être du xve siècle, n'est pas autographe, l'auteur et son copiste ont dû vivre dans le même temps. Personne n'aurait avant la fin du xive siècle discouru sur ce ton en parlant de Jésus :

Secundo quæritur si sit monachus albus vel niger? Respondetur : niger, quia carnem mortalem accepit et factus est in simili nostræ carnis, postea nostri habitum habens mœroris dum vixit, habens partim similitudinem, non rem. Unde ait : Nigra sum, sed formosa ; in pœna mœroris, sine culpa. Tertio : de quo ordine ? Respondetur : de ordine benedicto Benedicti, nam Benedicta mater in mulieribus, Benedictus fructus, Benedicta terra, Ecce odor filii mei sicut odor agri pleni, Cui benedixit Deus inter benedictos benedicetur. Quarto : de qua abbatia ? De abbatia franchisiæ Francorum ; factus sub lege ut eos qui sub lege erant redimeret, ut adoptionem filiorum reciperemus. Sic jam non sumus ancillæ filii, sed liberæ ; qua libertate Christus nos liberavit. Hæc vero situata est abbatia ad duas leucas de Parisius, id est de Paradiso...

Voilà des efforts d'esprit bien malheureux. Il faut reconnaître que la littérature religieuse n'avait pas fait de progrès depuis saint Bernard.

Du feuillet 84 au feuillet 122, un comput anonyme et incomplet. C'est le comput de Jean Holywood, que Mélancthon a publié le premier, en 1538, sous ce titre : *De anni ratione*. Il y a, dans notre manuscrit, des notes marginales qui ne sont pas toutes de la même main. Nous lisons dans ces notes, au revers du feuillet 106, que les Français ne se résignent pas volontiers à jeûner et se tiennent pour très satisfaits quand l'Église les en dispense.

Suivent deux fragments de manuscrits lacérés, dont l'écriture paraît être du xiie siècle. Le premier, de quatre pages, a pour objet de recommander quelques prescriptions de discipline ascétique. Le second, un peu plus étendu, est un glossaire étymologique, où sont d'abord expliqués les noms des mois de l'année, puis ceux des jours de la semaine, enfin ceux des saints et des saintes qui sont portés au calendrier. La série des saints commence par *Barbantianus, Concordius, Macarius,* et finit par *Martinus, Mennus, Brixius;* elle s'arrête donc vers la fin de novembre. On soupçonne ce que valent la plupart des étymologies. Il n'est pas même vraisemblable que l'auteur les ait toutes prises au sérieux. Quoique son glossaire manque d'intérêt, nous voudrions pouvoir dire quel est cet auteur ; mais il nous est inconnu.

Sur le feuillet 130, un inventaire après décès, écrit au xve siècle. Voici cet inventaire :

Primo, in vestibus, unum mantellum de nigro viridi.

Item, unam tunicam, foderatam de grisiis.

Item, unam aliam tunicam, dupplatam de boucacio rubeo.

Item, duo epitogia, cum capuciis ejusdem panni, quorum unum cum suo capucio dupplatum est de cendalo rubeo et aliud cum suo capucio de blaveo est dupplatum.

Item, brevem tunicam de griso nigro, dupplatam de eodem panno, præterquam in manicis.

Item, unum gipponem et unum pellitionem longum, de pelle angnina foderatum.

Item, tria paria linteaminum et unum sine compare.

Item, unam cooperturam lecti, parvi valoris.

Item, unum almucium et unum pileum breuzium.

Item, unam mapam et unam tongilam.

Item, in libris, habet unum breviarum *et ung estuy* sibi appropriatum.

Item, unam Bibliam.

Item, epistolas Senecæ primas et de Clementia ad Neronem et de Remediis fortuitorum, cum tabula in eodem volumine.

Item, unum librum sermonum, cujus secundum folium incipit *Cogitat* et ultimum *Non consummantur.*

Item, librum, qui dicitur Flos evangeliorum, metrificatum, qui fuit quondam Petri de Candia.

Item, librum sermonum ligatum asseribus, cujus primus sermo *Elegit David* et ultimus incipit *Visitatio tua.*

Nous n'avons pas besoin de faire remarquer que cet inventaire ne peut avoir été dressé après la mort d'un moine, un moine n'ayant pas une garde-robe ainsi garnie, et, d'ailleurs, ne possédant rien en propre. Mais, d'autre part, le défunt n'était pas non plus, comme il semble, un clerc séculier, jouissant d'une prébende quelconque ; tout dignitaire de l'Église était, au xve siècle, mieux pourvu de draps, de serviettes, et l'unique couverture de son lit n'était pas un objet sans valeur. Notons, en outre, que le défunt n'avait en sa possession que des vêtements et des livres ; ce qui donne lieu de croire qu'il habitait un lieu garni de meubles dont il n'avait que l'usage. Nous supposons donc qu'il était chanoine régulier, chanoine de Saint-Victor. Et n'omettons pas de signaler, parmi ses livres, ce *Flos evangeliorum* dont Pierre de Candie, c'est-à-dire le pape Alexandre V, avait été jadis le possesseur. Nous avons sous ce titre, dans le n° 3804, un recueil d'homélies ; mais nous ne connaissons aucun poème ainsi intitulé. Serait-ce celui de Juvencus ?

Claude de Grandrue mentionne ainsi la pièce suivante : *De casibus reservatis et eorum dispensationibus tempore papæ Nicolai IV.* Ce titre n'est pas tout à fait exact. Tous les premiers articles de la pièce sont, en effet, de l'année 1290 ; mais le dernier est une concession octroyée par le pape Jean XXII.

Au revers du feuillet 135 se lit une note, dont il peut être utile de reproduire le dernier alinéa :

Libra turonensium parvorum, prout ponitur in bullis impetrantium, advaluata fuit tempore Petri de Luna ad 20 grana monetæ tunc temporis currentis in curia Romana et civitate Avenionensi; et inde reperitur clausa scripta in libris sive regestris constitutionum cameræ apostolicæ. *Guillelmus Euvrie.*

Sur le signataire de cette note, Guillaume Euvrie, qui fut nommé clerc notaire du roi le 2 août 1428, on peut consulter le *Cabinet des Manuscrits* de notre confrère M. Delisle, t. I, p. 538 et 539.

Nous avons ensuite une élégie funèbre, avec une épitaphe en l'honneur de Jacques de Noyan, recteur de l'Université de Paris en 1401, qui mourut à Bologne en 1410. L'auteur de l'élégie est Nicolas de Clamenges, et elle est imprimée dans ses *Œuvres*, à la page 200 de l'édition de 1613. On en peut lire aussi quelques vers dans l'*Histoire du collège de Navarre*, par Jean de Launoy : *J. Launoii Opera*, t. IV, p. 704. Jacques de Noyan a-t-il eu toutes les connaissances, toutes les vertus, tous les mérites qui lui sont attribués par son ami Nicolas de Clamenges ? Il est certainement permis d'en douter. L'amitié doit avoir embelli le portrait. Mais elle n'a pu faire un poète d'un théologien à bon droit estimé ; les vers de cette élégie doivent être, en effet, comptés parmi les plus mauvais que nous ait transmis le xve siècle. Quant à l'épitaphe, nous la donnons ici, parce que le texte n'en est

pas tout à fait conforme à celui qu'a publié Du Boulay (1) :

> Gallia me genuit, docuit Parisina tellus;
> Bononis ossa tenet, spiritus astra petat !

Du feuillet 138 au feuillet 146, un recueil d'étymologies. Il ne faut pas croire que le goût des étymologies soit récent ; il n'a jamais été plus vif qu'au moyen
âge. Certainement il n'a jamais troublé tant de cer-
velles qu'en ce temps-là. Si l'on en doute, que l'on
prenne la peine de lire cette digression sur les mots
latins dérivés des mots grecs εἶδος et ὕδωρ :

Ydos græce idem est quod forma latine, et inde aliud græ-
cum, scilicet ydor, quod est aqua, quia in aqua apparet
forma uniuscujusque propter ejus claritatem. Ab ydor, quod
est aqua, dicitur per compositionem ydromel, et est aqua
mellita, gallice *miesée*. Item ab ydor, quod est aqua, dicitur
ydrus, serpens aquaticus, et ydra, *serpente*. Item ab ydor
dicitur ydrena, næ, gallice *goutiere*. Item ab ydor, quod est
aqua, dicitur celidra, quasi gelidra, et ibi transmutatur *y*
in *c*, et dicitur e ge, quod est terra, et ydor, quod est aqua,
et est serpens aliquando habitans in terris et aliquando in
aquis ; et præterea ab ydor, quod est aqua, dicitur ydria, driæ,
olla aquosa. Item ab ydor dicitur ydraula, læ, gallice *flauste*,
eo quod, cum rauca fuerit, sonum suum recuperat per aquam.
Item ad ydor dicitur ydropicus, ca, cum, et interpretatur ava-
rus, qui, quanto plus bibit, tanto plus sitit. Item ab ydor, quod
est aqua, et pisis, quod est humor, per compositionem dicitur
ydropisis, et est morbus intercutaneus. Item ab ydos, quod
est forma, dicitur ydea, deæ, et est forma intelligibilis
existens in mente artificis ; unde in quibusdam versibus
antiquis efficiens causa Deus est formalis ydea, finalis boni-
tas materialis yle. Item ab ydos derivatur Alcides, et est
nomen proprium et imo appellativum, et dicitur ab alcon,
quod est fortis, et ydos, quod est forma, quasi virtuosus et

(1) *Hist. Univ. Paris.*, t. V, p. 884.

formosus ; virtuosus quantum ad animam, formosus quantum ad dispositionem corporis, et omnes homines ita dispositi hoc nomine possunt appellari. Item ab ydos, quod est forma, et sto, stas, dicitur stolidus, da, dum, quasi stans yda. Item ab ydos derivatur ydoleum, et est idem quod falsus Deus, sicut Maia vel Jupiter, et dicitur ab ydos, quod est forma, et dolus, li, quasi forma dolosi, et componitur hic et hæc ydolatra, et dicitur ab ydolum, li, et latron, quod est cultura, et est ille qui colit idola, et inde dicitur ydolatria, triæ, et est cultura ydolorum. Item ab ydolum, li, dicitur ydolatitum, et est offertorium quod illis ydolis confertur, sicut denarii et hujusmodi. Unde beatus Paulus : Non licet nobis uti ydolatitis. Item ab y [dos] dicitur isoperimeter, tra, trum, quasi ydoperimeter, et transmutatur ibi *d* in *s*, et dicitur ab y [dos], quod est forma, et peri, quod est circus, et metros, mensura, quasi corpus formatum circulare et rotundum. Item ab ydos, quod est forma, et poio, pois, derivatur Poidomus (1) et transformatur in linguam latinam et fit Poidonius deus, scilicet Neptunus poiens formas...

Un professeur qui lisait ces choses-là devant ses élèves leur donnait, on en conviendra, d'étranges leçons. Peu versé dans les étymologies grecques, était-il, du moins, plus habile à trouver les racines latines des mots latins ? On va en juger :

Hoc verbum mollio, lis, verbum latinum est et inde multa veniunt. Ab hoc verbo mollio, lis, dicitur hic milvius, vii, qui alio nomine dicitur milvus, scilicet per syncopam, et dicitur de mollio quia molliter volat. Et a mollio dicitur hic mulus, *li mulet*, et hæc mula, *mule*, eo quod molliter incedit, et a mulo dicitur mulio, dux mulorum. Versus :

> Mulio mulorum, etc. ;

et a verbo mollio, lis, dicitur mus, ris, quia mollis est, et de

(1) Nous n'avons pas besoin de faire remarquer que *Poidomus est* ici pour Ποσειδῶν.

mus dicitur mucipula, *le seurisiere*, de mus et de capio, et de decipio decipula, *le piege*. Versus :

> Mucipulæ murium, sint decipula luporum.

Item a mollio, lis, dicitur molo, lis, quod habet plures sensus. Versus :

> Qui molit hic acuit et qui molit atterit ille ;
> Et quicumque coit cum muliere molit ; (1)

id est futuit ; et a molo dicitur hic molinus, *moulins*. Versus :

> Nescit vicinus et cet. ;

Et a molo dicitur hoc molendinum et molendinarius, *commaniers*, et molendinaria et emolumentum, lucrum molendini ; et de molo, lis, hæc mola ; duos sensus habet. Versus :

> Est sacrificium mola, sit pariter tibi saxum.

Item [a] mola fumi, quod est sacrificium, componitur immolo, las, idem quod sacrifico, cas. Unde in Theodolo :

> Immolat ante Deum Chaym ;

id est sacrificat. Item ab hoc verbo immolo, las, dicitur hæc immolatio, tionis, *sacrefiemens*, et immolacium, cii, locus in quo fiunt sacrificia, et sua formantur participia, ut immolans, immolaturus ; et iterum ab hoc verbo mollio, lis, dicitur hic et hæc mollis et hoc molle, et potest substantivari dicendo hæc mollis, quidam piscis, *moulle* gallice ; et insuper potest substantivari dicendo hoc molle, *moulgle* ; quia molle est ; et a mollio, lis, dicitur hæc musca, cæ, quia mollis est, et de musca muscosus, sa, sum, adjectivum est ; unde videntur in æstate canes muscosi ; et a mollio, lis, dicitur hoc muscum, ci, *mousse*, quia molle et multum valet ad culum tergendum, et a muscum, ci, dicitur hæc muscus, ci, arbor quædam quæ fert nuces muscatas ; et a muscum, ci, *mousse*,

---

(1) Ces deux vers se lisent ainsi, au fol. 36 du n. 8427, dans une glose sur le *Grécisme* :

> Qui molit hic acuit et qui molit atterit ille ;
> Et quicumque molit cum muliere coit.

dicitur hic muscor, ris, *moisisseur de pain*; muscor pertinet ad panem; et acor, ris, fœtor pravi vini et rancor fœtor pravæ carnis. Unde Primas :

> Hæc caro rancorem mihi præstat, potus acorem,
> Muscorem panis ; sit mantos (1) talis inanis;

id est vana. Ita assignatur differentia [inter] illos fœtores. Polypus, pi, media correpta, est fœtor naris, et dicitur a porus, ri, et sunt pori foramina quæ emittunt fœtorem. Item polypus, media producta, idem est quod piscis et dicitur a polis, quod est pluralitas, et pos, quod est pes, quasi habens plures pedes; et a polis dicitur poplex, cis, *gares*, quia habet plures plicas. Item de fœtoribus repetamus pedor, ris, fœtor pedum. Unde versus :

> Sit pedor inde pedum, fœtor totidem tibi rerum,
> Spirantisque bene sit odor nidorque coquinæ.
> Est polypus naris, obsedo dicitur oris.
> Polypus est piscis, polypus fœdatio naris.

Voilà certes plus d'une preuve de crasse ignorance. Quelle leçon ! Et l'ignorance n'est pas seule ici répréhensible. Il y a, dans ce morceau, des phrases d'une grossièreté révoltante. Mais telles étaient les mœurs que ces phrases, cyniquement dites par un maître sans pudeur, ont dû plutôt, croyons-nous, faire sourire que rougir ses écoliers sans discipline.

A la suite, le traité *De utensilibus,* dont l'auteur, fictif ou véritable, est dit Adam du Petit-Pont, traité qu'accompagne une glose assez étendue. Un certain maître Anselme aurait souvent fait à maître Adam le reproche d'employer des termes impropres dans ses lettres. Pour lui montrer que les termes propres ne lui sont pas inconnus, Adam suppose qu'ayant quitté

(1) Nous ne comprenons pas ce mot *mantos*, et nous ne pouvons lire autre chose dans notre manuscrit.

la France pour retourner en Angleterre, sa patrie, il
y revoit ses champs, sa maison et bien d'autres choses
encore, qu'il décrit minutieusement. Cette description est un assez riche vocabulaire, et, ce vocabulaire étant devenu classique, les professeurs l'ont
commenté.

Il en existe une édition donnée par M. Scheler,
d'après un manuscrit de Bruges, dans sa *Lexicogra-
phie latine du XIIe et du XIIIe siècle*. Mais ce n'est pas,
M. Scheler le reconnaît, une édition satisfaisante, le
manuscrit de Bruges étant très défectueux. Le nôtre
n'est pas non plus irréprochable ; il est toutefois beaucoup meilleur que celui dont M. Scheler a fait usage.
Mais, pour corriger celui de Bruges et le nôtre, nous
en avons deux autres : l'un, incomplet, que possédaient
jadis les chanoines de Saint-Victor et que conserve
aujourd'hui, sous le n° 3807, la bibliothèque de l'Arsenal ; l'autre, d'une écriture anglaise, qui se trouve
à la bibliothèque de Cambridge sous le n° 136 du
fonds Caio-Gonville, et dont nous devons l'obligeante
communication aux savants administrateurs de cette
riche bibliothèque.

Des gloses diverses accompagnent le texte dans les
quatre manuscrits. Mais les gloses de Cambridge et
de Bruges diffèrent beaucoup de celles que nous avons
ici, lesquelles se ressemblent beaucoup. Nous tenons,
en effet, pour certain que celles-ci ont été faites l'une
sur l'autre, ou qu'elles l'ont été l'une et l'autre sur
un original très librement pillé. Voici d'abord les deux
premiers chapitres de notre texte et de notre glose,
avec quelques changements autorisés par les manus-

crits de l'Arsenal et de Cambridge. On sera peut-être surpris de lire la glose avant le texte ; mais tel est l'ordre observé dans notre manuscrit. Nous citons :

Materia hujus libri sunt nomina utensilium. Intentio actoris est colligere nomina utensilium sub compendio et rerum usitatissimarum quæ multis ineruditis erant ignota. Causa suscepti operis est petitio magistri Anselmi, qui artificem hujus libri, scilicet magistrum Adam Parvipontanum, pro levitate epistolarum suarum sæpe et multum redarguit. Unde, ut eidem Anselmo satisfaceret et aliorum instructioni, hoc opusculum, quod orationem vocat, composuit. Utilitas est nominum et rerum cognitio et partium expositio. Titulus est hic : *Incipit oratio magistri Adæ Parvipontani de Utensilibis ad domum regendam, ad Anselmum* (1), *socium suum.* Unde versus :

> Est mea materies agros cum specto per omnes ;
> Ac inventa domus mea sunt farrago libelli.

Incipit ergo sic : hæc *Phala, tor de fust*, a phalon, quod est lignum ; vel dicitur phala a phalando, et est summitas cœli. Inde phalanx, gis, est caterva cœlestis. Item, a phala, quod est lignum, dicitur phalanga, gæ, *tinel*. Item a phalar, græce, quod est ornare latine, dicuntur phaleræ, arum, *harnas*. Inde phaleratus, ta, tum. Phalanx transumitur quando ponitur pro cohorte, ut in Alexandro :

> Ante Phalas phalerata phalanx fregere phalangas...
> Dicis equi phaleras summique phalangia cœli (2).

Et dicuntur a phalar, quod est ornare.
Tolum. Hic tolus, i, est *coupet de maison*, a tollo, lis, et dicitur sic eo quod tollitur et in summo constituitur ; vel dicitur a stolon, græce, quod notat perfectum latine, per

---

(1) Dans la glose de Cambridge cet Anselme est saint Anselme, archevêque de Cantorbery, qui vécut, comme on le sait, un siècle avant Adam du Petit-Pont.

(2) Les gloses de l'Arsenal et de Cambridge citent aussi ces vers ; mais, remarquons-le, sans les attribuer à Gauthier de Châtillon.

substractionem hujus literæ *s*. Stolon enim habet plures
significationes. Quandoque est idem quod abbreviatio; unde:
Sistole producit et cet. ; quia sistole est abbreviatio syllabæ
naturaliter productæ. Item significat ornare; unde stola, læ
ornamentum ecclesiæ. Notat etiam perfectionem, ut hic
tolus, li. Item, notat missionem ; unde versus :

> Denotat ista stolon : rem curtat, perficit, ornat.
> Systole dat primum, medium tolus, et stola ternum.
> Missio sit stolum et epistola dicitur inde.

Cillentibus, id est commoventibus; a cilleo, les, quod est
moveo, ves, et componitur occilleo, les ; inde occillum, li,
gallice *loche* (1). Item occillum in alia significatione est parvum os ; sed tunc dicitur de os, ris ; unde versus :

> Ocillum notat os minimum, funis quoque ludum.
> Dum gerit ocillum me turbat motus (2) ocilli.

Hic *Radius*, i, a radio, as, et est æquivocum ad quatuor.
Unde versus :

> Est radius rhedæ, solis, talæ, geometri.

Perspicum, gallice *moult cler*, a perspicio, perspicis, et
illud est a per et spicio, cis, quod non est in usu. *Per* plu-
rimis modis sumitur. Quandoque privat significationem dictionis cum qua componitur, ut perfidus ; ponitur et ad jusju-
randum faciendum, ut : Per Deum vivum, et cet. Versus :

> Per negat et jurat; causam, loca, tempora signat.
> Signat idem valde, rem perfectam notat esse.

Accelerans, ab accelero, as, et illud de ad et celer.
Moror, aris. Unde hæc mora ; unde morosus, sa sum, id
est lentus, prima correpta. Prima producta, dicitur a mos,
ris. Versus :

> Me mos morosum, mora me facit esse morosum (3).

(1) « Gallice *branle*, » dans le manuscrit de l'Arsenal.
(2) *Visus*, dans le manuscrit de l'Arsenal.
(3) Il faut lire :
> Mens mea morosum, mora me facit esse morosum.

Ce vers est tiré du poème de Serlon *De partibus orationis*.

Hæc *Tesqua*, orum, a thesis, positio, et careo, res, quia caret recta positione, et sunt loca aspera et inamœna ; et dicuntur quasi thesica, id est positione pontis carentia, et tophidum, vel lignorum, et significant humida loca et aspera, scilicet *wez ;* quandoque loca petrosa, et quidam dicunt nigra tuguria. Pluraliter : hæ *Scabræ*, a scabo, bis gallice *grater*. Unde scabies.

Dumeta, a dumus, mi, quod est collectio spinarum crescentium in eodem loco. Dumetum est locus ubi dumi crescunt.

Rubetum est locus ubi crescunt rubi, et dicuntur a rubeo, es, quia fructus et virga ejus rubea est ; scilicet *boutonnier*, vel *eglantier*. Dumus est collectio omnium arborum.

Quisquiliæ, arum, id est ramunculi emissi cum vento, et dicuntur a quisque et licet, quia licet eos cuicumque colligere. Cadiæ sunt arbores evulsæ. Unde :

Quisquiliæ sunt servorum, cadiæ dominorum.

Confraga. Media correpta est, et, cum intervenit præpositio, producitur, et sunt montana in quibus venti undique concurrentes sese confragunt ; vel dicuntur *plaisie*, et dicuntur de frango, gis, et caret *n*. Inde fragus et fragum. Inde naufragor, aris, et suffragor, garis, a quo suffragator et [suffrag]ium.

Circumvallata, de circum et vallum, li. Inde intervallum, et hic vallus, li, palus.

Verba sunt discipuli ad magistrum :

Phalæ tolum cillentibus radiis cum jam perspicuum prospicerem, ecce accelerantem morabantur tesqua cum scabris, dumeta cum quisquiliis, confraga rubetis circumvallata.

Papæ, interjectio admirandi.

Inquies, id est dices, verbum defectivum.

Quorsum, adverbium loci, a quo et orsum, id est qua parte.

Scabrosus, sa, sum, plenus scabris.

Oratio ponitur pro libello, et dicitur ab oro, as.

Respicio dicitur a re et spicio, cis.

Initium, de in et jacio, cis; sed jaceo, es, aliud est. Unde :

Non possum jacere quo templo nocte jacere.

Quotidianus a quotidie, et illud a quoquo et die; vel hodie, et illud est ab hoc et die.

Cibus, a cibo, as, et est pascere.

Acidus, de aceo, ces; inde hoc acinum, ni; et acio, cis. idem est. Et de aceo derivatur acesco, cis, et acedo et acetum. Acio, acis, se habet sicut passivum hujus verbi : acuo, is. Unde recte dicitur : acuo cultellum, et cultellus acer. Unde versus :

Qui facit hoc acuit acer illud quod fit acutum.

Delectat, impersonale; a quo deliciæ, arum.

Scriptiunculæ est diminutivum, de scriptum.

Materia dicitur de mater et hio, as, quia materia hiat, id est appetit formam; id est materia dicitur quasi mater hians.

Causa dicitur a causor, aris, et componitur causidicus.

Adverto, de ad et verto, tis, et nota quod dicimus adverto et averto et avertor et animadvertor. Adverto duobus modis dicitur. Dicitur adverto pro vertere et curam dare, et sic in hoc loco sumitur, et dicitur adverte pro verte et respice. Unde versus :

Adverto te respiciens curamque rependens.

Item animadverto æquivocum est et valet idem quod percipio, et dicitur ab animo, vel anima, et verto ; et est autem animadvertere gallice *esmerveiller*, et tunc exponitur : animadverto, id est animum illius vel alterius ad me verto. Unde versus :

Hoc animadvertis quod percipitur tibi mente ;
Ast animadvertis in eum quem verbere punis (1).

Item averto idem est quod removeo; unde : « Averte oculos meos, » et cet. Avertor vero deponens idem est quod sper-

_____

(1) Ces vers appartiennent au *Grécisme* d'Évrard, cap, xvii, v. 7 et 8.

nere et tunc exigit accusativum casum ; ut : « Avertor cri-
mina. » Unde versus :

> In vi passivi notat avertor removeri,
> Si sit deponens designat spernere, tuncque
> Accusativum poscit jungi sibi casum (1).

Pandam ; pando, dis ; componitur de pando, dis, et facit
præteritum pandi et pansum in supino. Unde versus :

> Pando, pati, pa......

Domum. Hæc domus a dama græce, quod est turris latine,
ut dicit Isidorus.

Anglia ; inde Anglicus ; ab anda, quod est stercus (2) ; vel
ab angue, quia pungit cum cauda, sicut anguis ; vel ab
angulo ; vel ab angelus.

Optabam, ab opto componitur, et cet.

Nota quod *In* pluribus modis accipitur, ut patet per hos
versus :

> In notat usque, supra, contra juxtaque diuque (3).

Gallia, a gallo populo et est æquivocum. Versus :

> Gallus avis, Gallus populus Gallusque poeta.
> Est fluvius Gallus presbyterumque notat (4).

Condictum est brevis et communis sermo, a condico,
condicis, et illud a cum et dico, cis.

Rescribo, a re et scribo, bis.

*Papæ! autem, inquies, o mi Anselme, ut jam video,
quorsum hoc tam scabrosum orationis respicit initium ?
Ego autem, si forte quotidiani cibi satietatem acido sa-
pore relevare te delectat, scriptiunculæ istius incœptæ
materiam, causam et modum paucis verbis, adverte, et
tibi pandam. Domum quam in Angliam a Gallia rediens*

---

(1) *Grécisme,* cap. xvii, v. 4-6.

(2) C'est pourquoi d'autres scoliastes interprètent ainsi le nom
latin d'Angers, *Andegavum : Stercora avium. Anda* ne signifie
stercus dans aucune langue à nous connue. Il est probable que
c'était, pour nos scoliastes, un mot celtique.

(3) *Grécisme,* cap. xxiv. 160.

(4) C'est-à-dire un « curé », vulgairement appelé « coq de paroisse. »

*adire optabam, qualiter adierim et qualem invenerim
ecce ex condicto conscribo.*

Notre scoliaste prouve, en citant le *Grécisme,* qu'il
a vécu longtemps après Adam du Petit-Pont. Nous
le plaçons, par conjecture, dans le première moitié
du XIIIe siècle. Si c'était quelque maître ès arts, évidemment il ne savait guère les choses qu'il faisait
profession d'enseigner.

Poursuivons maintenant la transcription du texte,
dont M. Scheler n'a pas eu la bonne fortune de rencontrer une copie facilement intelligible. Ce texte est,
à divers points de vue, intéressant. Il y a notamment
plus d'une information à recueillir pour l'histoire
des usages domestiques et celle de la langue que les
clercs parlaient entre eux. Tous les mots de cette
langue ne se trouvent pas, il s'en faut bien, dans le
Glossaire de Du Cange, et ceux qui s'y trouvent n'y sont
pas tous expliqués d'une manière satisfaisante. Nous
emprunterons aux diverses gloses les explications
qu'elles nous fourniront sur quelques-uns de ces mots,
la glose de l'Arsenal étant indiquée par la lettre A,
celle de la Bibliothèque nationale par la lettre B, celle
de Cambridge par la lettre C, enfin celle de Bruges
par la lettre D. Les philologues jugeront ce que
valent ces explications. Voici donc la suite du texte :

Sequitur autem oratio, partim demonstrans rerum illic
inventarum formam, ut tibi res ibi inventæ innotescant,
partim evagationis imaginariæ licentiam ; ut, quoniam ru-
ralium mansionum novus effectus es possessor, et loci eli-
gendi, et ædificii construendi et rerum copiam collocandi
incomparatæ venustatis habeas exemplar. Nec mendacii
tamen argui posse videatur oratio, cum certissimum sit

licitum esse imaginationibus quarumlibet rerum comprehendere formam et oratione quamlibet imaginationis promere
comprehensionem. Sed quoniam illum planum modum
loquendi, quo in meis epistolis uti consuevi, flumini visum
humanum usquequaque in ima admittenti comparabas,
nobiliorem autem tibi dicebas videri orationem fluvio tene-
brosa profunditate stagnanti comparandam, ad arbitrium
morem tibi geram. Potest enim puri fluvii tranquillitas
hiemali incursione rivulorum turbari, et aeris lucidi sereni-
tas nubilosa densitate nebularum obvolvi. Quoniam etiam,
sed hoc rationabilius, latinæ orationis copiam in dies minui
querebaris, et quia rerum usitatissimarum nomina ignotis-
sima esse vere dicebas, ideoque jam pene obsoleta apud
eruditos, celebrari oportere asserebas, in hoc quoque ex
arbitrio tibi morem geram.

Accelerantem ergo, ut modo dicere inceperam, cum multa
morarentur, quam plurimum impediebant, inter labinas (1)
arborum recidiva gressum, arbusti flagella et cimæ intui-
tum, vepreculæ oblitantes cirmata (2) planetæ (3). Tardabat
quoque agrorum territorii circumspectio, quorum hinc
sationales, inde pascuos, istinc floreos, illinc consitos,
secundum Maronis distinctionem, internoscebam. Abundabant autem pascui bestiis, florei apiculis, sationales ovium
caulis et opilionum (4) magalibus sive mapalibus (5) ; consiti
vero quarumdam arborum surculis aliarum corticibus inter-
sertis, et quarumdam oculis (6) cum adhærente libro (7) ad aliarum ramusculos translatis. Adjacebant autem agris sationa-
libus arcifinii (8) squalidi et uliginosi juxta novalia cum

(1) C. *Le mareys.* Unde versus :

Labor labinam dat, de labo dico labi-
[nam.

(2) B. Hoc *cirma*, tis, dicitur
ploit, et sic sumitur hoc loco.
Aliter vero sumitur pro ipsa
veste quorumdam civium.

(3) B. Hæc *planeta*, *mantel*, a
planos, quod est error. Unde
stellæ errantes planetæ dicun-
ur eo quod errant et certum
locum non habent. Unde versus :

Vestes seu stellas quasdam vocitabo
[planetas.

(4) C. *De berchers.*

(5) C. *Holez.*

(6) B. Id est truncis in quibus
surculus inseritur.

(7) C. *Escors.*

(8) C. *Les foreres.* Isidorus :
Arcifinius ager est dictus quia
certis linearum mensuris non
continetur.

succidiis (1), et hi omnes accurate cardinibus et decumanis erant limitati. In his etiam glebas cernebam ante sationem runcatione nudatas, lætamine fœtas, post autem occatione fractas, occæcatione dispersas; veracta (2) vero videre tempus hiemale prohibebat. Parte vero altera, equos inter fruteta (3) in equitio vagantes, præcipuis tresdecim coloribus, secundum Isidori distinctionem, spectabiles, notare non tædebat : scilicet badios (4), aureos, myrrheos, cervinos, qui olim a vulgo garannes (5) vocabantur, gilvos vel gilinos, glaucos (6), scutulatos (7), canos, candidos, albos, guttatos (8), nigros; posterioris autem præter hos dignitatis, scilicet varios (9); postremo dosios (10) vel dosinos, cinereos, quos dignius equiferos quam equos dixerim. Præter hæc etiam numerum venatorum, generaliter quadripartitum, considerare hilarius jocundabar, vestigatores (11), indagatores (12), salatores (13), pressores. Tandem, hujusmodi circumspectione nondum satiatus, subito jam præsens metatum (14) conspicio, sed tanta admiratione ut viæ et ipsius temporis proprium spatium mihi clepsisse videretur.

Et ecce vallum aspicio, mole terræ intrinsecus rejecta, circumluvio extrinsecus velut ad ripam allidente, vallos innumerabiles sudibus vi lentatis intertextos, intervallis angustis distantes, velut munitionem sustinentes. In porta autem valvas complicabiles (15) cilli, celerrimum et introitum patere mihi video. Introeunti mihi occurrunt qui me puerum

(1) B. Succidium est *foricres* et est *souch* gallice.

(2) C. *Wares.*

(3) C. *Entre les bussoneus.*

(4) C. *Bayz.*

(5) D. *Brunisaunz.* — C. *Lyarz.*

(6) C. *Bloys.* — A. *Cheval felon.* Et dicitur quasi habens oculos pictos.

(7) B. *Vergele.* — C. *Techelez.*

(8) C. *Pomeles* vel *rechilez.*

(9) C. *Veyrous.*

(10) B. *Dosius, fauves,* et dicitur sic qui habet colorem cinereum, ut plures asini, et equus cinereus ejusdem coloris. — D. *Redoys.*

(11) C. *Traseours.*

(12) C. *Enserchours.*

(13) C. *Escorchours.* — B. Hic *salator* a sale; hic *pressor* a premo, mis. Versus :

Vestigator et indagator, pressor et ille,
Et qui salator venatorum numerus
[sunt.

(14) Voir ce mot dans le *Glossaire* de Du Cange.

(15) C. *Movables.*

viderant, in anno duodecimo jam revertentem visitantes :
primo fratres germani et nothi, nam uterinos, spurios et
favonios (1) matris monogamia me habere prohibebat ;
deinde etiam consobrini ; patrueles etiam reliqueram ibi
unde veneram ; fratueles autem materteræ non contulerat
castitas ; postremo nepotes et sobrini. Horum autem qui
mihi noti fuerant alios secundum stemmatum distinctionem
mihi indicabant. Colloquendo itaque pertransivimus vesti-
bulum amplum, ædificiis habitatoriis, repositoriis (2), ope-
ratoriis, officiariis circumdatum. Porticum demum ingressi
sumus, spatio quintanæ formæ imbulis comparandam, in qua
non lithostrata tessellis et crustis elaborata, sed ostracum
testaceum calcari videbam. Inde palatium ingredimur, in quo,
assurgentium salutationibus respondens, morionem quemdam non sine risu respicio, ut colluvio conquexerat se tetrum,
ut edulio terserat se fere immobilem, luxo genu frustra
surgere conantem et parasicastro obgannienti arridentem.

Penitiorem inde domum subeo, et ecce in abactæ (3) matris
incidi amplexus. Occurrit autem, cum glore mea adhuc
investe, matertera sororis meæ ; galus (4) et ipsa adhuc
investis erat ; quam ceteræ, quia me, ut in pueritia consue-
verat, Adam Balsamiensem (5) appellaret, nec magisterii
nomen adjiceret, corripiebant. Cum quibus omnibus sermonibus quos res postulabat collatis, ad cenam vocamur, et
ecce mœmana (6) quædam conscendimus ; et lectisternia, in
quibus discumbendum erat, simplis (7) et amphitapis (8)

(1) Voir ce mot dans le *Glossaire* de Du Cange.

(2) C. *Gardrobes.*

(3) B. *Abactus,* ta, tum, dicitur
quasi ab actu remotus.

(4) B. *Galus,* li, soror viri sororis meæ, vel soror feminæ fratris.

(5) B. Balsamum, unguentum
dulce. — Nous proposerons plus
loin une autre interprétation du
mot *Balsamiensem.*

(6) C. *Solers. Mœmana* dicuntur de mœnia, ium, ibus. Unde
versus :

Mœmana sunt dicta quia sunt hæc
[mœnibus apta.

(7) C. *De simples chalonns.
Simpla* est tapeta ex una parte
villosa, quia simpla.

(8) B. *Couverture fourrée* ; ab
amphi, quod est circum, et tape-
tum. — C. *Doubles chalonns.*
Amphitapa est ex utraque parte
villosa, et huic concordat Joannes (de Garlandia), dicens :

Amphitapan. dicas gemina de parte
[vilosam.

coornata erant. Cenæ autem apparatum ut describam non oportet ; hoc tamen me discere compellit admiratio, quod panis tria genera sunt apposita, azimus, infungia (1), placenta (2) ; item tria sunt genera potus, celia, mulsum, vinum succinatum (3) : nam lorea et passum (4) et murina (5) deerant. Ciborum quoque, quibus patria barbara utitur, similiter tria genera, taxea (6), scruta (7) ex succidiis sumpta, collustrum (8) in anaglyphis, coactum in cymbiis. Præter hæc autem vix enumerabilia ciborum genera, offariorum methodis multipliciter elaborata. Ego vero, more iter agentium, gentaculo (9) viali et merenda simplici ciborum appetitum adeo represseram ut mala ad ultimum in apophoretis allata mihi sufficerent.

Inter cenandum autem quæsivi a quodam mihi collaterali quisnam ille esset quem colomem (10), apparitorem calamistratum, cæsium (11), atratum, gypsatum ibi cernebam ; et ille respondit hunc plagiatorem, scenium (12), intentorem (13) biliosum, mulctatorem, ganeonem, oblectatorem, femellarium, buccinum (14), balbutium, susurratorem, lanistam,

---

(1) B. *Infungia*, panis acidus ; et dicitur ab *in* et *fungor*, eris, eo quod appetitum importat comedendi. — C. Sine fermento ; *Coket.*

(2) C. *Simenel.*

(3) B. Est vinum cum alio succo mixtum. — C. *Epurge.*

(4) B. *Vin de Auseire.*

(5) B. *Murina* quasi morana : id est potus factus de moris.

(6) C. *Lardys.*

(7) B. Hoc *scrutum, tripe* ; et dicitur a scrutor, aris.

(8) B. *Collustrum*, lac dulce.

(9) *Gentaculum*, gallice *matines*, a gentor, aris. Unde versus :

Gentamur mane, cenamus vespere
[facto.
Vescitur in nona, merenda tertia
[prandet.

Obsonor iratus, obsonor nocte fit
[esus.
Vespere nam sumptas obxenia dici-
[mus escas.

(10) C. Id est habentem collum longum. — B. *Colomem, champenois.* — M. Scheler propose de lire *calonem.* Sa glose traduit *colomem* par *alifé.*

(11) B. *Cæsius*, a, um, *regele* ; a cædo, dis, eo quod habet vultum cæsuris divisum, scilicet diversis maculis.

(12) C. Fallacem. — B. *Cutant* ; et dicitur a cenos, quod est umbra, quia semper quærit umbram scenius, id est nequam et infidelis.

(13) B. Hic *intentor*, ab intendo, dis, id est accuso, as. Unde intentor, id est accusator.

(14) B. *Buccinus*, a, um, id est garrulus, a bucca.

ambigium (1), volo ut cognoscas. Tunc ego subridens :
« Si vera, inquam, dicis, satis hominem hunc mihi notificas.
Sed ille quis est qui, malis inæqualibus, toxillis (2) dissi-
milibus, ocello oblongo, columna narium obliquata, pirula (3)
obtusa, pænulis (4) retractis, interfinio extante, se uno as-
pectu notabilem præbet?» Et ille : « Honestiorem, inquit,
mentis formam in indecentiori indumento nunquam, ut
arbitror, admiscuit natura. »

Post cenam autem lyricines et tibicines audire jocunda-
bamur. Deerant autem liticines, quos cum lituo cantare
dicit Judex Tesselius (5) in Lectionum antiquarum Com-
mentariis; sed etiam siticines deerant, quos apud siccos, id
est sepultos, canere Acteus (6) poeta Capito dicit in Conjec-
taneis. Post paulum autem, confabulationibus in multiplici
materia consumptis, ædificii formam admirari cœpimus. In
mænianis autem illis nihil egregie spectabile erat, præter
cæli (7) et pincellæ (8) opuscula. Quibus inspectis, phalam
ascendimus, in qua armorum diversa genera speculari
licebat. Stabant autem inter hastilia phalaricæ, torno factæ,
caicæ, quas et catejas (9) Teutones barbari nominant, pila,
venabula, lanceæ amentatæ ferratæque sudes et acuta cus-
pide conti (10). In thecis autem latentia intuebamur spicula
et scorpiones in pharetris, arcus in corytis (11), mucrones in
vaginis, pugiones in dolonibus. Gladiorum autem diversa
genera videbamus : machæras, frameas (12), spathas (13),

(1) B. *Ambigo*, latro, ab ambigo, gis.

(2) B. *Toxilla*, læ, rotunditas
genæ, et est diminutivum hujus
nominis toxus, i. — C. Anglice :
toskez, id est longis dentibus.

(3) B. *Pirula*, extrema et
acuta pars nasi.

(4) B.*Pænula*, æ, in uno sensu
est *biffe*, et sic dicitur quasi
pene nulla. In alio sensu est
pars nasi exterior. Versus :

Pænula sit vestis, pars est et pænula
[nasi.

(5) Lisez : *Cæsellius Vindex.*

(6) Lisez : *Ateius.* Voir Forcel-
lini, au mot *Siticen.*

(7) Dans le manuscrit de l'Arsenal, au lieu de *cæli*, il y a le
mot français *chisel.*

(8) Dans le *Glossaire* de Du
Cange : *pincellus*, pinceau.

(9) C. *Cateja*, secundum id
Virgilii (*Æn.*, VII, 471) :

Teutonio ritu soliti torquere catejas.

(10) C. *Perchés.*
(11) C. *Forcus.* — D. *En fureles
de quir.*
(12) C. *Gysarms.*
(13) C. *Fauchons.*

III.   14

semispathas, sicas et secures. Parte autem altera propugnacula (1) videbamus, hinc peditum clypeos, equitum scuta, cetras laureas, peltas lunares, parmas habiles, ancilia rotunda et loricas in ciliciis (2) politas, vel ex circulis textas, circumsquammatas ex laminis, sed etiam cassides ex lamina (3), galeas ex corio. Deerant tela, jacula et gladii, quorum nomina in veteribus historiis reperiuntur; hæc scilicet, soliferrea, gæsa (4), spari, ruini (5), gestri (6), mesancyla, rhompheæ, sibones (7), verutenses, clunacula, lingulæ, de quo genere Nævius in tragœdia *Hesiona* dixit : Si nemini gerere videar morem, lingulaverit lingula.

Prædicta jam satis admirati, inde discedentes hypogeum parvum respeximus et cetera ædificia, sub vallo in circuitu ordinata. Spatiando videbamus primo armamentarium ; secundo bibliothecam, sive armarium, quod idem est ; deinde basilicam, in qua analogium, pulpito scenæ quod orchestrum dicitur simile, ab antica et postica æque distabat ; juxta quod, parietinis interjacentibus vel interhiantibus, patebat xenodochium, cui planctibus impletum misocomium (8) adjacebat ; inde usque ad portam transeuntes, apothecam (9) et horrea (10), entheca multiplici referta, videbamus ; in horreis autem cylindros (11), tribulas, palas, pastinatas (12), furcillas et tessaras (13). In platea vero adjacenti, vehiculorum genera, scilicet plaustrum quatuor rotarum, rædam duarum, carpentum pompathicum, carracutium altum, capsum contextum archera (14) viscata, cophum (15) arte canistrata (16), pilentum

(1) C. *Bretaches.*
(2) C. *In ciliciis*; gallice : *Forure de herz.*
(3) A. Hæc *lamina*, *platene de fer* vel *d'or.*
(4) *Gysarms.*
(5) B. *Ruinus,* ni, a rus, is, vel eo quod ruinam faciunt. — *Ruinus* est, sans doute, pour *runæ.*
(6) Ce mot nous est inconnu.
(7) C. *Simbones.* — Il faut probablement lire *sibinæ.*
(8) Il y a *misocomium,* pour *nosocomium,* dans tous les manuscrits, et la traduction, dans B et C, est *maladrerie.*

(9) C. *Gerner.*
(10) C. *Granges.*
(11) C. *Baloys.*
(12) C. *Forche ferrés.*
(13) B. Mensura quædam. — C. Tessara est vas habens quatuor angulos ad mensurandum segetes.
(14) Voir ce mot dans le *Glossaire* de Du Cange.
(15) Peut-être faut-il lire *cophinum.*
(16) B. *Arte canistrata,* de canistra, virga vel calamus ; et, quando ponitur pro cophino, significat virgam ; vel a canistro,

matronale, quod et prætorium dicitur, basternam sine rotis.
Circumjacebant autem rurisfractiva (1), veluti aratorii uten-
silia, scilicet bures, stivæ, dentalia, falcastra, runcones,
scucidia, epiredia (2). Et jam a palatio usque ad portam
occidentalem velut semicirculum quemdam circuiveramus;
parte vero altera, in semicirculo orientali, apodentio (3)
haustra per vallem mediam aquam administrabant. In sta-
bulis equorum deinde phaleras, sagenas, quas corrupte sai-
nas (4) nominant, canteria (5), lupatos (6), sellarum
antellas et postellas deauratas videbamus; forum (7) demum introspeximus, non illum quem laxant nautæ, nec
illud quod judiciis vel nundinis deputatur, sed illud quod
calcatorium appellatur. Ex parte autem altera, qualos,
quaxillos (8), corbes (9) colaque (10) prælorum et acini (11)
acervos videbamus. Altera vero parte, lacus, trapetum,
fiscelam, amurcam. Prætereuntes autem in pisentium
ergasterio, sive ergastulo, molas, cribra, clibanos (12), rota-
bula respeximus.

In popina deinde verucula (13), crates, creagras, et fusci-
nas (14), et cocleariorum genera, ollas, patinas, patellas,
cacabos, qui etiam caucumæ dicuntur, lebetes, sartagines (15),
sed et mulgaria, labra (16), quæ etiam alvea dicuntur, pel-

tras, et est canistrare vasa facere de canistris. C. *Arte canistrata, De l'art de vergerie.*

(1) B. *Rurisfractiva,* a rus, is,
et frango, gis. — Il y a dans C
Rurisfracticii.

(2) B. *Epiredium, chivere,* cum
una rota.

(3) B. *Apodentium,* ab apo-
deo, des; unde potest dici apo-
dyterium; est locus ubi vestes
pendent ad desiccandum. — C.
La lavenderie.

(4) C. *Savinas.*

(5) C. *Fleumes.*

(6) B et C. *Chanfrains, chanf-
freyns.*

(7) B. Hic forus, ri, locus est
ubi calcantur uvæ, a forendo

dictus. In alio sensu est fora-
men per quod exit remus. Hoc
forum est ubi feruntur res ad
vendendum. Similiter et est forum ubi ventilantur causæ. Versus :

Est forus in navi, dictus forus est locus
[uvæ.

(8) C. *Petits paniers.*

(9) C. *Corbayles.*

(10) B. *Colum, li saus.* — C.
Entonneurs.

(11) B. *Acinum* est illud residuum quod projicitur.

(12) *Forne de fer.*

(13) C. *Espeys.*

(14) C. *Foynes.*

(15) C. *Granz poyles.*

(16) C. *Lavours.*

ves (1), scyphones, In angulo vero quodam, girgillus et funis cum situla et utres in puteum dimittebantur. Juxta quem stabat hinc telon (2), quod Hispani ciconiam vocant; inde ferreus harpax (3) et pyrgus (4) in quo coquebantur opacorum (5) genera, lagana (6) et artocreæ ; in alio angulo etiam nefrendes (7) cum succula in arula (8) latitantes intuiti sumus. Post hoc promptuaria intravimus, in quibus non Aretina vasa nec Samia erant, sed crisentida (9) et anaglypha videbamus : parte autem una mensoria, parapsides, patellas, discos (10), lances gavatas (11), conchas, apophoreta, salina, acetabula (12), trisiles (13). Alia parte scyphorum genera, scilicet phialas, pateras, crateres, cyathos, cymbias, calathos, calices, scalas (14), ampullas. Parte autem tertia, onophora, flaccas (15), lagenas (16), situlas, cantharos, hydrias, catinos, orcas, urceos, urceolos, sina, cereolas (17), dolia, cupas, olearia, emicadia (18), scortias, lenticulas; in perticis autem appendebant toralia, mappæ, mantilia, gausapæ, manutergia, facitergia. Inde egressi, ad vel in palatium regredimur; et erat sartitectoris, non cementarii artificio, ex scindulis, non ex lapidibus per succedines (19) et per epiros (20) conjunctum vel compactum. « Quid ergo, inquit consobrinorum qui venerat unus, cum

(1) C. *Basynz.*

(2) D. *Tumberels.*

(3) B. *Croc.*

(4) B. Parvus furnus. — C. et D. *Furn.*

(5) B. *Opacum,* i, *flaon;* et dicitur ab ovo et pane et caseo.

(6) B. *Turtel.* — C. *Lagana* dicitur de latus, a, um, et ago, is. Versus :

Lagana erunt sarti panes, sartagine
                               [cocti.

(7) B. *Porcel.* — C. *Porceus.*

(8) B. Diminutivum de ara.

(9) C. Vasa deaurata.

(10) C. *Esqueles.*

(11) B. *Gates,* quasi cavatas. — C. Cyphos monachorum.

(12) C. *Saucers.*

(13) Voir le *Glossaire* de Du Cange. — C. *Tresteus.* Trisiles sunt vasa stantia super tres pedes.

(14) B. *Scalas, masclins.* — D. *Duble cupe.*

(15) B. *Flacca,* æ, *hanap plat,* a fluo, is, eo quod de tali vase vinum defluit.

(16) C. *Galonns.*

(17) B. *Cereolas,* vas corneum, a ceros, quod est cornu.

(18) Voir le *Glossaire* de Du Cange. — Dans C. *Semicadia,* avec cette annotation : Vas dimidium cadium continens.

(19) C. *Succedines,* id est cavillas. — D. *Par panns.*

(20) B. *Clou.*

tu sis natione Anglicus, patria Balsamiensis (1), genere
Belvacensis (2), mansione, jam diutiori quam voluissem,
Parisiensis, numquid alicubi rurale ædificium huic simile
vidisti ? Nonne tibi, si fieri posset, honestius judicares rure
paterno frui quam salarii lucello addictum fuisse ? » Tunc
ego, subridens : « Interrogationibus, inquam, istis duabus
et tam longis et pluscula meditatione circumvolvendis tam
subito respondere non aggredior, præsertim trapezitæ triviis
carens. »

Sed jam, circuitu pergirato, ab occidentali domus fronte,
qua prius in mæniana introivimus, ad orientalem partem
nunc a promptuariis venimus; egredimur deinde a latere
septentrionali, ubi ostium patebat, meridiano quo primo
introiveramus oppositum, et, thalamum a latere dextro
inspicientes ultra virgultum, genethæum (3) a longe pro-
spectum prius adivimus, in quo telarum stamina, tramas,
insubulas, licia (4), radios, panulos (5) videbamus,
globellos (6) etiam et mataxas (7), alibra, calathos, qui
magis latine quasilla dicuntur, pensis plena, lanam et
etiam linum, byssum (8) et cannabum (9), fibrinum (10),
sericum, placium (11). Inde revertentes, thalamum velo
et auleis, non cortina et cilicio, ornatum, ingressi
sumus, in quo, cum primum intueremur et vehementer
admiraremur vestes expositas, materia, textura, colore,
specie differentes, primo intuiti sumus differentes mataria,
sericas, bombycinas, olosericas, tramosericas (12), leucose-
ricas, byssilineas (13), linostinas (14), fibrinas, melotinas (15),

(1) C. De patria balsami.
(2) C. *De Beuvey.*
(3) B. *Genethæum,* a genet,
mulier ; est enim genethæum
domus mulierum laboratorium.
(4) C. *Licia,* anglice : *hevel
yredes.*
(5) C. *Broches.*
(6) C. *Globellos, glaceus.*
(7) C. *Mataxas, cerences.*
(8) C. *Byssum, cheysil.*
(9) C. *Champfre.*

(10) C. *Camelot.*
(11) B. *Placium, estupe ;* a pla-
ceo, es, quia minime placet.
(12) B. Vestis cujus trama est
de serico.
(13) B. De serico et lino.
(14) B. Quasi lineum stramen
habens.
(15) C. Vestis *melotina,* quasi
vestis tota de ovibus. Dicitur
etiam vestis melotina de melotis,
gallice *tesun,* anglice *brocke.*

quas manellas (1) vocant ; textura, trilices, rallas, acupictas, jaculatas, levidenses, pannidenses (2), segmenta (3), licinia (4) (interpolæ autem et pannuciæ (5) deerant ;) colore, polymitas, rosatas, coccineas, hyacinthinas, masticinas (6), oloforas (7); specie, tunicas manuleatas, colobia, levitonaria (8), armillansas, lumbaria (9), limos, tibilia vel tibiacos (10). Harum autem vestium pleræque exoticæ erant. Deerant tamen sarabaræ (11) Parthorum, Gallorum ligneæ (12), Germanorum renones (13), quos vulgus vocabat reptos antiquitus, Hispanorum stringes (14), Sardorum mastrugæ. Sed etiam palliorum genera intueri licebat : togam candidam, palmatam, trabeam, paludamentum, diploidem, pænulam, lacernam, mantum, prætextam, planetam (15), casulam (16). Deerant birri et melotes; feminarum vero pallia, regilla, pepla, palla, rechidigna (17), quæ græce stolæ vocantur; anaboladia deerant, et amiculum et teristrum (18), sive operculum. Inde aperta est quædam archa, quæ reticulas multimodas continebat; sed jam crepusculo noctem prænuntiante, ut liberius singula intueremur sunt accensa lacunaria, lugubræ (19), sive cruciboli, laternæ (20), cerei, lignis vel liciniis perustis scinduli (21) flammantes. Continebat autem archa quam aperue-

(1) B. *Manella*, a manu, quia manu debet teneri.

(2) B. *Pannidenses* ; vestis spissa, et dicitur quasi pannus densus.

(3) B. *Segmentum*, i, est vestis nobilium, extendens exterius habitum interiorem.

(4) B. *Licinium* vestimentum deauratum , et dicitur quasi lucens a lucendo.

(5) B. *Radoubé*.

(6) B. *Masticinus*, a, um, a mastiche, et dicitur *vesture de bleu*.

(7) *Oloforus*, ab olon, quod est totum, et foris, eo quod vestis ea est eadem intus et foris.

(8) C. *Levitonaria, escapelons*.

(9) C. *Lumbaria, garde corps*.

(10) B. A tibia, *brael*.

(11) C. *Sarabaræ, esclaveyns*.

(12) A. Au lieu de *ligneæ, linguæ*.

(13) C. *Renones, tabars*.

(14) B. *Stringis*, a stringo, is.

(15) Voir le *Glossaire* de Du Cange.

(16) C. *Cassulam, chape close*.

(17) Voir Du Cange, au mot *Richedipna*.

(18) B. *Teristrum*, a tero, is, *Chainse ride*. — C. *Rochet*.

(19) *Lugubra*, bræ, *chindoiles*, a luceo, es.

(20) C. *Launternes*.

(21) B. Cortex *de bouol*.

runt : apices, infulas, pilea (1), galeria (2), cyclares (3),
feminarum diademata, capitularia (4), nimbos, mitras (5),
cum redimiculis vittas, reculas, cum teniis (6) reticula (7),
acus, ansias (8), inaures, discriminalia. Et hæc omnia
ornamenta capitis erant ; colli vero et humerorum et pec-
toris, torques, bullæ, monilia, murenulæ, catellæ, armillæ,
fibulæ, limulæ (9) crurum ei perichelides (10) brachiorum.
Annulorum etiam genera inspeximus : cingulos Samothra-
cios et Thynios, sed etiam cinctoriorum genera : semitinctea,
cingula, succentoria, baltea, strophea, catilla, brachilia.
Odoramentis autem et unguentis olfactoria, pixides, ala-
baustra abundabant ; horum autem inspectione satiati in
suppeditaneis conscendimus, et, solitis colloquiis usi, hora
monente, lectos respeximus, quorum ornamenta erant
fulcra, stragula, lodices, pulvilli, culcitræ ex comento (11).
Genera lectorum erant lecticæ (12), stratoria, camæ, grabata
quæ bajonulæ dicuntur, spingæ (13) vel punicæ. Tandem
autem pernoctaturi lectos ascendimus, ceteris discumbenti-
bus, et ego quidem, calceis abstractis, vestibus exutis,
scansilia conscendi, spondæ pedem affixi, in pluteum (14) me
conjeci, et a talium rerum perspectione jam satis producta
cessat oratio.

Habes enim in his quæ dicta sunt, mi Anceline, incompa-
ratum, si in talibus fundamentis insanire velis, exemplar
et non cuilibet perspicuam qualem probabas orationem et
rerum usitatissimarum copiosam, ut desideraveras, nomi-

(1) C. *Pilea, hures.*

(2) D. *Galeria, garland de or.*

(3) B. *Galladel* gallice.

(4) C. *Chapeus de feutre.*

(5) C. *Mitras, coyfes.*

(6) A. *Tenia, chappe.* — C. *Frenges.*

(7) C. *Reticula, crespines.*

(8) B. *Crechoer.* — C. *Tresures.*

(9) B. *Limula, tassel,* diminutivum a lima.

(10) *Perichelis* ornamentum
brachiorum, a peri, quod est
circum, et cheli, quod est bra-
chium.

(11) B. *Comentum, plume,* a
quo comentatus, ta, tum ; unde
lectus comentatus lectus mollis.
— C. *De cotonn.*

(12) C. *Lecticæ, chaslit.*

(13) B. *Spinga,* a spingo, as, et
est lectus depictus.

(14) C. *Pluteum* æquivocum est.
Est enim concavitas lecti, sicut
hic, et pluteum dicitur tabula-
tum, gallice *plancheys;...* et
pluteum dicitur gallice *karolc;*
cujus modi habent monachi
cum libris, ad superponendum
incaustum.

nationem. Quod si hoc nostræ orationis crepusculum,
nubibus pene clarescentibus, serenius quam quærebas tibi
videatur, orationem ipsam mediæ noctis furvitate obductam
mittere tibi palpaturo paratus sum; sed ut aliquid non
superfluum, imo vere utile, amico destinata contineat epistola, si philosophiam de hujusmodi rebus consulas, ipsa tibi
certissime ostendet tantæ rerum copiæ incomparabiliter
esse præstantiorem cognitionem quam possessionem;
neque enim nunc ego de ea cognitione loquor qua talium
rerum species distinguuntur, neque de ea quam physici
de hujusmodi rerum natura profitentur, sed de ea qua intelligitur quam monstruosam efficaciam habeant res hujusmodi animas hominum ad sui concupiscentiam alliciendi et
a veri boni cognitione et amore abducendi. Quare, mi Anceline, illud nunquam apud temetipsum, ut quidam faciunt,
dissimula : non talia possidere, sed talibus bene uti vel
bene carere pretiosum est. Quod quidem a quibusdam philo-
logis, qui sola verba jactant, sicut nunquam credi et sicut
nunquam intelligi et etiam inutile putari, sic in illis inutile
esse sæpe a me accepisti. Valete.

Adam du Petit-Pont est-il ou n'est-il pas l'auteur
de ce texte? S'il ne l'est pas, c'est probablement un
de ses contemporains, un de ses disciples, qui l'a
rédigé sous son nom, et peut-être avons-nous, dans
ce vocabulaire de termes inusités, un précieux renseignement sur la méthode propre à l'école du Petit-
Pont. Jean de Salisbury nous dit qu'on y dédaignait
l'ancienne manière d'enseigner, et qu'on s'y vantait
d'en avoir une nouvelle :

> Si sapis auctores, veterum si scripta recenses
>   Ut statuas si quid forte probare velis,
> Undique clamabunt : « Vetus hic quo tendit asellus ?
>   Cur veterum nobis dicta vel acta refert ?
> A nobis sapimus, docuit se nostra juventus ;
>   Non recipit veterum dogmata nostra cohors.

> Non onus accipimus ut eorum verba sequamur
>   Quos habet auctores Græcia, Roma colit.
> Incola sum Modici Pontis, novus auctor in arte,
>   Dum prius inventum glorior esse meum.
> Quod docuere (1) senes, nec novit amica (2) juventus
>   Pectoris inventum juro fuisse mei.
> Sedula me juvenum circumdat turba, putatque
>   Grandia jactantem non nisi vera loqui... »
> Iste loquax dicaxque parum redolet Melidunum (3),
>   Creditur Albrico (4) doctior esse suo ;
> Corrigit errores verbosus hic Abaelardi.
>   Pellitur a nostro trita moneta foro.
> Temporibus placuere suis veterum bene dicta,
>   Temporibus nostris jam nova sola placent (5)...

Enseigner la langue latine suivant l'ancienne manière, c'était exposer les règles de la grammaire en commentant Priscien et Donat. La nouvelle consistait-elle à mettre de côté la grammaire pour s'en tenir à l'origine, au sens des mots ? Cela nous semble d'autant plus vraisemblable que les partisans de cette méthode facile paraissent avoir été nombreux au XIIIe siècle et qu'ils ont repris faveur dans le nôtre, après avoir été longtemps peu goûtés.

Nous avons maintenant à rechercher quels noms de lieux nous sont désignés par ces adjectifs *Balsamiensis, Belvacensis,* que les quatre scoliastes paraissent avoir altérés et n'avoir pu comprendre. Adam du Petit-Pont était Anglais ; sur ce point tous les biographes sont d'accord. Mais à ces mots *natione Anglicus* le texte ajoute : *patria Balsamiensis, genere*

---

(1) Ce mot est évidemment altéré.

(2) Sans doute : *avita.*

(3) Robert de Melun.

(4) Alberic ou Aubri de Reims.

(5) Joan. Sarisb. *Entheticus,* édit. Giles, tome V.

Belvacensis. Balsamiensis ne paraît pas offrir de difficulté ; *Balsamum* doit être Balsham, dans le comté de Cambridge. Ainsi Balsham serait le lieu natal d'Adam. *Belvacensis* est moins clair. M. Scheler hésite à supposer qu'il s'agisse ici de Beauvais. Nous ne le supposons pas non plus. Ne faut-il pas lire, au lieu de *Belvacensis, Beverlacensis*, c'est-à-dire de Beverley ? *Genere Beverlacensis* signifierait donc, si cette correction était acceptée, qu'Adam, né sur le territoire de Balsham, était d'une famille originaire de Beverley.

Le texte nous fournit encore deux autres renseignements sur maître Adam. Venu d'Angleterre en France, il avait habité Paris pendant douze ans, professant au Petit-Pont, dont il avait rendu l'école célèbre, et, professeur libre, nous voulons dire enseignant dans une chaire qui n'était pas officielle, il recevait de ses écoliers un salaire quelconque, *salarii lucello*. Tel était, en effet, l'usage. Un témoin nouveau nous confirme ici ce que déjà d'autres nous avaient appris.

On a conservé l'épitaphe de ce maître, qui fut vite, après sa mort, oublié. Nous la trouvons dans notre n° 152, fol. 35 :

> Nominis et culpæ primi patris hic situs heres
> Terra fit, a terræ nomine nomen habens.

Au feuillet 154 de notre volume est une seconde glose sur quelques mots du même texte. Cette glose vaut moins encore que la première. On va, dès l'abord, le constater :

Phalæ tolum et cet. Versus :

> Græce phalando lignum notat, ut phala monstrat.
> Inde phalanx venit, inde phalanga, phalangæ.
> Inde phalarica sit, pharo phalerasque phaloque.

Phalarica est *beffroi* gallice ; phalo est portitor lignorum:

> Dico phalam summum sic et cælum, quoque turrim.
> Tolla tolum donat, Tolomeum, sive Tolosam.
> Vel stolon græce, quod signat quattuor in se.

Cillantibus, a cilleo, les, quod est moveo, ves. Inde
cilium et supercilium et concilium, quia in concilio cilletur ;
vel consilium, per *s* scriptum, de sileo, les, quod est tacere.
A cileo, les, dicitur Cillenius, id est Mercurius, quia inter
omnes planetas est velocissimus ; et hœc sylliba, hæ, et non
syllaba, ne decipiatur, et est sylliba mensa rotunda quæ cito
removetur ; et cillenis et ocillum, quod est æquivocum...
Cibo. Cibus dicitur de capio, pis ; et componitur subcibo,
sicut mulieres comedunt in secreto ; et concibo, comedere
insimul ; et hoc cibutum, mensa ; cibatus, tus, tui, comestio.
Pluraliter hæ cibæ, arum, sunt decii ; et hæc Cibele, dea,
et est media indifferens. Versus :

> Dic cibus a capio, cibo, subcibo, sitque cibutum.
> Taxillique cibæ, Cybele dea, sive Cibole.

Acido, ab aceo, ces, et inde acuo, is ; sed aceo non est in
usu ; et inde hæc acia, et acis, quod idem est, et sunt instrumenta carpentarii, et acinasis, *ach* gallice, et acer arbor.
Inde acerra, vas thuris...
Aer dicitur ab a, sine, et er, per contrarium vel congrue.
Inde acripes, dis. Inde aranea, et tamen invenitur araneus ;
et aura, ræ ; et yris, quasi aer, ris ; vel yris dicitur ab ir,
palmæ propter rotunditatem ; et yrundo, volucris, quia in
aere colligit cibum suum ; et auriga, quasi verberans aera ;
et aurata, piscis, scilicet *dorée* ; ab aura dicitur aurum...

On s'est quelquefois étonné de voir les clercs du
xiiie siècle parler une langue si barbare. Il nous
semble que nous prouvons, en citant de telles gloses,

qu'ils ne pouvaient guère, étant si mal instruits, en parler une plus correcte.

Au feuillet 155, un traité, souvent copié durant le XIII° siècle et le XIV°, dont le titre est *Dieta salutis*. Notre exemplaire est anonyme, et Claude de Grandrue ne paraît pas avoir connu le nom de l'auteur : *Quem librum*, dit-il, *edidit quidam ordinis Minorum*. Ce frère Mineur est Guillaume *de Lavicea*, ailleurs *de Lanicia*, *de Lancea*. On a fait si grand cas de son livre qu'on l'a souvent imprimé sous le nom de saint Bonaventure. Mais c'est là une erreur depuis longtemps signalée. Il suffit de rappeler ici que toutes les explications nécessaires ont été données sur ce livre, ainsi que sur les thèmes de sermons et la table qui le suivent, dans le tome XXVI de l'*Histoire littéraire*, page 552.

Du feuillet 267 au feuillet 273, des gloses théologiques et morales sur des vers mnémoniques ou des maximes diverses. Claude de Grandrue donne pour titre à tout ce fatras : *Distinctiones quædam utiles ad prædicandum*. Mais, dans le manuscrit, deux titres le divisent en deux parties, et voici le premier : *In his quinque versibus notantur effectus passionis dominicæ ;* et tels sont les cinq vers :

> Multiplicat, reserat, indulcat, potat, obumbrat,
> Mortificat, vegetat, munit, trahit atque triumphat,
> Delectat, sanat, corroborat, instruit, armat,
> Excitat, extinguit, confundit, præmia reddit,
> Pacificat, mundat, redimit, dat vivere, ditat.

Tous les mots qui composent ces cinq vers léonins sont particulièrement glosés. La glose, expliquant

les énigmes que contiennent les vers, a pour objet
de montrer que le poète n'était pas sans quelque esprit.

Le second titre est *Moralitas de oratione,* et sous
ce titre figurent un grand nombre de maximes, tirées,
pour la plupart, des livres saints, touchant l'aumône,
la confession, la pensée de la mort, etc.

A la suite, de la même écriture, un sermon sur ce
thème : *Sanctificate bellum,* c'est-à-dire, qu'on l'en-
tende bien, la guerre contre le diable. Un autre exemplaire de ce sermon est, comme celui-ci, sans le nom
de l'auteur au feuillet 210 du n° 14958. Cet auteur
nous est inconnu.

Nous ne savons pas non plus à qui nous devons
attribuer le recueil de pieuses moralités sur toutes
les grâces, toutes les vertus, tous les bienfaits de la
Vierge, qui s'étend du feuillet 275 au feuillet 280.
La première phrase figure, dans la *Polyanthea Mariana*
d'Hippolyte Marracci, sous le nom de Richard de
Saint-Laurent (1), et nous croyons que les suivantes
sont toutes pillées ailleurs. D'autres copies de cette
œuvre mystique sont dans les n°s 14297 (fol. 60)
de la Bibliothèque nationale, 49 de Douai et 1601 de
la Bibliothèque impériale de Vienne.

Claude de Grandrue intitule ce qui suit : *Pulchra dicta-
mina.* Ce titre est flatteur, mais il manque de précision.
Il s'agit d'un mélange de petits poèmes sur diverses matières théologiques. Voici le début du premier morceau :

Deitatis unitatem,	Par est Patri Filioque
Personarum trinitatem,	Qui procedit ab utroque,
Christiani colimus.	Spiritus paraclitus.

(1) *Polyanthea Mariana,* p. 2, col. 62.

In personis minus, majus,	Pater, Verbum, sanctum
Infra, supra, post et prius	[munus.
Dici nefas ducimus.	Tres personæ, Deus unus,
Patri consubstantialis,	Una sub substantia,
Coæternus et æqualis	Sunt unius potestatis
Vivit unigenitus.	Et unius majestatis ;
	Una sunt essentia...

Il ne nous semble pas que cela soit, au point de vue littéraire, d'une incontestable beauté.

La poème d'Hildebert sur Marie l'Égptienne finit le volume. Claude de Grandrue donne à ce poème ce titre qui peut sembler bizarre, *Metra Zosimæ de Maria Ægyptiaca,* Zozime étant le héros, non l'auteur du poème. Mais Claude de Grandrue ne fait ici que reproduire une erreur accréditée dès la fin du xiiie siècle. Nous lisons en effet dans le *Registrum multorum autorum* de Hugues de Trimberg :

> Sequitur hunc Zozimas, auctor non ingratus,
> Per quem Ægyptiacæ Mariæ claret status.

De même, le grammairien espagnol Jean Gilles, citant le poème sur Marie l'Égyptienne, l'intitule *Zozima* (1). Les derniers vers manquent dans notre copie.

14883

Sur les feuilles de garde de ce volume, on lit quelques vers latins ; d'abord ceux-ci, que nous rencontrons pour la première fois :

> Tales exterius apparent esse benigni
> Qui sunt interius fallaces atque maligni

(1) *Hist. litt. de la Fr.*, t. XXX, p. 283.

La pensée est juste, mais elle n'est pas neuve et
n'est pas élégamment exprimée. Au revers du feuillet, les quatre premiers vers de l'épigramme bien
connue qui commence par :

Vinea culta fuit, cultores præmia quærunt...

Comme nous l'avons dit dans notre notice sur le
n° 6765 (1), cette épigramme a été publiée par Beaugendre sous le nom d'Hildebert.

Le volume commence par une préface, que deux
pièces étrangères séparent de l'ouvrage auquel elle
appartient. Nous parlerons tout à l'heure de ces deux
pièces. Le titre de l'ouvrage est, au revers du feuillet 4 : *Responsio cujusdam ad refellendam Judæorum
sententiam, seu etiam ad nostram confirmandam.* Ce
quidam est, comme l'a reconnu Claude de Grandrue,
Richard de Saint-Victor, et cette *responsio* sa réponse
au chanoine André, réponse qui, dans les éditions, a
pour titre : *De Emmanuele libri duo.* L'écriture paraît
ancienne ; elle est peut-être du XIIe siècle. Mais,
quelques feuillets du manuscrit ayant disparu, nous
n'avons plus ici que le premier des deux livres ;
encore ne l'avons-nous pas tout entier.

Quant aux pièces intercalées, ce sont deux lettres
d'Yves, évêque de Chartres. La première, qui n'a pas
de suscription, est la cent soixante-cinquième du
recueil publié par Juret. Elle est écrite à Sanson,
évêque de Worcester. La seconde a pour début : *Ivo,
Dei gratia Carnotensis ecclesiæ minister, Jo., Gemme-*

(1) Tome I, p. 320.

ticensis monasterii abbati. C'est la cent soixantième du même recueil. Il faut remarquer que, dans l'édition de Juret, cet abbé de Jumièges est désigné par la lettre O. Mais quel est cet O. ? Et quel est ce Jo. ? Dans la liste des abbés de Jumièges, telle, du moins, que l'ont dressée les auteurs du *Gallia christiana*, nous ne rencontrons, au temps où vivait Yves de Chartres, aucun abbé dont le nom commence soit par O. soit par Jo. Si donc cette liste est sans lacune, la leçon de notre manuscrit et celle de l'édition sont également fautives.

Nous avons au folio 27 un manuel élémentaire d'astronomie, de géométrie, d'arithmétique et de musique, dont voici les premiers mots : *Tempus, quod est continuum, dupliciter* (consideratur ?) *ab astrologo et computista, ut ipsi habeant diversitates et diffinitiones in tempore.* L'auteur de ce manuel ne nous est pas connu, et il est probable qu'il ne le sera jamais à personne. En ce qui regarde l'arithmétique, la géométrie, l'astronomie, on n'avait alors que des notions d'emprunt ; les professeurs chargés d'enseigner ces trois sciences ne pouvaient guère lire ou dicter que des compilations. Il n'est donc pas étonnant qu'elles soient presque toutes anonymes.

Suit une lettre de saint Jérome à Héliodore, intitulée dans notre manuscrit : *Epistola quam de eromo Cælisyriæ adolescens scripsit ad Heliodorum monachum.* Vallarsi l'a publiée, t. I, p. 28.

Il y a plus à dire sur le traité qui succède à cette lettre et que Claude de Grandrue intitule vaguement : *Tractatus quidam de confessione.* On lit à la fin de ce traité, folio 43 : *Explicit Summa magistri Pauli, fratris S. Nicolai, de Pœnitentia*, et c'est en en effet sous le nom de ce frère Paul qu'il figure dans un certain nombre de manuscrits. Nous en avons jusqu'à ce jour rencontré vingt exemplaires. Sept sont anonymes : dans les n⁰ˢ 15952 (fol. 99), 16504 (fol. 83) de la Bibliothèque nationale, 397 de la bibliothèque Palatine, au Vatican, 184 et 799 du Mont-Cassin, 3596 de Munich et 208 des *Codic. Laud. miscell.*, à la Bodléienne. Huit sont, comme celui que nous avons ici, sous le nom de maître Paul : dans les n⁰ˢ 14528 de la Bibliothèque nationale, 3238, 4586, 4782 et 9666 de la bibliothèque royale de Munich, 67 du collège Lincoln, à Oxford, 381 de la bibliothèque d'Angers et dans un manuscrit de Saint-Marc décrit par M. Valentinelli (1). Mais voici d'autres attributions : dans les n⁰ˢ 1355 et 4012 de Vienne l'auteur est nommé Raymond de Penafort, et Bérenger Frédol dans le n⁰ 1703 de la même bibliothèque ainsi que dans le n⁰ 14523 de la Bibliothèque nationale. Nous en avons enfin, dans notre n⁰ 3568, une copie moins étendue sous le nom du chancelier de Paris François Caraccioli. Il semble bien que voilà de quoi troubler l'esprit d'un bibliographe. Raymond de Penafort et Bérenger Frédol peuvent être néanmoins écartés sans hésitation ; ils ont l'un et l'autre traité la matière de la confession, mais ils l'ont fait en des écrits qui n'ont aucun rapport avec celui que leur attribuent les manuscrits cités. Restent le chancelier François et maître

______

(1) *Bibl. man. S. Marci*, t. II, p. 99.

Paul, dont l'un a certainement spolié l'autre. Mais quel est le spoliateur ? Est-ce l'auteur du traité le plus long ou celui du traité le plus court ? Cela demeure incertain (1). Quoi qu'il en soit, le traité le plus long, celui que nous offre ce n° 14883, a été récemment imprimé, sans aucun nom d'auteur, par les religieux du Mont-Cassin, dans le tome IV du catalogue de leurs manuscrits : *Florilegium*, p. 191.

A ce traité succède un tableau généalogique des vices qui dérivent de l'orgueil. Mais ce tableau n'est pas ici complet, et nous en trouverons plus loin une autre copie moins imparfaite.

Du folio 55 au folio 59, un opuscule anonyme, qui paraît incomplet, sur les droits et les devoirs des con-fesseurs. Cet opuscule commence par deux vers, qui sont ensuite commentés :

> Confessor dulcis, affabilis atque suavis,
> Prudens, discretus, mitis, pius atque benignus.

Ces deux vers, souvent cités par les scoliastes, en rappellent deux autres d'un poème attribué le plus souvent à Jean de Garlande, et néanmoins publié récemment, peut-être par inadvertance, sous le nom de Pierre de Blois (2) :

> Confessor dulcis, affabilis atque benignus
> Sit sapiens, justus, sit mitis compatiensque (3).

Nous ne faisons pas ce rapprochement, pour cen-surer un éditeur plus d'une fois pris en défaut. Notre intention, en insistant sur ces vers, est de

(1) *Hist. littér. de la France*, t. XXX, p. 409-415.
(2) *Patrologie*, t. CCVII, col. 1153.
(3) *Notices et extraits des manuscrits*, t. XXVII, 2e partie, p. 13.

montrer qu'on recommandait habituellement aux confesseurs, en ce temps-là, d'être plutôt indulgents que rigides. Ils devaient à la vérité, dans les cas graves, renvoyer le pénitent devant son évêque, ou même devant le pape. Nous avons, dans la seconde partie de l'opuscule, une assez longue nomenclature de ces cas graves, qu'on appelait réservés. Mais on ne suivait pas toujours, dans la pratique, cette procédure minutieuse. Nous ne connaissons aucun autre manuscrit de ce petit traité.

A la suite, folio 59, une somme de théologie qui paraît avoir eu beaucoup de lecteurs parmi les clercs du xiiie siècle et dont on ne sait à qui faire honneur. Cette somme commence par ces mots : *Ad instructionem minorum quibus non vacat opusculorum variorum prolixitatem perscrutari* ; elle se compose de huit chapitres, ou *tractatus*, sur les articles de la foi, les sept pétitions de l'oraison dominicale, les dix préceptes, les sept sacrements, les sept vertus, les sept dons, les sept béatitudes et les sept vices. Les copies en sont nombreuses. Nous la trouvons encore dans les nos 14976 (fol. 113), 16412 (fol. 3) de la Bibliothèque nationale, 1015 de la Mazarine, A 511 de Rouen, 303 de Bruges, 397 des *Cod. Laud. miscell.*, à la Bodléienne, 202 du collège Merton, 219 du collège Balliol. Toutes ces copies sont anonymes, à l'exception de la dernière, qui a pour titre : *Hugonis Sententiæ*. Mais ce titre est faux. Hugues, c'est-à-dire Hugues de Saint-Victor, nous a laissé des *Sentences* ; mais ce ne sont pas celles dont il s'agit ici (1).

(1) *Les Œuvres de Hugues de Saint-Victor*, p. 75.

Au folio 91, une copie, celle-ci complète, du tableau généalogique dont nous n'avons rencontré qu'un fragment au folio 54. La rubrique de ce tableau fait clairement connaître ce qu'il a pour objet de démontrer : *Ex virulenta radice superbiæ nascitur pestifera proles septem principalium vitiorum, quæ sunt inanis gloria, invidia, ira, accidia, avaritia, gula, luxuria.* On nous en signale deux autres exemplaires dans les n°ˢ 406 de Tours et 377 de Berne ; nous en avons encore un dans le n° 14957 (fol. 96) de la Bibliothèque nationale.

Au revers du feuillet 103, un très long sermon sur la nativité de la Vierge, dont la fin manquait déjà quand la description du volume fut faite par Claude de Grandrue. En voici le début : *Oportet prævenire solem...* *Cum de hodierna solemnitate, dilectissimi, ad laudem beatæ Virginis et vestri collegii utilitatem...* Quel est ce collège ici vaguement désigné ? On voit plus loin que l'orateur a pour auditeurs des *claustrales* et des *scolares*. Le collège est-il donc une congrégation de chanoines cloîtrés, c'est-à-dire réguliers ? L'orateur nous confirme dans cette conjecture, lorsqu'il traite avec tant de mépris les clercs prébendés, c'est-à-dire séculiers (fol. 110 v°) :

Attendite, vos scolares... Relinquite ventum et strepitum scientiæ sæcularis et accedite ad theologiam... Sed tamen multum timendum est theologis nostris, quia, cum prædicent humilitatem, nullo modo amplecti volunt paupertatem. Non enim sufficit eis una præbenda, et utinam contenti essent duabus, dummodo se non extenderent ad plures ! Nec sufficit eis habere libros et sufficientes expensas, nisi thesauros congregent magnos quos erogare nolunt etiam in tempore famis. Uude timeo ne theologi ignorent cui congregent ea ; imo, quod deterius est, ipsi speciales thesaurarii dæmonum efficiuntur ; et etiam quidam claustrales.

Cependant on peut objecter à cette conjecture que les mots *nostris magistris* semblent bien désigner les maîtres des écoliers qui font partie de l'auditoire, et que les professeurs séculiers de théologie enseignaient dans un lieu nommé *cloître*, le cloître Notre-Dame. La question posée n'est donc pas résolue. Quoi qu'il en soit, le sermon est très soigné, d'un style noble et généralement correct. Il appartient certainement à l'un des meilleurs prédicateurs du XIIe siècle.

Suivent divers extraits auxquels Claude de Grand-rue donne le titre de *Quædam theologicalia*. Les auteurs cités sont désignés à la marge, mais peu clairement. Les modernes le sont ainsi: Branf., Cant., Cenomanensis, Corb., Doai., Edua., Gallond., Mag. Schol., Persenna, Pict., Præposit. Nous interprétons ainsi quelques-unes de ces abréviations: Cant., *Petrus Cantor*; Corb., *Petrus de Corbolio*; Doai., *Odo de Duaco*; Persenna, *Adam* ou *Thomas de Persenia*; Pict., *Petrus Pictaviensis*; Præposit., *Præpositinus* ou *Præpositivus*, chancelier de Paris. Mais nous renonçons, après de vains efforts, à deviner les autres énigmes. L'écriture du manuscrit paraissant sont être du XIIIe siècle, tous les théologiens cités antérieurs au XIVe. Notre regret est d'autant plus vif de ne pas les connaître tous; il y a peut-être, parmi ceux dont nous ne trouvons pas les noms, quelques maîtres jadis fameux à tirer maintenant de l'oubli.

Au folio 124 commence un arbre généalogique des vertus, correspondant à celui des vices. Deux courts fragments se lisent à la suite, sous ces titres : *De correctione per flagellum alterius* et *Contra somnolentos*. Ces deux fragments ne sont composés que de sentences ou d'exemples empruntés aux livres canoniques. On usait beaucoup du fouet au moyen âge. En justifier l'usage avec des textes de l'Écriture, c'était incontestablement le rendre légitime.

Le sermon anonyme, qui s'étend du folio 125 au folio 130, est d'Absalon, abbé de Saint-Victor. Nous en avons d'autres exemplaires anonymes dans les n°ˢ 14859 (fol. 225) et 14925 (fol. 130); mais l'auteur est nommé dans le n° 14525 (fol. 180). Ce sermon se lit d'ailleurs sous son nom dans le tome CCXI de la *Patrologie*, col. 168. Absalon est un sermonnaire généralement estimé. Eh bien, il nous semble qu'il est encore plus estimable. Il avait certainement beaucoup étudié les anciens pour apprendre d'eux l'art d'écrire, et presque jamais il ne paraphrase un lieu commun sans introduire dans ses longues périodes quelque chose de personnel. C'est un des derniers orateurs de Saint-Victor.

Au folio 130, sous ce titre : *Tractatus de tribus dictis viæ paradisi*, encore un écrit anonyme dont voici les premiers mots : *Ibimus* ou *Eamus viam trium dierum in solitudinem... Vias tuas, Domine, demonstra mihi...— Quilibet dicit quod ipse vult ire in paradisum, sed pauci sciunt viam*. Cet écrit paraît avoir eu du succès, car nous en avons d'assez nombreuses copies : dans les n°ˢ 3565 (fol. 170), 3744 (fol. 25) et 15129 (fol. 268) de la Bibliothèque nationale, 1067 de la Mazarine, 1724 de Troyes, 397 de Tours et 150 de Metz. Et pourtant ce succès ne semble guère mérité. Nous allons, en effet, prouver qu'on a tant honoré, non pas une œuvre originale, mais une simple compilation.

Le n° 16505 de la Bibliothèque nationale nous offre sous le même titre, *De tribus dietis*, un traité de Robert de Sorbon que nous avons déjà cité sous le n° 3218 (1) et dont voici le début : *Ne descendas in Ægyptum, sed quiesce in terra ... — Verba sunt Domini ad Isaac, qui interpretatur risus.* Or le plan de cet écrit est, sans aucun changement, le plan de l'autre, et, dans l'un et dans l'autre, les mêmes définitions, les mêmes distinctions, les mêmes thèses, sont présentées dans le même ordre, presque dans les mêmes termes. Celui que contient notre n° 14883 est, à la vérité, le plus considérable, le plus étendu ; mais la plupart des additions qui s'y trouvent sont des emprunts faits à d'autres opuscules dont Robert de Sorbon est l'auteur certain.

Voici maintenant les preuves que nous avons pris l'engagement de fournir.

Les deux *De tribus dietis* veulent être d'abord comparés. Au folio 130 du n° 14883, les trois journées de marche entre lesquelles se partage le chemin qui mène au paradis sont ainsi décrites :

Notandum quod hæc via brevis est scientibus eam. Sunt enim in ea solum tres dietæ parvæ, quia quælibet non habet

______
(1) Tome I, p. 204.

nisi tres leucas breves, non magnas sicut illæ de Burgundia
vel Ardennia, sed sunt quasi gallicanæ, et istæ tres dietæ
sunt vera cordis contritio, vera oris confessio et vera operis
satisfactio.

C'est le plan du livre entier. Or ce plan est exposé
dans les mêmes termes au folio 161 du n° 16505.
Entre les deux textes, il y a cette unique. différence
que, dans ce n° 16505, les grandes lieues des
Ardennes sont seules citées en exemple. Robert, né,
croit-on, près de Rethel, avait plus d'une fois sans
doute, au temps de sa jeunesse, voyagé dans la
forêt des Ardennes. Sans rien conclure de l'allusion additionnelle aux grandes lieues de Bourgogne,
notons-la.

Ainsi, nous sommes avertis que les deux ouvrages
seront composés sur le même plan. Ce plan étant
indiqué dans les préambules de l'un et de l'autre, aux
préambules qui ne sont pas tout à fait semblables succèdent des chapitres qui le sont bien plus. Voici le
premier dans le n° 14883 :

Notandum quod per tria exempla apparet quod brevis est
via hæc. Primum exemplum tale est. Ecce quidam captus
est in latrocinio ita manifesto quod non potest negare ; judicatus est, ligatus, oculis bandatis ducitur ad suspendium :
Obviat ei rex quærens : « Amice, quo duceris ? Quomodo est
tibi ? » Respondet : « Domine, propter latrocinium vel fore-
factum meum ducor ad suspendium. » Dicit rex : « Amice,
doleo et misereor tui. » Quod audiens latro : « Domine, supplico vobis quod vos me juvetis. » Respondet rex : « Si vis
credere mihi et facere quod dicam tibi, liberabo te. Doleas
quod tu duceris ad patibulum, et eris liberatus. » Non esset
mirum si cito doleret et facillimum esset ei dolere. Non est
palefridus in mundo qui ita cito iret unam leucam sicut ille
doleret Sed valde mirum esset si non dolerit.

Et voici le même chapitre dans le nº 16505, fol. 161 :

Ecce dicam quam brevis est hæc via per tria exempla. Primum est tale. Ecce homo qui captus est in latrocinio manifesto ; judicatus est, ducitur ad suspendium. Obviat ei rex, quærens : « Amice, quo duceris? Quomodo est tibi ? » Respondet : « Domine, propter latrocinium meum ducor ad suspendium. » Dicit ei rex : « Amice, doleo et multum misereor tui. » Quod audiens latro, dicit : « Domine, supplico vobis quod juvetis me. ». Respondet rex : « Amice, si vis credere mihi et facere quod dicam tibi, liberabo te. » Non est dubium quin responderet : « Domine, nihil est tam grave, tam vile, quod non sim paratus facere ut liberetis me. » Respondet rex : « Amice, non imponam tibi aliquid grave ; sed sis dolens quia duceris ad suspendium et liberabo te. » Non est dubium quin talis cito doleret, et esset ei facillimum de hoc dolere.

Comme on le voit, les deux textes de ce premier chapitre diffèrent peu, et nous attestons que ceux des chapitres suivants ne diffèrent pas davantage. D'autres rapprochements ne sont-ils pas inutiles?

Mais on n'est peut-être pas certain que le texte contenu dans le nº 16505 soit le premier en date et que Robert en soit l'auteur. L'un et l'autre de ces doutes vont être levés par le nº 14883, où nous lisons. folio 180 :

Nota exemplum de quodam confessore, de quo recitat magister R., qui per triginta annos audierat confessiones et erat magnæ auctoritatis. A quo quidam quæsivit si a confitentibus aliquid quæreret de sociis quos habuerunt in peccato. Respondit quod sic, quia est circumstantia aggravans peccatum. Et cum iterum quæreret de pœnitentia quam injungebat, respondit quod injungebat dicere Psalterium, vel jejùnare, vel aliquid tale. Cui objectum est : « Amice, vos assimilamini cyrurgico qui vulnerato ad mortem in capite dicit quo bene sanabit eum et apponit emplastrum in pede ; talis enim non curat nec sanat vulneratum. » Respondit quod non, Deo placente. Tunc objecit contra eum per illud simile sic : « Aliquis venit ad vos et confitetur quod spoliavit vicinos, et vos injungitis ei quod jejunet ; est ne sanatus ? Patet quod non, quia vulnus fecit in dorso pauperis et apponit emplastrum in ore, quia non dimittitur peccatum nisi restituatur ablatum... »

Où maître Robert a-t-il fait le compte rendu de ce colloque ? Il l'a fait dans son *De tribus dietis*, au folio 168 du n° 16505. Ainsi le *De tribus dietis* du n° 16505 existait avant celui du n° 14883, qui le cite, et le cite comme étant de Robert. La démonstration est assurément convaincante. Elle ne sera certes pas infirmée par le passage suivant, extrait du n° 14883, fol, 147 :

Debet (*peccator*) considerare quod (*sacramentum confessionis*) tribuit virtutem resistendi tentationibus et multa alia bona facit quæ enumerantur a magistro R. in versibus suis. Unde versus :

> Sordibus imbutum, quamvis mala quæque secutum,
> Vera facit tutum confessio, dans sibi scutum,
> Et tribuit vires confessio ne recidivet.
> Est bene securus, fit ci confessio murus.

Les vers transcrits ici sous le nom de Robert, et que nous ne croyons pas de lui, sont tirés du texte conservé dans le n° 16505, fol. 167, et nous ne les avons trouvés dans aucune autre de ses œuvres.

A ces autres œuvres de Robert l'auteur du traité contenu dans le n° 14883 a fait, avons-nous dit, des emprunts non moins libres qu'à son *De tribus dietis*. C'est là ce qu'il nous reste à montrer. Il s'agit des traités *De la conscience* et *De la confession*, imprimés dans le tome XXV de la *Bibliothèque des Pères*, édition de Lyon. Puisqu'ils sont imprimés, la collation sera facile.

Au folio 166 de notre n° 14883, nous lisons :

Notandum quod Parisius non reputatur scolaris qui non vadit ad scolas in septimana bis vel ter, vel qui solum audit lectiones cursorias et non ordinarias. Non repetitur a magistro aliquo si capiatur a præposito vel officiali et ponatur in Castalleto vel in carcere alio. Quomodo reputabitur scolaris qui non vadit nisi semel vel bis ad scolas confessionis in anno, et qui nunquam confitetur nisi cursorie, scilicet currendo et transeundo, sicut gallus super prunas, solum aliqua peccata in grosso dicendo et multa omittendo... ?

Ce passage est emprunté presque littéralement au chapitre XIII du traité *De conscientia : Bibl. Patrum.*, t. XXV, p. 350. Notons, en effet, que certains mots changés sont tout simplement de bonnes variantes, fournies par un manuscrit plus correct que celui dont ont fait usage les éditeurs de la *Bibliothèque des Pères*, si toutefois les fautes nombreuses de leur édition ne leur sont pas, pour la plupart, imputables.

A la page suivante de notre manuscrit :

Si esset quidam magister qui daret cuilibet scolarium suorum bonam præbendam cathedralem ubicumque vellet eligere, imo dignitatem et personatum magnum, multos haberet scolares, nec locus posset eos capere, et esset maxima pressura, et alii magistri, quantumcumque probi essent, possent bene viellas suas sub banco ponere, qui nullos haberent auditores. Talis magister est Christus, qui confert bonis scolaribus suis, et solum suis, optimas præbendas, scilicet hic præbendam gratiæ, quæ prævalet omnibus præbendis de mundo, etc., etc.

Est ici reproduit presque tout le chapitre xv du *Liber de conscientia*, et, comme on le voit encore, d'après un texte meilleur. Ainsi, dans le texte imprimé, *viellas* étant remplacé par *mellas*, Du Cange s'est vu contraint d'introduire dans son *Glossaire* cet étrange mot *mellas*, employé, dit-il, par Robert en son *Livre de la conscience*; mais il s'est, du moins, abstenu, ne le connaissant pas d'ailleurs, de chercher à l'expliquer. Rétablissez *viellas*, la phrase est claire et même plaisante : « mettre sa vielle sous le banc » était un proverbe qui voulait dire se taire, renoncer à parler. Nous l'avons plusieurs fois rencontré.

Il nous serait facile de multiplier ces citations. En fait, presque tous les passages notables des traités *De la conscience* et *De la confession* ont été, sans trop de contrainte, introduits dans notre *De tribus dietis* : sans trop de contrainte, disons-nous, car la matière de ces trois traités est à peu près la même ; il s'agit en effet uniquement, dans les uns et les autres, de recommander aux pécheurs la pénitence, aux confesseurs la scrupuleuse observance de tous leurs devoirs.

Eh bien ! n'a-t-on pas d'abord été tenté de croire que Robert, craignant de n'avoir pas assez bien indiqué ni dans son *Iter Paradisi*, ni dans son traité *De tribus dietis*, ni dans l'écrit sans titre que contient notre n° 3218, le chemin si court, dit-il, et si facile qui conduit au paradis, et jugeant que son itinéraire n'engageait pas suffisamment à faire le voyage, l'a remis une quatrième fois sur le métier et rendu plus digne du sujet en l'ornant de fleurs cueillies par lui-même dans ses propres domaines ? Si l'on a fait cette conjecture, on a déjà dû la soupçonner fausse en voyant l'auteur de l'écrit antérieur désigné par l'initiale de son nom dans l'écrit postérieur. Il a toujours été contre l'usage de se nommer à la troisième personne comme auteur d'une œuvre que l'on cite. Or nous allons de nouveau voir Robert plusieurs fois mis en scène dans notre livre anonyme, non seulement pour avoir écrit des livres édifiants, mais encore pour avoir dit certains mots jugés plaisants et dignes d'être conservés. On lit au fol. 166 :

Multi simplices, qui papelardi et beguini vocantur a sapientibus mundi, sive sint de sæculo sive in religione, sapientiores sunt, quia frequentius et diligentius confitentur, sicut patet ad sensum ; unde propter hoc vocantur papelardi et beguini. Sed, sicut dicebat magister Robertus de Sorbonio, si tales vocarentur « chavace (1) » et alio vili nomine, non curarent, dum tamen non essent tales.

Cela n'est extrait d'aucun livre de Robert ; c'est un de ses propos, raconté, comme il semble, par un auditeur. Voici maintenant une autre citation d'un de ses livres, qui, faite sous son nom, ne peut en conséquence l'être par lui-même. On la trouve en ces termes au revers du folio 178 :

(Dixit) magister Robertus quod ipse vidit quemdam qui, quando erat cum beguinis, sive cum magnis papelardis, habebat magnum supertunicale rotundum cum manicis ; quando erat cum mundanis, habebat supertunicale de bruneta, fissum ante, sine manicis, furratum de vario. Unde qui videt tales non debet tacere, sed debet monere eos, etc., etc.

(1) Ce mot n'est pas dans le *Dictionnaire* de M. Godefroy.

Cette historiette est racontée par Robert dans le chapitre VIII du *Liber de conscientia*; la citation est à peu près littérale. Plus loin, au folio 182, cette autre anecdote, tirée, non d'un livre de Robert, mais peut-être d'un de ses sermons :

Ponebat exemplum magister Robertus de Sorbonio de domina Daudenarda quæ maximam pœnam posuit ad retrahendum alios de statu peccati ad statum gratiæ et specialiter circa mulieres quæ peccato luxuriæ se exponebant. Unde instituit domum in qua ponebat hujusmodi mulieres, quando per se aut per suos adjutores poterat eas retrahere. Accidit autem quod, audita fama ejus, magister Robertus visitavit eam et quæsivit qualiter se habebat tale negotium. Illa vero dolens respondit quod non prosperabatur multum ; et, cum quæsivisset causam, respondit quia, quando maximam curam et laborem per se et per alios apposuerat in retrahendo eas a peccato et magnos custus, sæpius accidebat quod illæ in quibus majorem pœnam apposuerat cito post recedebant et redibant ad peccatum : et inde multum dolebat quia totum amittebat. Magister Robertus audiens dixit illi dominæ : « Ostendo vobis quod, quando recedunt, nihil amittitis, sed quod plus et majus lucrum habetis de illis quæ recedunt quam de illis quæ remanent ». Primum ostendit per exemplum suprapositum de operatore in vinea ; scilicet qui fecit dietam suam habet mercedem, quiquid sit de fructu. Sic in proposito, quando facit quod est in se. Ideo dicit beatus Bernardus : « Fac tu quod tuum est, nam Deus quod suum est absque tua sollicitudine et anxietate curabit ». Secundum ostendit per hoc quod ubi major labor ibi majus lucrum ; sed plus laborat sollicitudine et dolore cor de illis quæ redeunt ad peccatum quam de aliis quæ remanent et perseverant in bono. Unde Augustinus... et beatus Bernardus : « Quos corrigere nequeo quasi superimpositum onus porto » ; et ita plus meretur quam si perseverent. Idem ostendebat sic : de illo opere bono de quo minus habetur de honore sive gloria in præsenti plus habebibur in futuro ; sed de illis quæ recidivant minus laudatur in præsenti. Quod si omnes remanerent, haberet majorem laudem humanam et ex

hoc forte vanam gloriam, et ita minus haberet de præmio.
Hæc audiens bona domina consolata est et proposuit quod
non cessaret facere quod in se est, attrahendo eas ad
bonum, quidquid accideret (1).

Nous pourrions indiquer d'autres passages de ce
livre où Robert est nommé; mais il nous semble que
ces autres citations seraient jugées superflues. Il
est assez prouvé que l'œuvre est d'un compilateur
qui, professant pour les écrits de Robert une estime
toute particulière, en a fait un seul de plusieurs,
avec l'intention de composer un plaidoyer complet
en faveur de la confession. On pourrait, à la vérité,
le qualifier d'effronté plagiaire s'il avait édité ce
plaidoyer comme sien, sous son nom; mais il ne l'a
pas fait. Tout ce qu'il nous apprend de lui-même,
c'est qu'il vivait encore quelques années après Robert.
Parlant en effet d'un convertisseur jadis célèbre,
qu'on appelait Bosquet d'Arras, il dit de lui, fol. 188 :
*Sicut accidit tempore magistri Roberti de illo qui
vocabatur Bosquet de Atrebato, qui multos convertit.*
Si l'on rencontre dans le livre de notre anonyme
plusieurs narrations qui sont peut-être originales,
elles ne méritent guère d'être citées. Seraient-elles
encore jugées édifiantes ? Nous en doutons; mais
certainement elles seraient lues sans agrément, étant
rédigées sans esprit. Nous soupçonnons d'ailleurs
que l'auteur les a contées, pour la plupart, d'après
autrui. Ainsi nous avions déjà lu cette aventure d'une
jeune fille d'Angers qui, pour avoir aimé trop le bal,

____

(1) Nous avons corrigé sur le nº 3565 quelques mots de ce fragment.

fut si cruellement punie par le diable (1). L'auteur
en a fait l'emprunt au traité *De septem donis* d'Étienne
de Bourbon (2).

Au feuillet 164, une citation de quelque intérêt
pour l'histoire littéraire, l'épitaphe de maître Nicolas
de Paris, que nous avons publiée sous le nº 11412 (3).
C'était, croyons-nous, un canoniste en son temps re-
nommé; mais il est aujourd'hui bien peu connu.

Après ce traité *De tribus dietis,* le manuscrit nous
en offre un autre, pareillement anonyme, intitulé
Liber conscientiæ. Quoique beaucoup plus considérable
que l'écrit de Robert qui porte le même titre, ce *Livre
de la conscience* est moins original et d'une lecture
moins plaisante. On y rencontre aussi des extraits
de Robert, mais reproduits assez librement. Ce ne
sont pas, comme dans l'écrit précédent, des copies
littérales. Ici l'on imite; on ne pille pas.

Suppose-t-on que Robert a lui-même ainsi modifié,
développé le texte primitif de son *Livre de la conscience,* publié dans la *Bibliothèque des Pères?* Nous
allons facilement démontrer que cette autre conjecture serait pareillement fausse. On lit en effet au
folio 223 :

Aliqui negant Deum multoties pro pulice. Rex Ludovicus
et magister Robertus de Sorbonio dicebant quod illud dubi-
tandum erat specialiter ne aliquando Ecclesia pateretur
persecutionem, quia in tali blasphemia fit aperte Deo
injuria.

(1) Fol. 162.
(2) Lecoy de La Marche, *Anecd. hist., lég. d'Étienne de Bourbon,*
p. 161.
(3) Tome II, p. 44.

Cet écrit est donc postérieur à Robert. Deux anecdotes racontées d'après frère Bonaventure, qui mourut, ainsi que Robert, en 1274, prouvent pareillement que ce *Livre de la conscience* fut composé dans les dernières années du XIIIe siècle. Notons en passant que ces anecdotes, qui se lisent aux folios 221 et 228, sont de vrais contes de bonne femme. Oudin prétend que l'on a calomnié saint Bonaventure en le disant auteur de plusieurs écrits où se trouvent bien d'autres fables semblables. Nous voyons ici, non sans regret, que les contemporains du saint docteur ne doutaient pas de sa crédulité.

Mais laissons ces anecdotes et passons à d'autres. Il y en a d'assez nombreuses dans notre *Livre de la conscience*. Quelques-unes, à la vérité, n'ont pas eu pour nous et n'auraient pas pour nos lecteurs l'attrait de la nouveauté. Ainsi nous ne transcrirons pas la fable romanesque de la jeune princesse délivrée par un chevalier qui meurt en combattant pour elle et qu'elle pleure après sa mort avec une si constante affection. Nous aurons à citer deux textes de cette fable, l'un d'Albert de Metz, l'autre de Guy d'Évreux, et celui que nous avons ici n'offre aucun détail particulier. Mais une autre historiette, qui concerne Maurice, évêque de Paris, doit être reproduite; si l'aventure qu'elle rapporte n'est pas moins connue, la date du récit est un argument à faire valoir contre la critique qui l'a rendue moins digne de créance. Nous lisons au folio 228 :

Exemplum de quodam episcopo Parisiensi, scilicet Mauricio, qui prius fuerat pauper clericus et habebat matrem multum pauperem. Qui clericus pauper bene addiscit et bene vixit, ita quod fuit electus in episcopum Parisiensem. Mater sua pauper, sciens hoc, venit Parisius videre filium ; quam bene ornatam vestimentis pretiosis, et sibi accomitativam bene honestam de mulieribus Parisiensibus, noluit recognoscere nec cameram exire. Dicebat enim quod habebat matrem pauperem, non divitem. Ipsa autem deposuit vestimenta illa pretiosa et induit suum supertunicale grossum, accipiens baculum in manu, sine comitativa venit ad domum episcopi, et nuntiatum fuit episcopo quod mater sua venerat in dicto habitu. Tunc episcopus, exiens cameram et currens, projecit brachia super collum matris et dixit quod ista erat mater sua.

Le fait avait été raconté par Du Boulay d'après un sermon qu'il attribuait à saint Bonaventure. Mais, avait dit Casimir Oudin, Du Boulay s'était ici bien trompé, le sermon étant, non pas de saint Bonaventure, mais de certain Godescalc Hollen, qui vivait dans la seconde moitié du xve siècle; et M. Daunou n'avait pas, sur ce point, contredit Casimir Oudin (1). Quel que soit l'auteur du sermon, voilà le fait relatif à Maurice attesté par un contemporain de saint Bonaventure, après l'avoir été par Étienne de Bourbon d'après Jacques de Vitry (2). Qu'on n'en doute plus.

Encore d'autres anecdotes, qui ne méritent pas toutes autant de confiance. Au revers du feuillet 206 :

Narratur quod quidam fuit episcopus probus homo ; et ibi erat quidam archidiaconus invidus, (qui) anhelans multum ad episcopatum, dolebat multum de illo episcopo sene quod tam vivebat. Iste archidiaconus ingeniavit qualiter posset episcopum interficere, et posuit quosdam lapides multum magnos super ostium cujusdam portæ veteris per quam ipse

(1) *Hist. littér. de la France*, t. XV, p. 151.
(2) *Anecd. hist. d'Étienne de Bourbon*, p. 231.

episcopus ibat ante alios canonicos ad matutinas, ut, antequam dicerentur matutinæ, diceret orationes de beata Virgine et illa quæ habebat dicere. Contigit quod ille episcopus, mane ·volens ire ad templum, ut solebat, venit ad
portam, et, porta illa aperta, lapides illi ceciderunt super
caput et mortuus est. Ille archidiaconus, sive per fas sive
per nefas, fuit episcopus. Qui festum suum cum ma-
gnatibus quos invitaverat (celebrans), sedebat in mensa
et habebat quemdam militem scindentem coram se. Flexis
genibus qui existens raptus fuit, et, videns quemdam judicem cum magna multitudine, vidit etiam episcopum interfectum, prædecessorem domini sui, qui sanguinolentus,
tenens cerebrum suum intra manus suas, adducebatur a
beata Virgine coram illo judice, filio suo; quæ dixit : « Fili,
ecce meum athletam et servientem meum, qui male interfec-
tus fuit a quodam qui modo tenet episcopatum suum. Precor
quod vindices eum. » Judex respondens dixit illi militi :
« Vade et cites dominum tuum coram me, et dices quod, te
audito, statim veniat ad me. » Qui miles, rediens ad se, et
quasi evigilatus, incœpit clamare ita fortiter quod omnes
timuerunt sedentes in mensa, et etiam episcopus petiit ab eo
quid habebat. Qui dicit quod viderat talem judicem et episcopum interfectum cum beata Virgine ; qui judex mandave-
rat sibi quod iret ad eum ; et statim, audita voce militis,
ipse episcopus mortuus est subita morte.

Le narrateur aurait dû nous apprendre le lieu de
la scène et le nom de cet archidiacre accusé d'avoir
tué son évêque. Ainsi la légende aurait pu servir à
l'histoire. Le folio 217 nous ramène à Paris :

Quidam conversus, probus homo, quondam Parisius petiit
a pluribus magistris simul congregatis unam quæstionem,
scilicet quid esset magis utile, aut aliquem hominem addiscere quod nescit, aut facere quod scit. Qui responderunt
quod est utilius facere id quod scit homo quam addiscere id
quod non scit. Qui statim conclusit eis quod erant stulti et
dementes, quia veniebant Parisius de partibus diversis, di-
mittendo parochias et præbendas, et studebant unam lectio-

nem quam nesciebant et postea aliam et sic deinceps, et ita addiscebant quod nesciebant. Sed dixit eis conversus : « Vos (melius esset) facere id quod scitis, scilicet vivere et facere secundum verba Dei ; et hoc est Dei sapientia vera. »

La narration suivante, qu'on lit au folio 220, nous montre que, parmi les maîtres de Paris ou d'ailleurs, d'autres que frère Bonaventure ne se faisaient pas scrupule d'inventer des contes puérils pour prouver la grande puissance du diable :

De caracteribus hebemus exemplum quod quidam magnus magister in theologia recitavit. Dicit enim quod quidam juvenis puer fuerat cum quadam juvencula ad scolas grammaticales, quæ intravit religionem et fuit monialis. Juvenis venit Parisius et fuit magister ; et tunc accidit quod iste magister recessit ad partes, et, transiens satis prope illam abbatiam, cogitavit quod iret visum illam monialem cum qua fuerat ad scolas in juventute. Ergo fecit. Tunc illa magnum festum fecit ei, petens ab eo si sciret facere aliquas scripturas per quas poterat (*sic*) aperire portas abbatiæ et ire extra quando vellet de nocte. Qui, nesciens penitus aliquid, finxit se scire, sicut multi faciunt, et dixit ei quod apportaret pergamenum, et incœpit facere scripturas et scribere infra, et cum nihil penitus sciebat de hoc. Tunc illa accepit scriptum et iste recessit. Tunc illa, volens tentare scriptum suum et habere fiduciam in eo, de nocte venit ad ostium quod erat valde bene firmatum et tangit (*sic*) id scripto suo. Statim, diabolo operante, non propter libellum, apertum est ; et cogitavit quod esset bonum scriptum. Sic fecit pluries. Tandem accidit dictum magistrum Parisius venientem verti adhuc ad abbatiam, et dicta monialis maximum festum fecit ei, et, trahens eum ad partem unam, dixit sibi quod fecerat valde bonum librum (*sic*) per quem aperiebat ostium : sed dixit quod erat semper in dubio ne aliquis veniret et inveniret illud ostium non firmatum ; ideo precabatur eum quantum poterat quatenus sibi faceret aliud scriptum per quod ostium firmaretur. Qui stupefactus et sciens quod virtute diaboli hoc fiebat, non virtute scripti, dixit : « Affer mihi scriptum et faciam aliud. » Quæ tradidit et ipse projecit in ignem.

Nous transcrirons encore le récit d'une légende saxonne, où l'on voit qu'il était habituel, en Saxe comme en France, de danser le dimanche dans les cimetières. Notre auteur, après s'être très vivement exprimé sur la danse en général, propose cette étymo- logie du mot « carole » : *carens omni lege*. Est-elle plus ingénieuse qu'elle n'est vraie ? Quoi qu'il en soit, voici la légende saxonne, qu'ont aussi racontée, mais en d'autres termes, Guillaume de Malmesbury et Wilham de Waddington (1) :

Quidam frater de Sancto Victore, qui erat natus in Saxonia, dixit quod illis partibus contigerat quod in quadam villa erat festum cujusdam sancti, et (cum) presbyter erat indutus armatura Dei et prædicabat parochianis, multi et multæ choreizabant in cæmeterio, quod est valde inhonestum, et ipsos impedientes sermonem suum, sive divinum, monebat pluries quod dimitterent choreas ; qui, nolentes dimittere propter monitionem suam, magis templo appropinquave- rant. Tunc iste sanctus homo rogavit Dominum ut ipsi du- cerent semper choreas usque ad annum, nec comederent nec biberent, ut alii inde exemplum acciperent ; et factum est ita, et sic coeuntes anno revoluto, eodem die, ceciderunt incinerati (2).

Nous ne saurions indiquer un autre exemplaire de ce livre. Faut-il s'en étonner ? Il est d'un clerc peu lettré, qui parlait un latin très incorrect et qui, d'ail- leurs, manquait d'esprit. Si nous ignorons son nom, nous connaissons, du moins, sa patrie. Il était fran- çais ; ce que nous prouvent quelques quelques cita-

(1) *Hist. littér. de la France*, t. XXVIII, p. 203.
(2) Fol. 225.

tions de proverbes français et les fréquents gallicismes qu'on rencontre dans son mauvais latin.

Après ce livre, de la même écriture, un autre traité de morale, sans nom d'auteur, intitulé : *Tractatus de septem speciebus homicidii interficientibus animas hominum*. Ce sont, cela va sans dire, les sept péchés capitaux. On a lieu de croire que ce traité fut plus estimé que le précédent, car il en existe au moins une autre copie, pareillement anonyme, dans le n° 453 de Douai. Nous constatons cette préférence sans nous l'expliquer. Les deux écrits peuvent être, en effet, définis, l'un comme l'autre, un assemblage plus ou moins bien ordonné de sentences, d'anecdotes pillées partout, et quelquefois abrégées, plus souvent paraphrasées dans un style qui n'a rien de littéraire. Des pages entières du premier *De tribus dietis* sont même ici trancrites.

Un dernier mot sur ces trois traités, *De tribus dietis*, *De conscientia*, *De septem speciebus homicidii*, qui sont rapprochés ici les uns des autres et se ressemblent tant. Notre opinion est qu'ils sont du même auteur, un respectueux disciple de Robert de Sorbon, qui avait beaucoup lu quelques théologiens, saint Augustin, saint Jérôme, saint Grégoire, saint Bernard, mais avait trop négligé les études propres à la faculté des arts. Parmi les propositions condamnées par l'évêque Étienne Tempier se trouve celle-ci : *Quod nihil plus scitur propter scire theologiam* (1). Comme il paraît, il y avait alors quelques gens qui se plaignaient de voir

____

(1) *Bibl. Patr.*, t. XXV, p. 335 (cap. XI, art. 4).

les autres sciences sacrifiées à la théologie. Notre
auteur se plaint, au contraire, de ce que la théologie
n'est plus assez en honneur :

Aliqui tot annis sunt discipuli Aristotelis vel alterius philosophi quod in illa scientia fiunt decrepiti ; sed debemus
immorari solum in aliis scientiis a theologia quousque simus
dispositi ad eam audiendam.

Eh bien ! le conseil qu'il donne aux autres, il se
l'est donné certainement à lui-même ; il a rompu de
très bonne heure avec Aristote et même avec Donat,
pour se vouer plus tôt et tout entier à la théologie ;
mais il est résulté de cela que, bon moraliste, il est
très mauvais écrivain.

14884

Nous avons d'abord ici le gros traité de Pierre,
abbé de Moutier-la-Celle, intitulé *De Panibus*. Le
nom de l'auteur se lisant en tête de l'épître dédicatoire, il n'y a pas à le rechercher. Mais deux
remarques sont à faire sur l'édition de cet écrit que
contient le tome CCII de la *Patrologie*. Dès le début
elle est fautive. On ne comprend pas ces mots :
Quia multum altitudo et ardua est. Lisons avec
notre manuscrit : *Quia montium altitudo.* L'auteur
n'essayera pas, dit-il, de gravir des montagnes escar-
pées et nuageuses ; il restera prudemment dans la
plaine. Notre seconde remarque est sur la fin du texte
édité. Il manque à cette fin plusieurs pages que l'écrivain paraît avoir rédigées avec un soin tout particu
lier. C'est sa péroraison.

Nous avons ensuite, au feuillet 86, d'une écriture plus récente, une courte note sur l'Assomption de la Vierge, et, du feuillet 89 au feuillet 97, des définitions théologiques auxquelles Claude de Grandrue a donné ce titre : *Notulæ et distinctiones quædam morales, cum quibusdam versibus.* Les vers sont quatre petites pièces dont voici la première :

> Anatole, disis, arctos, mesembrio (1), mundi
> Quattuor hæ partes esse loquuntur Adam.
> Anatole dedit A, disis D, contulit arctos
> A, mesembrio M ; collige : fiet Adam.

La seconde est cette épigramme dont le fond est banal et la forme peu correcte :

> Facto de limo patre primo, tempore primo,
> Nascitur ex costis illius uxor et hostis.

La troisième,

Mens mala mors intus, malus actus mors foris, usus...

a été publiée dans les œuvres d'Hildebert ; col. 1228 de l'édition de Beaugendre. La quatrième est une énigme ; la cinquième,

> Ære luo pignus, cruce pœnas, luce tenebras,
> Dicitur et luere quando salitur ovis...

est le début d'un glossaire métrique que nous avons dans le n° 5009.

Au fol. 97, un fragment de quelque traité sur les sacrements. Ce fragment concerne la pénitence. Au fol. 106, le manuel des confesseurs intitulé *Correptor*, ou *Corrector.* D'autres copies anonymes sont dans les n°s 3572 (fol. 157), 12315 (fol. 43) de notre Bibliothè-

(1) Voir l'explication de ces mots dans le *Glossaire* de Du Cange.

que, 853 de l'Arsenal, 229 de Toulouse, 300 de Chartres, A 118 de Dresde. Charles de Visch avait confondu ce pénitentiel avec celui d'Alain de Lille. Oudin a montré son erreur (1); mais il ne l'a corrigée qu'à demi, n'ayant pas fait connaître l'auteur véritable, après avoir écarté l'auteur faussement supposé. Ce *Correptor* ou *Corrector* est le dix-neuvième livre des *Decreta* de Burchard de Worms. Il est imprimé dans le tome CXL de la *Patrologie*, col. 949.

Du feuillet 129 au feuillet 166, des gloses sur les épîtres canoniques. Ces gloses sont des notes très brèves sur tous les mots, sur ceux même qu'il n'est aucunement besoin d'expliquer, et l'explication est souvent moins claire que le texte.

Du feuillet 165 au feuillet 170, deux fragments de sermons et un sermon complet qui commence par : *Memoriam fecit mirabilium... Legimus quod Moyses a Domino missus est in Ægyptum.* Nous n'en connaissons pas l'auteur.

A la fin du volume, le *Tractatus de laudibus Parisius*, publié, d'après ce manuscrit et un manuscrit de Vienne, dans le volume de l'*Histoire générale de Paris* qui a pour titre *Paris et ses historiens*. L'auteur est nommé dans le manuscrit de Vienne ; c'est le célèbre disciple de Marsile de Padoue, Jean de Jandun.

14886

Ce volume est un recueil, formé de pièces diverses, qui commence par trois pages de maximes sur les

---

(1) *Comm. de script. eccl.*, t. II, col. 1407.

vices, toutes empruntées aux livres saints, aux Pères et à des poètes quelquefois nommés, dont plusieurs sont des poètes profanes.

Suit un long traité, sans nom d'auteur et sans titre, dont voici les premiers mots : *Sicut in Orthographia legitur, d littera media est inter th aspiratum et t leve.* En d'autres manuscrits le titre est tantôt *Summa theologica*, tantôt *Institutiones in sacram paginam.* Quant au nom de l'auteur, il nous est indiqué par plusieurs de ses autres manuscrits, notamment par les nᵒˢ 3114 A de la Bibliothèque nationale, 519 de l'Arsenal et 132 du collège Merton, à Oxford; c'est un des maîtres les plus justement fameux du xiiᵉ siècle, Simon de Tournai. Il se nomme, d'ailleurs, lui-même en divers endroits de son livre. A la première page nous trouvons : *Tertio vox significat quod est et esse videtur, ut Symonem Tornacensem scribere hanc paginam* (1); plus loin, fol. 33 vᵒ, col. 1 : *Ego Symon, hujus paginæ scriptor, sine præjudicio melioris sententiæ dico;* plus loin encore, fol. 36, col. 1 : *Volunt quidam his et auctoritatibus firmare caritatem qua quis diligit Deum et proximum esse et dici Spiritum sanctum; hoc autem mihi Symoni Tornacensi non videtur.* Simon a donc voulu que la postérité, lisant son livre, en connût bien l'auteur. C'était son droit, et nous ne lui reprocherons certes pas d'en avoir usé. Si tous ses contemporains avaient agi de même, ils nous auraient épargné bien des tortures.

(1) Les trois textes contenus dans les nᵒˢ 3114 A, 14886 de la Bibliothèque nationale et 519 de l'Arsenal sont souvent corrompus. Nous corrigeons ce nᵒ 14886, qui l'est quelquefois, avec le secours des autres.

Mais aux trois citations que nous venons de faire nous en pourrions joindre beaucoup d'autres semblables. Évidemment Simon prenait plaisir à se nommer ; ce qui n'est pas d'un homme modeste. Nous remarquons, en outre, que le ton de son discours est vif, tranchant et même quelquefois arrogant. C'est ainsi, croyons-nous, qu'il s'est fait des ennemis. Ce que généralement on pardonne le moins, ce sont les offenses de l'orgueil. Or nous avons la preuve que Simon eut des ennemis très passionnés, dans les étranges propos qui lui sont attribués, d'après la rumeur publique, sans autre garantie, par Gérald de Barry, Thomas de Cantimpré et Matthieu de Paris (1). Nous le reconnaissons, il est possible que Simon ait plusieurs fois tenu dans le particulier, *coram privatis*, comme on dit, quelques discours libres et choquants pour des oreilles catholiques ; mais, ce qu'on refuse d'admettre, c'est qu'il ait raillé dans les termes les plus méprisants les dogmes capitaux de la théologie chrétienne. S'il l'avait osé faire il aurait été bien mal avisé de parler d'imposteurs. Le premier venu l'aurait facilement convaincu, montrant ses livres, qu'il n'avait jamais existé sous le ciel un imposteur plus effronté que lui.

On doit donc, ces fables mises de côté, prendre au sérieux ses livres, qui sont, en effet, très sérieux et même, on l'a reconnu, très orthodoxes.

(1) On a plus d'une fois cité les passages de Thomas de Cantimpré et de Matthieu de Paris qui concernent Simon de Tournai ; mais nous ne croyons pas qu'on ait encore remarqué ce que rapporte sur lui Gérald de Barry : *Gemma Ecclesiæ*, dist. I, cap. vi. Ce récit diffère des deux autres.

Nous n'avons pas sous les yeux un exemplaire complet de la *Somme théologique*. Dans le n° 3114 A le texte finit au chapitre qui concerne le courage dans l'adversité, et ne nous offre que les premières phrases de ce chapitre. Cela correspond à ce que nous lisons au fol. 37 v°, col. 1, du n° 14886. Le texte contenu dans ce n° 14886 et dans le n° 519 de la bibliothèque de l'Arsenal est d'une étendue presque double. Cependant il y manque plus ou moins de pages ; ce que nous prouvent ces mots qui le terminent : *De conjugali affinitate dictum est; superest dicendum de spirituali. Est autem affinitas spiritualis compaternitas.* Nous nous croyons néanmoins en mesure de faire connaître le plan de cette *Somme* et la doctrine de l'auteur.

Il y est d'abord traité du langage propre à la théologie. C'est un préambule assez long et qui dut paraître assez original. Il s'agit ensuite de Dieu, de la nature divine philosophiquement considérée, de la Trinité, des anges, de la créature simplement corporelle, le ciel et la terre, de la créature composée d'un corps et d'une âme, c'est-à-dire de l'homme, de son état primitif et de son état présent, de ses vertus, de ses vices et de ses devoirs. Étant descendu jusqu'à ce degré de l'échelle des êtres, l'auteur s'arrête et s'abandonne à de longues digressions sur ce qu'il y eut d'humain dans la personne du Christ incarné : question très agitée de son temps. Il expose enfin les commandements de Dieu, et démontre la nécessité, la vertu des sacrements.

Il suffit de lire quelques chapitres de ce livre pour

se rendre compte du succès qu'eurent les leçons de
Simon dans l'école de Paris. C'est à la fois un théologien très savant et un logicien très subtil. Il est
d'ailleurs, comme théologien et comme logicien, dans
le courant des opinions dominantes; sa doctrine est
le réalisme; son chef d'école, parmi les modernes,
est Jean Scot Erigène, qu'il cite souvent. Cependant
il ne peut se dissimuler qu'un tel maître est un guide
dangereux, qu'il mène ses écoliers aveuglément
dociles bien au delà des limites où la foi prétend
enserrer la raison; prenant donc conseil d'Aristote,
de Boëce, et par eux conseillé de ne pas aller si loin,
il évite, avec leur approbation, le péril d'une conclusion rigoureusement conforme aux prémisses.
C'est, en fait, un réaliste très ferme et néanmoins
très modéré. La preuve de sa clairvoyance et de sa
modération nous est dès l'abord fournie dans les
chapitres où, le mieux qu'il peut, il définit l'essence
de Dieu.

Nous en avons déjà cité quelque chose (1). Rien,
dit-il, n'est en Dieu comme en un sujet. Telle créature
n'est distinguée de telle autre que par des formes
adventices; elle est un sujet que ces formes viennent
affecter. Mais toutes les qualités de Dieu lui sont inhé-
rentes; elles sont de sa substance. Il n'est pas bon, il
n'est pas juste; il est la justice, la bonté. Jean Scot
n'ayant pu se défendre de constater la diversité de
ses théophanies, cette définition de Dieu ne contredit
pas la sienne. Mais la contradiction est formelle dans

____

(1) *Hist. de la philos. scolast.*, deuxe période, t. I, p. 60.

un des chapitres suivants où Simon s'explique sur
l'ubiquité divine. Voici ce chapitre :

Ut ait Boetius in libro de Trinitate (1) : « Ubi vel de Deo
vel de homine prædicari potest : de homine ut in foro, de
Deo ut ubique ; sed ita ut non quasi ipsa sit res id quod
prædicatur de qua dicitur. Non enim ita homo dicitur esse
in foro quemadmodum est albus esse vel longus, nec quasi
circumfusus et determinatus proprietate aliqua qua designari secundum se possit, sed tamen quod sit illud aliis informatum rebus prædicatione ostenditur ; de Deo vero non
ita, nam quia ubique est ita dici videtur non quod in
omni sit loco, omnino enim in loco esse non potest, sed
quod omnis locus ei adsit ad eum capiendum, cum ipse non
suscipiatur in loco ; atque ideo nusquam in loco esse dicitur,
quoniam ubique est, sed non in loco. » Ecce dicit prædicamentum « ubi » prædicari de homine ut homo est in foro, vel
de Deo ut Deus est ubique, et determinat quomodo, dicens :
« Sed ita dicitur vel homo esse in foro vel Deus esse ubique
non ut dicatur quasi ipsa res de qua dicitur », scilicet homo
vel Deus, « sit id quod prædicatur ». id est habeat esse, eo
vel affici. Quamvis enim sit quod in loco est, tamen in loco
esse non est esse, nec prædicamento « ubi » insinuatur prædi-
cati ad subjectum inhærentia, quo modo prædicamento qualitatis vel quantitatis : esse enim quale vel quantum est esse
affectum proprietate, sed esse in foro non ; imo esse in foro
est esse alii collatum. Unde subdit : « Non ita dicitur homo
esse in foro quemadmodum esse albus ; » nam cum dicitur
esse in foro intelligitur quidem circumfusus et determinatus :
non tamen hoc est esse vel affici ex aliqua proprietate qua
possit designari secundum se, non ad aliud facta collatione
sui, sicut absque sui comparatione ad alterum per se designatur esse humanitate homo, albedine albus, linea linea-
tus. His enim prædicationibus nulla concipitur unius ad
aliud comparatio. Econtra in eo quod dicitur esse in foro
intelligitur circumfusus et determinatus ; nec per se dicitur
sine relatione, sed collatione sui ad illa quibus extra se
circumdatus continetur et offendens in ea suis finibus deter-

(1) Cap. IV.

minatur. Sic ergo per hoc quod homo dicitur esse in foro
nequaquam homini inhærens proprietas notatur, sed, ut
addit, per hanc prædicationem hoc tantum ostenditur quod
illud quoque circumfusum et determinatum per esse in foro
dicitur quod rebus aliis circumstantibus sit informatum ;
non forma inhærente affectum, sed informatum rebus circumstantibus, circumfusum vel vallatum. Sic ergo per prædicamentum « ubi », ut per esse in foro, prædicatur de homine
ejus circumstantia vel circumfusa vallatio. Nil vero est aliud
esse rei ad rem collationem quam relatio. Patet ergo
prædicamentum « ubi », etiam de creaturis dictum, in prædicamentum relationis reduci. De Deo quoque quod dicitur in
idem prædicamentum reducitur, quamvis de Deo dictum
aliter concipitur. Unde subdit : « De Deo non ita » ; id est
non eo sensu quo dicitur de creaturis ; nam quod dicitur
« Deus ubique est » dici videtur ita, scilicet non quod non
sit in omni loco, id est quod circumfusus aliquibus continea-
tur aut offendens in aliqua terminetur circumstantia. Omnino
enim non potest dici esse in loco ut circumfusus et determinatus ; sed hoc sensu dicitur esse ubique quod omnis quo-
rumlibet locus ei adsit ad eum capiendum qui intra se sine
termino, cum ipse tamen non suscipiatur loco tanquam circumfusus aut terminatus aliquibus exterioribus ; atque ideo,
quia circumfusus non est aliquibus circumpositis, nusquam
ut in loco esse dicitur, quoniam revera est totus ubique, sed
non ut in loco circumfusus. Est ergo sensus : Deus est
ubique, id est ubicumque aliquid locatum est Deus est ;
igitur hoc prædicamento « ubique » de Deo prædicatur collatio
vel ejus ad loca vel ad ea quæ in locis sunt (1).

Comme on le sait, Jean Scot n'a pas recours à de
telles subtilités pour mettre d'accord sa raison et sa
foi ; c'est bien réellement que Dieu, dit-il, est partout.

Nous allons maintenant reproduire les explications
que Simon donne, avec une précision remarquable,

(1) Fol. 6 v°, du n° 14886; fol. 7 du n° 3144 A fol. 6, v°, du ms.
de l'Arsenal.

sur un point qui n'est pas moins important, sur la nature de l'âme humaine.

Simon est, parmi les maîtres de Paris, un des premiers à qui les traducteurs de Tolède aient commuqué les écrits d'Aristote qu'Abélard regrettait de n'avoir pas connus. Il cite la *Physique* et, s'il ne cite pas le *Traité de l'âme,* il l'a certainement lu, sachant qu'on a défini l'âme une entéléchie. Mais il n'accepte pas cette définition. Une entéléchie n'est qu'une forme, et l'âme est, dit-il, plus qu'une forme; c'est une substance. Elle n'existe pas, à la vérité, comme une personne, individuellement; l'âme de Platon n'est pas, en Platon, une personne distincte de cette autre personne, le corps de Platon; la personne, c'est Platon, dont son corps et son âme sont des parties. Mais cela n'empêche pas que l'âme soit, en elle-même, une substance, sujet de formes, d'accidents divers :

Boetius, in libro de Duabus naturis et una persona Christi, personam describit dicens : « Persona est naturæ rationalis individua substantia (1). » Secundum hanc diffinitionem humana anima videtur esse persona. Non enim, licet quidam hoc dixerunt, est endelichia, id est forma, sed potius substantia habens in se formas et diversorum generum accidentia. Est etiam anima substantia naturæ rationalis. Intelligit enim atque discernit et separata et in corpore posita... Sed quoniam nulla persona pars personæ, anima autem personæ pars, anima non est persona. Sed anima, licet sit substantia naturæ rationalis, tamen non est individua, sed singularis. Differt enim inter singulare et individuum, inter singularem proprietatem et individualem, cum omne individuum singulare sit, sed non convertitur; omnis ideo individualis forma singularis, non autem conversim. Est enim forma duplex. Forma simi-

(1) *Liber de Natura et persona,* c. III.

litudinis, qua quis alii assimilatur et unitur, ut albedo qua album alii albo conformatur ; sed eadem a nigro secernitur et dividitur. Unde forma similitudinis etiam dividua dicitur. Nam licet rem subjectam uniat uni, ab alio tamen dividit. Est et alia quæ dicitur forma dissimilitudinis, ut qualitas quam proprium nomen significat, quæ a Boetio ficto nomine dicitur socratitas vel platonitas ; quæ ideo dicitur forma dissimilitudinis quia sic est causa differendi quidem, nequaquam uniendi. Socrates enim, in eo quod Socrates, et Plato, in eo quod Plato, participio propriæ qualitatis ab omni alio differt et cum nullo alio convenit. Unde et hæc proprietas individua dicitur, id est valde dividua, eo quod rem subjectam ab omni alia dividit, ut propositio ista intensive intelligatur, non remissive. Platonis autem est propria qualitas et individua qua discernitur ab omni alio et qua Plato dicitur individuum, id est valde dividuum, quia ab omni alia re divisum. Plato enim, in eo quod Plato, differt tam ab omni parte sua quam ab omni alia re ; anima vero Platonis nullius proprietatis participio differt a Platone. Omnis enim proprietas partis est totius. Nam quidquid in parte est in toto, sed non quidquid est in toto et in parte, nec totius quævis proprietas statim suæ partis esse intelligitur. Unde nec anima Platonis, nec alia Platonis pars aliqua, proprietate participat qua differat tam ab eo toto cujus est pars quam ab omni alio. Quare nulla partis proprietas est individua, nec pars alicujus proprietatis participio individuum, etsi anima sit substantia, non tamen individua.

Item anima non solum non est individua individuali forma, sed etiam ratione locali. Non enim seorsum hinc positum est corpus, hinc autem anima ; sed toti corpori tota est anima infusa, ut nusquam possit dici corpus esse ubi non sit anima, nusquan animam ubi et corpus non constet esse. Unde et Joannes Scotus super Hierarchiam Dionysii ponit hoc paradigma: « Sicut ignis infunditur toti carboni ut nulla pars carbonis relinquatur inaccensa, sic anima infunditur toti corpori ut nulla pars corporis relinquatur exanimis (1). »

____

(1) Cette phrase est citée par M. Petit-Radel, *Hist. littér. de la Fr.* t. XVI, p. 393, comme étant de notre Simon de Tournai. Mais on voit qu'elle est de Jean Scot.

<table><tr><td>III.</td><td>17</td></tr></table>

Ergo non locali positione anima est individua, id est valde
ab omni re alia divisa, cum dicto modo corpori sit infusa.
Persona igitur est substantia et in hoc differt a formis ; individua, in quo differt ab animabus, prout sunt personarum
partes ; naturæ rationalis, in quo differt tam ab inanimatis
quam animantibus ratione carentibus. Sola igitur substantia
naturæ rationalis, cum sit individua, id est eo quod participat individuali forma, est persona (1).

Nous ne disons pas que cette définition de l'âme
soit exactement celle que les spiritualistes modernes
ont préférée. Ce qui, du moins, est ici notable, c'est
que Simon l'oppose à celle d'Aristote, qu'il paraît
avoir bien comprise.

Après un court fragment, où sont décrits les douze
échelons qui composent l'échelle de l'humilité, commence, au feuillet 73, un traité sans titre dont tel est,
au feuillet 83, l'*explicit* : *Explicit Tractatus magistri
Tornacensis super Quicumque vult.* Cette note finale
est précieuse ; le même traité *Super Quicumque
vult,* c'est-à-dire sur le symbole de saint Athanase,
est, en effet, anonyme, comme on l'a vu (2), dans le
n° 13576 (fol. 129) de notre Bibliothèque nationale, et
les moines du Mont-Cassin, le jugeant à bon droit
digne d'estime, l'ont récemment publié sans nom
d'auteur dans le tome IV de leur catalogue, p. 322 du
Florilegium. On ne peut douter que ce traité soit, en
effet, de Simon ; pour s'en convaincre, il suffit de lire
ce qui concerne, au folio 75, les idées de Platon.
Qu'on se porte ensuite au chapitre xxv de la *Somme
théologique* (3), on y trouvera la critique de ces idées

(1) N° 14886, fol. 11 ; n° 3144 A, fol. 15 ; n° 519 de l'Arsenal, fol. 10 v°.
(2) Tome II, p. 251.
(3) N° 14886, fol. 3 v°, col. 2.

en des termes semblables ; l'un des passages est certainement la copie de l'autre.

Ce traité sur le symbole étant maintenant imprimé, nous n'avons besoin d'en rien extraire. Il nous paraît toutefois utile de mettre les lignes suivantes sous les yeux de quiconque hésite encore à disculper Simon des gros blasphèmes qui lui sont reprochés :

Doctrina Aristotelis est de his de quibus ratio facit fidem, sed Christi doctrina de his quorum fides facit rationem. Hanc autem distinctionem doctrinarum christianæ et Aristotelicæ, naturalis philosophiæ et theologiæ, plerique non attendentes, in varios errores lapsi sunt, indifferenter in omni facultate ex ratione prævia fidem quærentes, et sic quod proprium est naturali facultati et doctrinæ Aristotelicæ theologiæ etiam christianæ communicantes (1).

Aucun théologien orthodoxe n'a plus recommandé cette distinction nécessaire, et saint Thomas lui-même ne l'a pas mieux justifiée.

Deux pages sont ensuite occupées par des fragments théologiques dont on rechercherait vainement les auteurs. Ces fragments n'ont d'ailleurs aucune importance ; mais ce qui vient après mérite plus d'attention. C'est une longue Somme, commençant au feuillet 85 pour finir 180, dont voici les premiers mots : *Qui parce seminat parce metet... Ideo ut nos in futuro metamus seminarium verbi Dei proponimus.* Cette Somme, dont nous avons un autre exemplaire dans le n° 16506 (fol. 32), est d'un érudit plutôt que d'un théologien. Ce que l'auteur s'est, en effet, proposé, c'est moins d'expliquer ou même d'exposer les

(1) N° 14886, fol. 73, col. 1.

dogmes de la foi chrétienne, que de mettre sous les yeux de ses lecteurs tous les passages des deux Testaments qui se rapportent, dit-il, à ces dogmes et en démontrent conséquemment la vérité. Le but de cette compilation doit avoir été d'offrir des documents aux prédicateurs ; c'est pour cela sans doute que l'auteur y a joint plusieurs modèles de sermons variés. Voici le dernier, qui n'est pas sans rapport avec un sermon d'Étienne de Tournai (1) et une pièce rythmique conservée dans le n° 11867 (fol. 130) de la Bibliothèque nationale. Nous corrigerons le texte souvent défectueux de notre copie en faisant usage d'une autre qui nous est offerte par le n° 5556 (fol. 64) :

Misericordia et veritas obviaverunt sibi, etc. Fuit quidam paterfamilias, scilicet rex quidam potens, qui quatuor habuit filias, quarum prima vocabatur Misericordia, altera Veritas, tertia Pax, quarta Justitia ; de quibus dictum est : *Misericordia et veritas*, etc. Habebat etiam filium sapientissimum, cui nemo in omni scientia poterat comparari. Habebat etiam famulum suum, quem exaltaverat, quem sublimaverat, quem multo honore ditaverat, utpote quem ad imaginem et similitudinem fecerat, etiam nullo suo merito præcedente. Dominus vero, uti mos est hujusmodi dominorum sapientium, voluit mores cognoscere et explorare fidem famuli sui : utrum esset famulus fidelis erga se, necne. Dedit ei leve præceptum vel mandatum, dicens : « Die quacumque comederis fructum scientiæ boni et mali, morte morieris ; istud mandatum si bene custodieris, ampliori honore donaberis ; sin autem, morte pessima morieris. » Famulus, suscepto mandato domini sui, haud mora transgressus est id mandatum. Quid plura ? quid verborum vos laciniis demorabor ? Dominus, transgressio cui non latuit,

(1) Stephani sermo, n° 14935 (fol. 6) et 16463 (fol. 100). La même fiction est aussi la matière d'un sermon anonyme, commençant par *In propria venit*, que conserve le n° 14958 (fol. 114).

adfuit et causam transgressionis quæsivit. Famulus superbus, turgidus, contumeliosus, inflatus, totam culpam retorsit in dominum suum. Cum enim dixit « Mulier quam dedisti mihi ipsa me decepit », totam culpam impegit in auctorem. Dominus vero, non tam pro trangresso mandato quam pro illata contumelia offensus, quatuor vocavit tortores sævissimos, uni illorum præcipiens ut, ligatis manibus et pedibus, superbum transgressorem incarceraret, alteri ut vivum decoriaret, tertio ut eum jugularet, quarto ut eum devoraret crudeli pœna. Posthac autem, cum occasio se obtulerit, hos quatuor tortores propriis designabo nominibus et eorumdem effrænatam insaniam in caput famuli enucleabo. Tortores igitur, sua sævitia domino placere studentes, arreptum miserum omnibus pœnis afficere cœperunt. Has autem famuli pœnas audiens una de filiabus regis, scilicet Misericordia, veloci cursu cucurrit ad carcerem et intro aspiciens vidensque famulum incarceratum, tortoribus nequam mancipatum, pœnis affectum, non potuit non misereri, quia proprium est Misericordiæ misereri, et, laceratis vestibus et complosis manibus sparsisque per colla capillis, ululans et clamans recurrit ad patrem et ingeniculata ante paternos pedes, cœpit simplici et gemebunda voce dicere : « Heu ! pater carissime, numquid ego sum filia tua Misericordia et non diceris misericors ? Si misericors fueris, famuli tui miserearis, et, si famuli tui non miserearis, misericors non eris. Si misericors non fueris, me Misericordiam filiam non habebis. » Taliter illa ante patrem argumentante, advenit soror ejus Veritas, et cur Misericordia fleret quæsivit a patre. Cui pater : « Ista, inquit, soror tua vult ut ego miserear illius superbi transgressoris cui pœnam indixi. » Veritas, hæc audiens, admodum stomachata, torvisque oculis intuens patrem, sic ait : « Numquid ego sum filia tua Veritas et non diceris verax ? Nonne verum est quod ei pœnam injunxisti et per mortem tormenta promisisti ? Si verax fueris, verum persequaris. Si verum non persequaris, verax non eris. Si verax non fueris, Veritatem filiam non habebis. » Et ecce *Misericordia et Veritas obviaverunt sibi.* Has lites, has contentiones, has rixas, has causas audivit tertia soror, scilicet Justitia, et, clamoribus earum accita, cœpit a Veritate causam querelæ quærere ; et Veritas, quæ non poterat nisi vera dicere, ait : « Ista, inquit, soror nostra Misericordia, si soror dici debet, quia nobis non consentit, vult ut pater noster misereatur illius superbi transgressoris. » Tunc Justitia, inflammato vultu, versans in corde dolorem, sic ait ad patrem : « Numquid ego sum filia tua Justitia et non diceris esse justus ? Si justus fueris, in transgressorem justitiam exercebis ; si justitiam non exercueris, non eris justus. Si justus non fueris, me Justitiam filiam tuam non habebis. Ecce Veritas et Justitia hinc, illinc sola Misericordia ;

Et virgo cæde madentes,

Ultima cœlestum, terras Astræa reliquit (1) ;

scilicet Pax fugit in regionem longinquam. Ubi enim lis est et contentio ibi non est pax, et quanto major est contentio tanto magis pacis elongatio. Pace igitur amissa et tribus filiabus regis in gravi dissensione positis, quid pater faceret, cui parti tutius cederet difficillime diffiniebat. Si enim Misericordiæ cederet, Veritatem et Justitiam offenderet. Si vero Veritati et Justitiæ cederet, Misericordiam filiam non haberet ; et tamen necesse erat ut misericors esset et justus et pacificus et verax. Propterea consilio opus erat. Advocans itaque filium suum sapientissimum, super hoc negotio eum consuluit. Cui Filius : « Committe mihi, pater, præsens negotium prosequendum, et ego tibi de transgressore vindictam faciam, et quatuor filias tuas reducta pace tibi restituam. « Cui pater ait : « Magna sunt quæ promittis, nec vocem facta sequentur. Si dictis facta compensas, faciam quod hortaris. » Suscepto igitur mandato regali, filius sumpsit secum Misericordiam, sororem suam, et, saliens in montibus et transiliens colles, pervenit ad carcerem, et, respiciens per fenestras, prospiciens per cancellos, vidit famulum incarceratum et positum in calamitate præsentis vitæ ; vidit enim eum excoriatum, jugulatum, devoratum, quia ex quo homo moritur vermibus esca datur, et per ipsum mors intravit in mundum ; et, quoniam occasio se obtulit, dicamus nomina quatuor tortorum. Primus tortor tortorum qui eum incarceravit est carcer et exilium præsentis vitæ ; de quo dictum est : « Heu mihi ! quia intus la. » ; in Pro. Secundus, qui eum decoriavit, miseria est mundi quæ

(1) Ovide, *Metam.*, lib. I, v. 149.

nos omnes pœnis et miseriis afficit. Tertius, qui eum jugulavit, mors est, quæ nos omnes jugulat et occidit. Quartus, qui eum devoravit, vermis est, quia, sicut dixi, ex quo homo moritur vermibus esca datur et vermes ad corrodendum eum suscipiunt. Quatuor, inquam, tortores isti, videlicet carcer hujus exilii et miseria hujus mundi et mors et vermis, isti, inquam, tortores a primo homine usque ad novissimum, per totam successionem, primi transgressoris pœnas exigunt. Carcer enim nos detinet, miseria mundi nos cruciat, quæ nobis miseris omnia mala infert, mors nos jugulat, vermis nos rodit. Videns igitur filius patrisfamilias his quatuor tortoribus famulum suum mancipatum, non potuit non misereri, quia Misericordiam comitem habebat, et, intro saliens in carcerem, morte sua mortem devicit, et, alligato forti, id est diabolo, ejus vasa rapuit et spolia distribuit, et, cum copiosa præda ascendens in altum, captivam duxit captivitatem deditque dona hominibus et famulum duplicato honore ad patriam reduxit, dans ei stolam immortalitatis. Hoc videns Misericordia non habebat unde conquereretur, quia vidit famulum duplicato honore reversum, et stola immortalitatis indutum. Veritas non inveniebat causam querelæ, quia pater inventus fuerat verax, nam famulus omnes pœnas exsolverat. Justitia, soror, jam nil conquerebatur, quia in transgressore fuerat justitia comprobata, et, si revixit, perierat et inventus in (1).....
Videns itaque Pax sorores suas concordantes, reversa est et eas pacificavit. *Ecce misericordia et veritas obviaverunt sibi, justitia et pax osculatœ sunt.* Sic igitur per mediatorem Dei, hominum et angelorum, scilicet Christum Jesum, pacificatus et reconciliatus est homo et ad ovile Dei ovis centesima reducta est. Ad quod ovile nos perducat Jesus Christus, cui est honor et gloria ! Amen.

A la fin du du volume, une note du XIVe siècle nomme l'auteur de cette Somme « frère Pierre de Poitiers ». Trois Pierre de Poitiers nous ont laissé des écrits : le premier, grand-prieur de Cluny ; le second, chancelier de Paris ; le troisième, chanoine de Saint-

______

(1) Cette phrase n'est pas achevée. Il faut peut-être ajouter : *morte.*

Victor. De ces trois homonymes le second n'a jamais été dit « frère », puisqu'il était séculier, et le premier, qui a fait beaucoup de vers, n'est connu comme auteur d'aucun ouvrage en prose. Il nous paraît donc que la Somme dont il s'agit est du chanoine de Saint-Victor.

Ce troisième Pierre de Poitiers, qui vécut au commencement du xiiie siècle, n'a pas obtenu, dans l'*Histoire littéraire de la France*, la notice à laquelle il avait droit. Puisque l'occasion nous est offerte de combler cette lacune, nous ne saurions la négliger.

La Somme contenue dans le n° 14886 est le plus considérable de ses ouvrages, mais non pas le plus intéressant. Nous allons en indiquer deux autres, pareillement inédits, où nous aurons à signaler quelques digressions moins banales et quelques renseignements utiles à l'histoire des doctrines ou des mœurs.

L'un de ces ouvrages est, sous le simple titre de *Tractatus*, dans le n° 14470 de la Bibliothèque nationale, fol. 182, où il commence par ces mots : *In capite jejunii nec cineribus caput aspergere nec nudis incedere plantis opus esset si omnes lugendi scientiam haberemus.* On lit au bas de la première page : *Tractatus mag. Petri Pictaviensis, canonici S. Victoris Parisiensis*, et cette attribution paraît mériter toute notre confiance ; nous ne connaissons, du moins, aucune autre copie du même traité sous le nom d'un auteur différent. Quant à l'objet de ce traité, c'est la morale, et particulièrement l'article premier de la morale cénobitique, l'obéissance. Mais il y a de fréquentes digressions qui font perdre de vue cette question principale ; ainsi le traité finit par un chapitre sur la dédicace du temple, qui ne paraît aucunement se rapporter aux précédents.

L'obéissance est, dit notre chanoine, une obligation commune à tous les hommes. Cependant on n'est pas tenu, dans toutes les conditions, d'obéir aussi passivement. Il reste au laïque, même au clerc séculier, quelque indépendance à l'égard de leurs supérieurs spirituels. Nous citons :

Vide quod aliter debet obedientiam laicus, aliter clericus sæcularis, aliter regularis. Laicus habet obedire plebano suo in his quæ spectant ad jus parochiale et parere sententiæ quam in eum tulit, sive juste sive injuste ; quamdiu est ejus ordinarius, debet enim se gerere pro ligato ; sed petat absolutionem a superiori prælato. Clericus sæcularis tenetur obedire suo episcopo in his quæ pertinent ad cathedram. Gloriantur quidam prælati, audientes ob favorem eorum Dominum injunxisse subditis : « Quæcumque dixerint vobis servate et facite, » et glosa sic restringit universitatem, ne sit vaga : Quæcumque scilicet pertinentia ad cathedram, quæ sunt duo, scilicet instructio et correctio. In his duobus habet tantum clericus obedire suo prælato, ut scilicet obedienter suscipiat cum instruitur ab eo, et sustineat libenter, vel saltem patienter, cum corrigitur. Pro meritis tamen ; in his enim in quibus non delinquimus pares sumus. Sic ita clericus sanam habens conscientiam, cujus nec fama laborat, potest, secura conscientia et fronte non attrito, suo proponere prælato famosum illud verbum domini senatoris : « Si non habes me ut senatorem, nec ego te ut imperatorem (1). »

Mais le clerc régulier doit à son chef une soumission complète, absolue. Son chef peut tout lui commander ; si ce n'est pourtant, par abus d'autorité,

____

(1) Bibl. nat., ms. lat. nº 14470, fol. 184.

d'enfreindre les prescriptions de la règle. Peut-il même, par charité, le dispenser de les observer ? Il ne le peut ; et, discourant à ce propos sur les graves inconvénients des dispenses, l'auteur rapporte que maître Hugues de Saint-Victor a fait dériver le mot *dispensatio* du mot *dispendium*, dommage. L'étymologie n'étant pas acceptable, nous supposons qu'elle n'a pas été sérieusement proposée par le savant prieur.

Pierre cite plus loin (fol. 186 v°) ces vers :

> Unde superbit homo, cujus conceptio culpa ?
> Nasci pœna, labor vita, necesse mori.

Nous regrettons qu'il n'en indique pas l'auteur. Mais ce n'est certes pas Gérald de Barry, à qui les a récemment attribués l'éditeur de ses œuvres (1). Ces vers étaient connus de Gérald, qui les a cités aussi, et, les citant, les a loués (2). Il est donc évident qu'ils ne sont pas de lui. Ils sont d'un poète beaucoup plus ancien, ayant été recueillis par Herrade de Landsberg, qui les a fait transcrire dans son *Hortus deliciarum* (3). En deux vers, d'ailleurs, la pièce est incomplète. Elle se compose en effet de trois distiques, qu'on trouve réunis dans les nᵒˢ 294 d'Angers et 710 de Berne.

Dans ce traité, comme dans tous les écrits que nous ont laissés les chanoines de Saint-Victor, le sentiment qui domine est le mépris du siècle. Les

---

(1) Giraldus Cambrensis, *Oper.*, t. I, p. 371.
(2) Giraldus Cambrensis, *Speculum Eccles.*, dist. IV, ch. xvii.
(3) *Biblioth. de l'École des chartes*, t. 1, p. 251.

Victorins sont devenus bien plus tard des reclus modestes ; ils le sont devenus quand le succès des ordres nouveaux eut fait baisser leur crédit. Au temps de Pierre, ils étaient doublement glorieux d'être cités comme les plus lettrés et comme les plus austères des réguliers. Aussi Pierre se plaît-il à raconter l'anecdote suivante qui doit concerner un de ses rigides confrères :

Quidam nobilis regularis respondit aliis mirantibus de burello : « Tales mercatores sumus ; » dicens : « Modo, Deo gratias, plus volumus lucrari in burello quam perdere in scarlata, in qua nimis perdidimus (1). »

Un troisième ouvrage de notre chanoine est, sans nom d'auteur, au feuillet 254 de notre n° 14886, séparé du premier par quelques pièces auxquelles nous reviendrons. Ce troisième ouvrage est un Pénitentiel, qui commence par ces mots : *Compilatio præsens, materiam habens confessionem, nullum materiæ profitetur auctorem, sed tot habet auctores quot continet auctores. Unde illud :*

Cui pater est populus non habet ille patrem.

Il est, disons-nous, anonyme dans notre n° 14886. Il l'est aussi dans les n°s 1520 et 1653 de Vienne et dans un manuscrit de l'Escurial décrit par M. Wilhelm von Hartel (2) ; mais plusieurs autres manuscrits, parmi lesquels les n°s 13455, 14525 de la Bibliothèque nationale et 388 de Laon, désignent ainsi l'auteur sans équivoque : Pierre de Poitiers, chanoine de Saint-

(1) Fol. 186.
(2) *Biblioth. patr. latin. Hispan.*, p. 80.

Victor. Ajoutons que Jacques Le Petit, reproduisant deux pages de ce Pénitentiel, déclare les avoir empruntées à un manuscrit de Petau dont le titre était : *Penitentiale Petri de S. Victore, emendatum a Jacobo, ejusdem S. Victoris canonico* (1). Enfin il est bien certain qu'il ne peut être mis au compte du grand-prieur de Cluny mort vers 1150, ni du chancelier de Paris mort en 1206 ; on y trouve en effet plusieurs fois cités le docte Prévostin, qui fut le successeur de ce dernier Pierre à la chancellerie, l'évêque Maurice de Sully, mort en 1216, et, plus souvent encore, le pape Innocent III, mort la même année. Il n'y a donc pas la moindre incertitude sur la personne de l'auteur.

Les phrases tirées du livre par Jacques Le Petit ont paru sans doute particulièrement instructives tant aux contemporains de cet éditeur qu'à lui-même ; mais elles n'offrent plus qu'un faible intérêt, et beaucoup d'autres, qui sont encore inédites, contiennent des renseignements aujourd'hui plus utiles. Signalons d'abord celles qui nous font apprécier le caractère de l'auteur. Tous les Pénitentiels ne se ressemblent pas ; il y en a d'indulgents, il y en a de rigides. Celui de notre chanoine se distingue par l'indulgence. Le confesseur est, lisons-nous ici, le médecin des âmes. Qu'il observe avec grand soin les malades, c'est-à-dire les pécheurs qui s'adressent à lui, et, si quelques-uns lui semblent capables de supporter le régime d'une pénitence sévère, qu'il se garde bien d'appli-

(3) Theodori Cantuar. *Pœnitentiale*, t. I, p. 341.

quer ce remède à des gens dont le tempérament n'a pas une égale énergie. Pour traiter avec succès les maladies du corps et celles de l'âme, il faut composer avec la nature et non la violenter (1). Le métier du confesseur serait trop facile s'il consistait simplement à savoir par cœur les textes légaux qui prescrivent la peine applicable à chaque délit. Ces textes sont-ils, d'ailleurs, tous conformes ? Non, ils ne le sont pas, et les plus anciens, qui sont les plus sévères, doivent être tenus pour surannés :

Sicut moderni physici temperant antiquarum violentiam potionum, sic et nos plerumque antiquorum rigorem canonum pœnitentialium, quia non possumus sustinere censuram illius temporis, quando et corda et merita defecerunt. Tunc enim in amore Christi ferventiores erant fideles quando recens erat cruor Christi, ideoque et valebant et volebant, non patienter solum, sed et libenter, pro ipso custodire vias duras. Tunc quidem robustiores homines, et præcipue in primis legum constitutionibus sæviori censura transgressores percellunt, sicut Petrus Ananiam. Unde multi falluntur et fallunt qui nil vel parum de jure vel theologia a magistris didicerunt, sed magistram sibi fecerunt opinionem suam et se, sicut dicemus, docuerunt et quasi judaizantes litteræ adhærent antiquorum decretorum quæ antiquata sunt ; quæ multa sunt in *Decretis* Yvonis (2).

Aussi conseille-t-il de traiter avec ménagement, même les seigneurs qui grèvent de taxes abusives les hommes de leurs terres, même ceux qui s'approprient les dîmes dues à l'Église. Il faut sans doute les réprimander, mais avec douceur ; il suffit quelque-

(1) Fol. 260 v°, col. 2.
(2) Fol. 261 v°. col. 1.

fois, par exemple, de les engager à faire un bon emploi des sommes mal acquises :

Milites qui detinent decimas, ut dicit Petrus, cantor Parisiensis, sustinet Ecclesia et communicat cum eis et in ecclesia et in sacramentis, quia multitudo est in causa... Item de corveis et talleis et de aliis exactionibus vel violentiis quas faciunt hospitibus vel alienis, quod emendent pro posse, saltem illis quos nimis se gravasse credunt vel probabiliter credere debent, vel parcant eis in aliis, vel alias benefaciant, cum animo restituendi. Sed qua fronte personæ ecclesiasticæ audebunt super hujusmodi milites vel damnare, cum multi sint in eadem damnatione, vel etiam arguere ? Videtur autem tunc quod hi quicumque non possunt reddere male habita debeant omnes eleemosynas quas faciunt facere animo restituendi, pro illis specialiter quos læserunt, et Deus colligat sic restituentes in illis eleemosynis quantum ei placuerit (1).

Pierre avoue, qu'on le remarque, ce qui l'engage à recommander l'indulgence envers ces pécheurs-là. Leur nombre l'effraye : *Multitudo in causa est*. Il ne redoute pas moins sans doute leur brutalité Il censure plus librement les chanoines séculiers :

Visum est aliquibus quod, sicut vivunt de communi, ita et deberent vivere in communi, id est habere refectorium commune, utinam et dormitorium ; sicut existunt alicubi etiam circa ecclesias canonicorum sæcularium, et hic sunt officinæ regulares sicut et capitulum. Romæ sic se habent canonici regulares Sancti Petri, et simul dormiunt et simul comedunt. Omnes quidem hujusmodi permittuntur habere proprium et domos, quia non habent infirmarias communes nec hospitium commune ad recipiendos pauperes et religiosos et alios honestos, maxime familiares ecclesiæ... Deberent boni viri de præbendis currere ad parrochias ; sed res cedit in contrarium ; imo, quod mirari non sufficio, qui hodie

_____

(1) Fol. 257 vᵒ, col. 2.

refutat parrochiam, dicens se non esse sufficientem, cras recipiet baculum pastoralem, vel archiepiscopi (1).

Il est vrai que ces chanoines séculiers sont encore plus mal traités par la plupart des canonistes; ce qui ne peut surprendre, car, d'une part, leurs mœurs étaient généralement mauvaises, et, d'autre part, étant richement dotés, ils excitaient l'envie qui médit volontiers.

Il y a même à tirer de ce Pénitentiel quelques informations sur des écrivains du XIIe siècle. La plus précieuse concerne Pierre le Chantre, qui est souvent cité (2). Trois traités sur les sacrements ont été mis au compte de cet illustre docteur. L'auteur de sa notice dans l'*Histoire littéraire*, Dom Brial, n'en admet qu'un, ordinairement intitulé *Liber de sacramentis et animæ consiliis*. Mais, comme nous l'avons dit sous le n° 9593, celui-ci même est attribué par divers manuscrits, sous le titre de *Quæstiones Scholares*, à Pierre de Corbeil, archevêque de Sens, et M. Daunou, dans sa notice sur Pierre de Corbeil, mentionne ces *Quæstiones* à son avoir, ignorant que cet ouvrage avait été précédemment revendiqué par Dom Brial, sous un autre titre, pour Pierre le Chantre. Eh bien ! cette affaire obscure, c'est Pierre de Poitiers qui nous l'a pleinement éclaircie. L'ouvrage, il nous l'atteste, est de Pierre le Chantre (3).

Il importait assurément de faire mieux connaître ce troisième Pierre de Poitiers. Il s'est à bon droit

(1) Fol. 260, col. 2
(2) Voir notamment fol. 254 v°, col. 2; 257, col 2.
(3) Voir notre tome II, p. 5 et suiv.

qualifié de compilateur ; nous retrouvons en effet, dans son Pénitentiel, un assez grand nombre de phrases presque littéralement empruntés à celui d'Alain de Lille. Il n'était pas, malgré cela, plus indigne que bien d'autres d'être tiré de l'oubli. Retournons maintenant au feuillet 179 de notre manuscrit.

Nous y trouvons, après la Somme de Pierre, deux fragments intitulés *De statu primi hominis* et *De præcepto disciplinæ*. Ils n'occupent que deux pages. Y sont cités maître Gilbert, sans doute Gilbert de La Porrée, Pierre le Lombard, saint Anselme de Cantorbéry. Ces deux fragments semblent appartenir à quelque théologien du xiiie siècle. L'écriture est du xive.

Au *verso* du feuillet 180 se lisent ces trois vers :

> Ex Joachim, Cleopha, Salome, tres Anna Marias
> Quas habuit junxit Joseph, Alphæo, Zebedæo.
> Unius hæc mater, hæc quattuor, illa duorum.

Ces vers sont pareillement sans nom d'auteur dans le n° 15952 de la Bibliothèque nationale, fol. 117 v°, et dans le n° 471 du *Cod. Laud. miscell.*, à la Bodléienne. Guillaume Péraud les a cités en tête d'un de ses sermons publiés sous le nom de Guillaume d'Auvergne (1), et l'on n'aurait pas à chercher longtemps pour les trouver ailleurs encore, ces épigrammes mnémoniques étant, au xiiie siècle, en égale faveur chez les maîtres et les écoliers.

Le titre de la pièce suivante est *Expositio hymnorum*, et cette exposition commence ainsi : *Liber iste*

—————

(1) *Oper. Guill. Arv.*, t. II, p. 244.

dicitur Liber Hymnorum. Hymnus est laus Dei cum can-
tico facta. Ce recueil d'hymnes aurait été formé, lit-
on plus bas, par un homme très avisé, nommé Hilaire :

Quatuor fuerunt principales auctores qui hymnos compo-
suerunt : Gregorius, Prudentius, Ambrosius atque Sedulius ;
sed quidam vir prudens, nomine Hilarius, videns eos multos
hymnos composuisse, placuit ei quosdam in unum colligere
et compendio suum opus componere, id est brevem et utilem
tractatum cui omnes hymni fuerunt materia (1).

On a de nombreux manuscrits de ces hymnes et de
la glose qui les accompagne. Il suffit de citer ceux que
contiennent nos n⁰ˢ 1093 (fol. 1), 11282 (fol. 30),
15005 (fol. 277), 15037 (fol. 142), ainsi que les n⁰ˢ 40
et 384 des *Cod. Laud. misc.*, à la Bodléienne.
L'ensemble a même été souvent imprimé sous
le nom de cet Hilaire, que le *Répertoire* de Hain
confond (n⁰ 8667) avec Hilaire de Poitiers. De telles
erreurs se réfutent d'elles-mêmes. Antérieur d'un
siècle à Sedulius, Hilaire de Poitiers n'a pu le commenter. Les auteurs de l'*Histoire littéraire* croient que
ce commentaire est du xII⁰ siècle, mais n'osent en
désigner l'auteur parmi les Hilaires de ce temps-là (2).
Nous imiterons leur prudence.

Sur le verso du fol. 207 commence un sermon
anonyme dont voici les premiers mots : *Sol oritur et*
iterum revertitur... Per solem quandoque significatur
Dominus, quandoque vir sapiens. Ce sermon sans
intérêt est de quelque moderne puisqu'on y trouve
cité saint Germain d'Auxerre.

(1) Fol. 181.
(2) *Hist. littér. de la Fr.*, t. XII, p. 253.

Le traité qui suit est bien connu. On lit à la fin le nom incontestable de l'auteur, le docte maître Alain de Lille. Le titre qui manque est *Ars prædicandi*. De cet écrit, qui fut jadis très goûté, nous avons des manuscrits nombreux et, en outre, plusieurs éditions. La dernière est dans le tome CCX de la *Patrologie*, col. 3. Mais à cette édition, qui reproduit fidèlement celle de Charles de Visch, nous devons faire un assez grave reproche : elle est incomplète, elle nous présente imparfait, tronqué, un des meilleurs écrits de cet Alain qui fut lui-même un des meilleurs écrivains de son temps. Charles de Visch nous avertit qu'après avoir tiré la première partie de l'ouvrage d'un manuscrit qui finissait avec le trentième chapitre, il a donné la suite d'après une copie plus moderne. Or, dans cette copie plus moderne, il y avait des lacunes que de Visch n'a pas soupçonnées, et qui n'existent pas plus dans notre n° 14886 qu'en d'autres manuscrits par nous consultés. Il nous suffit d'indiquer notre n° 14925 et le n° 335 des Nouvelles acquisitions.

Ainsi l'on n'a pas dans les éditions un assez long chapitre intitulé, dans quelques manuscrits, *Invitatio ad pœnitentiam*, dont la place est immédiatement après le chapitre trentième. Il manque, en outre, dans les éditions toute la fin du trente-deuxième chapitre, où il y a des mouvements d'une remarquable éloquence. Ajoutons que les chapitres suivants sont, dans les éditions, plus ou moins abrégés ou corrompus. Par contre, le chapitre quarante-huitième, *Ad somnolentos*, est un hors-d'œuvre. De Visch n'a, dit-il, rencontré que douze sermons d'Alain, et pourtant il en a publié treize ; mais il a fait du treizième, par inadvertance, le chapitre final de l'*Ars prædicandi.*

Au verso du feuillet 250 commence, sans nom d'auteur, un autre traité d'Alain, celui que les éditeurs ont intitulé : *De sex alis Cherubim.* Mais cela n'est pas facile à reconnaître, les éditeurs en ayant supprimé le prologue dont voici les premiers mots : *Corporalis exercitatio ad modicum est utilis, pietas autem ad omnia utilis est, promissionem habens vitæ quæ nunc est et futuræ.* Ce prologue, qui est très court, manque, à la vérité, dans la plupart des manuscrits; il est néanmoins utile, car il aide à comprendre la pensée de l'auteur. Les explications qui précèdent un écrit mystique ne sont, d'ailleurs, jamais superflues.

Le feuillet 253 finit par un autre fragment du même genre littéraire dont tel est le début : *Sex sunt species lacrymarum. Est enim lacryma compunctionis, id est cordis contritio, lacryma compassionis, id est compati proximo, lacryma peregrinationis...* Ce fragment est peut-être aussi d'Alain, mais, s'il est de lui, nous ne saurions dire auquel de ses ouvrages il appartient.

A ce fragment succède le Pénitentiel du chanoine Pierre de Poitiers. Quelques instructions pour les confesseurs occupent ensuite trois feuillets, instructions tirées sans doute d'un autre Pénitentiel.

Il faut aller chercher au feuillet 274 le commencement du dernier ouvrage qui compose ce recueil,

ouvrage anonyme dont la suite est au feuillet 268.
Les feuillets étant remis en bon ordre, les premiers
mots sont : *Primi parentes generis humani per culpam
suam se et suam sobolem morti et damnationi fecerunt
obnoxios*. A ce début nous reconnaissons les *Allégories* sur le nouveau Testament qu'on a plusieurs fois
publiées sous le nom de Hugues de Saint-Victor.
Mais les chapitres ne sont pas ici rangés comme dans
les éditions. Dans les éditions, chaque évangile est
pris à part et sous le titre de chacun sont les allégories qui se rapportent au texte; ici tous les évangiles
sont confondus. Mis en regard de l'édition de M. l'abbé
Migne (1), notre exemplaire de ces *Allégories* nous
offre, après le prologue : Jean, ch. 1, 2 ; Matthieu, 1,
2, 16 ; Marc, 2 ; Jean, 6 ; Luc, 26 ; Marc, 8 ; Luc, 12 ;
Matthieu, 26, 15 ; Jean, 10 ; Matthieu, 21, 22, 23, 24,
25, 18 ; Marc, 3, 1 ; Luc, 9, 4, 10 ; Matthieu, 34, 35,
3 ; Luc, 16, 17, 19, 20, 21, 22, 30 ; Marc, 5 ; Jean,
7 ; Marc, 6, 7 ; Matthieu, 28 ; Luc, 31 ; Matthieu, 19,
27 ; Luc, 27, 29 ; Matthieu, 30, 20 ; Marc, 7, 8 ;
Luc, 23, 11 ; Marc, 9 ; Luc, 25, 13, 1, 18 ; Matthieu,
31 ; Luc, 6, 5 ; Jean, 11, 4, 9, 8, 5 ; Matthieu, 32,
29 ; Luc, 14 ; Jean, 3 ; Luc, 3. Il nous a paru qu'il
pouvait être utile de signaler cette différence de composition.

14899

On lit à la fin de ce manuscrit une table faite avec
soin, mais qui pourtant n'offre pas tous les renseigne-

(1) Hugonis *Opera*, t. I. col. 731.

ments désirables. Nous en reproduirons sommairement les indications suffisantes, et à d'autres, qui ne le sont pas, ou même sont inexactes, nous ajouterons, quand nous le pourrons, les compléments, les corrections, que nous jugerons nécessaires.

Le volume commence par une liste des questions discutées par Pierre de Tarentaise dans son commentaire sur le quatrième livre des *Sentences*. A la suite, une thèse sur la pénitence et un court traité sur les sacrements dont tels sont les premiers mots : *Sacramentum est invisibilis gratiæ visibilis forma; vel sic : sacramentum est sacræ rei signum.* Une autre copie de ce traité paraît être dans le n° 228 du collège Balliol, à Oxford.

Du feuillet 43 à la fin du volume, avec quelques interruptions qui seront signalées, nous avons des sermons dont les auteurs sont parfois nommés : Guillaume de Moussy, fol. 43; Jean d'Orléans, fol. 46; *Salvatius* ou Servais, fol. 58, 108, 151; Nicolas de Gorran, fol. 96, 125; Simon, fol. 119; Jean d'Abbeville, fol. 123; Raymond, fol. 135; Jean La Loue, fol. 172.

Plusieurs de ces prédicateurs, Jean d'Orléans Nicolas de Gorran, Jean Halgrin d'Abbeville sont bien connus; les autres le sont moins.

Guillaume de Moussy, confondu quelquefois avec Guillaume de Mailly, a sa notice dans l'*Histoire littéraire* (1), et là sont indiqués plusieurs de ses sermons; mais il n'y est pas fait mention de celui que nous rencontrons ici.

(1) Tome XXVI, p. 448.

Servais, abbé du Mont-Saint-Eloi, fit plus de bruit. C'était un savant canoniste, adversaire redouté des ordres nouveaux et un prédicateur selon le goût du jour, qui conversait en chaire avec un assez libre enjouement. Ses trois sermons que nous avons ici sont cités par l'*Histoire littéraire* (1).

Simon est-il un Simon *de Landiaco* ou *de Londaico* dont il existe d'autres sermons à Oxford et à Turin (2)? Est-ce plutôt Simon de Sens, ou Simon le Normand qui vivaient dans le même temps (3), et qui prêchèrent l'un et l'autre à Paris ? Quel que soit notre Simon, il aimait conter des histoires. Dans une collation qu'il fit le même jour que son sermon, il y en a deux que nous ne nous rappelons pas avoir lues ailleurs. Citons celle-ci :

Quidam rusticus habuit multa bona. In morte dixit filio quod daret eleemosynas pro anima sua, et ipse dimitteret ei omnia quæ haberet. Mortuus est ille et filius suus nihil dedit pro anima ejus. Quadam die, cum veniret de foro, in equo suo portavit frustum carnis retro se. Venit canis et accepit frustum carnis ; et tunc dixit ille : « Vade ; pro anima patris mei sit ! Diu est quod nihil dedi pro eo. »

Raymond est dit Mineur. Est-ce Raymond de Brette? On peut le supposer, car Raymond de Brette était certainement un religieux, qui portait l'habit d'un ordre quelconque (4), tandis que, parmi les autres Raymond du même temps dont on a des sermons, aucun n'appartenait à l'ordre de Saint-François.

(1) *Hist. litt. de la Fr.*, t. XXVIII, p. 324.
(2) *Ibid.* t. XXVII, p. 392.
(3) *Ibid.* t. XXVI, p. 413, 414.
(4) *Ibid.* t. XXVII, p. 163.

Quant à maître Jean La Loue, nous ne le trouvons pas ailleurs cité. Que son nom ici rencontré soit désormais porté sur la liste des sermonnaires du XIIIe siècle.

Voici maintenant le détail des sermons anonymes. Nous pourrons en désigner quelques auteurs.

Fol. 50. *Sermo in festo beati Vincentii — Probasti cor meum... Visita nos in salutari tuo... — Verba ultimo proposita scripta sunt in Psalmis.* Le sermon, que suit une collation, est constamment grave. Il a pour objet la confession.

Fol. 55. *Libenter gloriabor in infirmitatibus... — Sicut dicit Isidorus, in libro De summo bono, cap. 16, ea quæ sæculi amatoribus...* Il n'y a guère, dans ce sermon, que des citations, et la plupart sont d'Isidore.

Fol. 60. *De S. Matthia. — In caritate perpetua dilexi... — Verba ista scripta sunt in Jer. et possunt intelligi de Salvatore nostro.* Ce prédicateur cite, outre les anciens, quelques docteurs modernes, saint Anselme, Hugues de Saint-Victor.

Fol. 62. *In Quadragesima. — Ecce nunc tempus acceptabile... — Sicut vulgariter dicitur et est sumptum de Eccl. 3, omnia tempus habent; gallice :* « toutes choses ont lor sayson. » L'auteur de ce sermon est Guillaume de Mailly. Nous l'avons encore, sans le nom de l'auteur, dans les n°s 3738 (fol. 74), 14961 (fol. 81), 15956 (fol. 41), 16474 (fol. 66), 16507 (fol. 243), et dans le n° 1726 de Troyes ; mais l'auteur est nommé dans le n° 16475 (fol. 66). Ce que le prédicateur se propose de démontrer, c'est que nous n'avons pas, en cette vie, de temps à perdre, et il le

fait en des termes quelquefois familiers, jamais vulgaires. Nous lisons dans son sermon cet autre proverbe : « Foux ne garde ce qui prent. »

Fol. 64. *In Exaltatione sanctæ crucis. — Exaltabo
ad populos signum... — Et potest sumi verbum istud
ad laudem præsentis solemnitatis.* C'est un sermon
où tout est banal. Nous ne regrettons pas de le
laisser anonyme.

Fol. 67. *In Dedicatione ecclesiæ. — Domus mea
domus orationis... — Dicit Philosophus quod qui
accipit unum instrumentum pro alio male facit.* Ce
sermon est du frère Mineur Eustache ; nous l'avons
sous son nom dans le n° 14952 (fol. 151).

Fol. 69. *Dominica post Pascha. — Non enim qui
dicit : Domine... — Dicitur vulgariter : Qui bene faciet
bene inveniet.* Sermon court et d'assez belle humeur.
Cependant nous n'en avons rien à citer.

Fol. 71. *Dominica tertia post Pascha. — Obsecro
vos tanquam advenas... — Sciens beatus Petrus istud
tempus, scilicet paschale, esse tempus peregrinationis...*
De Guillaume de Mailly. Autres copies anonymes :
n°ˢ 3731 (fol. 43), 3738 (fol. 119), 15955 (fol. 330),
15956 (fol. 76), 16474 (fol. 102). Avec le nom de l'auteur : n° 16475 (fol. 126). Une copie, dans le n° 16507
(fol. 291), est sous le nom de Gérard de Reims. Mais
cette attribution ne doit pas être admise. Nous
avons les sermons de Guillaume en des recueils for-
més par lui-même, et ce sont des copistes qui nous
en ont transmis quelques-uns avec le nom de
Gérard.

Fol. 74. *Dominica quarta post Pentecosten. — Estote*

misericordes... — Servus qui in multis offendit dominum suum, si petit a domino justitiam... Ce sermon est de l'illustre saint Bonaventure. Nous en citerons une autre copie sous son nom quand nous aurons à décrire le n° 14952.

Fol. 77. *In Rogationibus. — Petite et accipietis... — Dicit beatus Hieronymus quod omnia opera nostra oratio dominica debet præcedere.* Ce sermon, qu'accompagne une collation, est d'un docteur plus illustre encore, saint Thomas d'Aquin. Il est inédit, et nous nous réservons de la publier intégralement sous le n° 14952.

Fol. 82. *Sermo in ordinibus ab episcopo Parisiensi. — Attendite vobis et universo gregi... — Carissimi fratres, egregius prædicator Paulus in verbis propositis...* Nous ne saurions dire avec sûreté quel est cet évêque de Paris. Son sermon est court et n'offre rien qui soit à remarquer.

Fol. 83. *Sermo a fratre Joanne, quondam cancellario. — Nolite solliciti esse... — Et sequitur parum post : Primum quærite regnum Dei.* L'auteur est ici nommé, mais il faut joindre à son nom, pour plus de clarté, ses deux surnoms. Il s'agit du chancelier Jean d'Orléans, ou des Alleus, qui, désigné par le pape comme évêque de Paris, se réfugia, pour ne pas l'être, chez les Dominicains de la rue Saint-Jacques et prit leur habit. Cet événement, qui fit grand bruit, eut lieu le 12 avril 1281. L'objet du sermon qu'on lit ici est de montrer qu'on ne saurait être trop en garde contre les séductions de la vie séculière. L'orateur est certainement de bonne foi quand, après avoir fait preuve d'un désintéressement exemplaire, il dit des ambitieux :

> Multi fragilitatem suam non considerant , neque timent ; ideo instigat eos diabolus ad honores et dignitates acquirendas. Et ad quid ? Certe ut, sicut pica nucem levat in altum et facit cadere supra saxum ut frangatur, sic diabolus hominem elevat ad honores et dignitates ut ipsum gravius cadere faciat.

Pour prouver qu'on ne peut se partager entre Dieu et le monde, il raconte ici cette plaisante anecdote que Pierre le Chantre avait déjà narrée (1), mais d'une manière moins dramatique :

> Qui vult servire Deo et mundo minor est in utroque... Exemplum habemus de quodam eremita qui cum asino suo venit ad ecclesiam. Intravit in ecclesiam et dimisit asinum suum ad ostium, et incœpit dicere *Pater noster*... ; et tunc cogitavit : « Quid comedet asinus meus » ? Secundo incœpit *Pater noster ;* et statim cogitavit : « Latrones furabuntur asinum meum. » Et sic cogitans de asino, sollicitus de asino, non potuit perficere *Pater noster*. Exivit ecclesiam, accepit asinum, venit ad quemdam leprosum et dedit ei asinum, et, reversus ad ecclesiam, dixit *Pater noster* et perfecit orationem suam.

Une collation suit ce sermon. C'est une autre remontrance, non moins vive, à l'adresse des mondains. Ce prédicateur croit n'en avoir jamais assez dit contre le monde qu'il a fui.

Fol. 89. *Sapientiam sanctorum narrant...— Duo sunt ibi consideranda. Primum est quæ est illa sapientia sanctorum quam debent populi christiani...* Une autre copie anonyme de ce sermon est dans le nº 946 (fol. 32) de

(1) *Journal des Savants*, 1886, p. 681.

l'Arsenal ; mais le nom de l'auteur se lit dans notre n° 15957 (fol. 170). C'est Nicolas d'Hacqueville, religieux Mineur. Si les sermons dominicaux de Nicolas d'Hacqueville ont été plusieurs fois imprimés, ses sermons pour les fêtes des saints sont, croyons-nous, inédits.

Fol. 91. *Probavit me Dominus...* — *Duo sunt ibi consideranda. Primum est quomodo verba ista conveniunt beato Laurentio.* Autre sermon de Nicolas d'Hacqueville, que nous avons sous son nom dans le n° 15957 (fol. 138).

Fol. 93. *Quasi stella matutina...* — *In verbis istis duo sunt consideranda. Primum est quomodo conveniunt sancto Antonio.* Encore de Nicolas d'Hacqueville. Avec le nom de l'auteur : n° 15957 (fol. 116). Le Franciscain se révèle dans ce passage :

Fecit Deus duo luminaria magna, luminare majus ut præesset diei et luminare minus ut præesset nocti, et stellas, et posuit in firmamento cœli ut lucerent super terram et præessent diei et nocti. Luminare majus est beatus Franciscus, luminare minus est beatus Antonius ; stellæ, quæ debent esse in firmamento, omnes alii fratres Minores qui debent lucere super terram per bonum exemplum.

Fol. 100. *Dominica tertia post Pentecosten.* — *In novitate vitæ ambulemus...* — *Quoniam, sicut legitur in Genesi, Deus post omnem creaturam creavit hominem...* Anonyme dans les n°ˢ 15956 (fol. 107), 16474 (fol. 539) et 16499 (fol. 58), ce sermon est sous le nom de l'auteur, Guillaume de Mailly, dans le n° 16475 (fol. 171).

Fol. 103. *Dominica septima post Pentecosten...* —

Sicut exhibuistis membra vestra... — Sicut in curia sæculari acceptus est minister qui bene scit servire... Autres copies anonymes : n°s 3738 (fol. 152), 15956 (fol. 110), 16474 (fol. 142), 16499 (fol, 59). De Guillaume de Mailly : n° 16475 (fol, 174). C'est encore un sermon faussement attribué par un copiste à Gérard de Reims : n° 15964 (fol. 162). Nous remarquons ici plusieurs proverbes ou dictons populaires : « Une bontés autre requiert. » — « Qui jeunes saintit vieus est diables. » — « Vieille piaus ne weut confire. » Et cet autre, en latin : *Bona facies valet unum ferculum.*

Fol. 104. *Dominica vigesima prima post Pentecosten. — Videte quomodo caute... — Quoniam vita nostra non est nisi quidam cursus...* Autres copies anonymes : n°s 15956 (fol. 144), 15964 (fol. 364), 16474 (fol. 176), 16499 (fol. 79). Avec le nom de l'auteur, Guillaume de Mailly : n° 16475 (fol. 213).

Fol. 106. *Dominica decima sexta post Pentecosten. — Omnis qui se humiliat... — Quamvis homo in infimo loco, quia in terra, conditus sit...* Autres copies anonymes : n°s 15956 (fol. 135), 16474 (fol. 168), 16499 (fol. 75). Avec le nom de Guillaume de Mailly : n° 16475 (fol. 204). Voici encore un proverbe : « Qui plus haut monte que il ne doit de plus haut chiet que il ne voudroit. »

Foi. 109. *In Quadragesima. — Sic currite ut comprehendatis... — Vulgariter dicitur quod quælibet vetula plangit suum damnum.* Ce sermon est intitulé dans le n° 15952 (fol. 113) : *Sermo cancellarii;* et il y a dans ce volume un sermon du chancelier Nicolas de Nonancourt. On peut donc supposer qu'il est l'auteur de l'un et de l'autre.

Fol. 111. *In Quadragesima. — Quid hic statis tota die... — Verbum reprehensionis est, et reprehenduntur et ratione loci, cum dicit hic, id est in tam vili loco.* Nous ne connaissons pas l'auteur de ce court sermon. Si court qu'il soit, il contient une anecdote ailleurs racontée : par Étienne de Bourbon (1) dans son traité *De septem donis*, et par l'auteur inconnu du *Tractatus de abundantia exemplorum in sermonibus* (2). Voici cette anecdote :

Nota hoc exemplum de magistro qui fuit Bononiæ, qui nolebat audire loqui de Deo. Quem cum visitasset aliquando quidam frater Prædicator, fecit ille protestationem ne loqueretur ei de Deo. Tandem, expletis quibusdam aliis verbis, rogavit eum frater ille ut ei saltem daret licentiam dicendi unum verbum de Deo. Cui cum vix ille acquievisset, dixit frater ille : « Rogo, inquit, vos in hac nocte, cum intraveritis lectum vestrum », qui erat delicatissimus, « cogitetis quem lectum habent in inferno qui in isto sæculo non agunt pœnitentiam. » Et magister : « Quem ? » Cui frater : « Qualem, ait, dicit Isaias, 14 : *Subter te sternetur tinea.* » Hoc audito, in tantum magister verbum istud frequenter ruminavit quod post paucos dies religionem intravit.

. Fol. 111. *In Ramis palmarum. — Humiliavit semet ipsum... — Sicut militi princeps ponitur in exemplum, sic nobis passio Christi...* Autre exemplaire anonyme : n° 18194 (fol. 112).

Fol. 112. *In Parasceve. — O vos omnes qui transitis. — Verba sunt Jeremiæ prophetæ in persona Domini*

(1) Lecoy de la Marche, *Anecd. histor. tirées du rec. d'Étienne de Bourbon*, p. 29.

(2) *Hist. litt. de la Fr.*, t. XXIX, p. 548.

nos invitantis. Autre copie anonyme : n° 18194 (fol. 115).

Fol. 113. *In die Paschæ. — Si consurrexistis cum Christo... — Quoniam familia sequitur dominum suum...* Autre copie anonyme : n° 18194 (fol. 118).

Fol. 114. *In Rogationibus. — Confitemini alterutrum .. — Loquitur Jacobus ad modum solertis medici proponentis confectionem antidoti.* Autres copies anonymes : n°ˢ 14923 (fol. 87), 18194 (fol. 125).

Fol. 115. *De S. Joanne. — Numquid ad præceptum tuum... Cibavit illum pane vitæ... — Hoc ultimum verbum dicit et vult tantum dicere : Panis vitæ est verbum Domini.* Ce sermon est d'Arnulfe ou Ranulfe d'Humblières, évêque de Paris. Il est sous son nom dans le n° 16481 (fol. 54). Ce qu'on va lire nous fait supposer qu'il fut prononcé devant des religieux.

Carissimi, respicite istas aves *gentis* et nobiles. Ponuntur in muta versus ver usque ad festum beati Michaelis, et ibi projicitur sibi ad comedendum, et ibi omnes plumæ veteres sibi cadunt et induunt plumas novas, unde omnes plumæ veteres et quassatæ propter volatum factum in hieme sibi cadunt omnes ; sic personæ religiosæ ponuntur in religione tanquam in quadam muta, ut ibi mutent totam vitam suam et mores et plumam veterem cogitationum quas habent in sæculo et novas plumas et cogitationes induant.

L'auteur de ce sermon était, nous le supposons volontiers, un évêque très estimable; mais nous ne pouvons ne pas reconnaître que c'était un bien mauvais écrivain.

Fol. 116. *Ante Adventum Domini, a subpriore. — Gaudete in Domino semper... Dominus prope est. — Verba secundo proposita scripta sunt in epistola Pauli*

ad Phil. et leguntur in epistola hodiërna... Quel est ce
sous-prieur? Sous-prieur de quelle maison ? Plusieurs
phrases du sermon nous donnent lieu de croire qu'il
était ou Prêcheur ou Mineur. Ces deux ordres étant
alors en grande faveur, les écoliers de Paris se laissent
facilement entraîner à faire profession dans l'un ou
dans l'autre ; ce qui désole leurs parents. A ces parents
inquiets le sous-prieur répond :

Quantam damnationem meretur ille qui de justo facit
peccatorem, vel justum pervertit ! Veniet aliquis in morte
ad fratres, quando erit quinquagenarius, et dicet : « Quando
fui juvenis libenter intrassem religionem, sed habui magistrum vel socium qui impedivit me. » Et quomodo salvabitur
ille qui tot mala commisit, qui non solum in propria persona peccavit, imo alios peccare fecit et a bono proposito
retraxit ?... Attendatis, vos pueri, et vos magistri qui habetis tales regere ! Dicunt parentes magistris puerorum suorum, quando mittunt eos Parisius : « Non permittatis pueros
nostros ire ad fratres Prædicatores vel Minores, quia ipsi
sunt latrones et cito raperent eos. » Non dicunt eis : « Non
permittatis eos ire ad lupanar nec ad tabernam. »

Voilà un document pour l'histoire des mœurs. Il
faut le joindre au poème du Mineur Guy de La Marche
intitulé *Disputatio mundi et religionis.* Les deux
ordres, sur tant de points divisés, étaient d'accord
lorsqu'il s'agissait de défendre leurs intérêts communs contre leur commun ennemi, le monde, le
siècle. Un autre passage du même sermon a trait aux
profanes divertissements qu'un usage plus que sécu-
laire autorisait la veille et le jour de Noël :

Multi gaudent in Domino, sed multi in festo isto gaudent, non in Domino, sed in sæculo. Quot dissolutiones
committuntur in vigilia Nativitatis Domini ! Ludunt clerici

ad taxillos, ingurgitantur et inebriantur, et aliqui modo
committunt quantum fecerunt a festo S. Joannis, imo plura
peccata committunt aliqui in festo Nativitatis quam in toto
anno. Isti non honestant Dominum, sed diabolum, et nullus
debet reputare illum bonum scolarem, vel bonum hominem,
qui talia fecit, vel qui talia facere permittit.

Une collation, du même sous-prieur, succède à ce
sermon. C'est encore une apologie de la vie régulière.
Combien misérable est celle des clercs séculiers!
Citons :

Unum quod maxime placet Deo, est scilicet quando homo
in statu lætandi pœnitentiam agit, ita quod gaudium suum
vergat in dissolutionem. Est aliquis pauper scolaris. Promittitur sibi ecclesia. Tantum gaudet quod salit et non potest comedere nec bibere ; et, si quæratur ab eo quid habet,
quare non comedit nec bibit, et respondet : « Episcopus
talis promisit ecclesiam, et de hoc tantum gaudeo quod non
possum comedere nec bibere, » videte quod iste pauper scolaris, qui spem habet habendi modicum temporale, tantum
gaudet quod pro gaudio non potest se tenere, et forte tamen
non habebit illud de quo tantum gaudebat. Non est igitur
mirum si sanctus homo agat pœnitentiam in jucunditate.

Cela n'est pas dit avec esprit, mais l'est avec passion.
Le mépris du clergé séculier est, on le sent, ce qu'il y
a de plus vif chez notre sous-prieur ; c'est le démon
qui l'obsède. Nous citerons encore un fragment de
cette collation où se trouvent quelques renseignements
sur une personne jusqu'à ce jour très peu connue :

Fuit quidam archidiaconus Lingonensis virtutibus illustris,
opere strenuus et consilio providus. Intravit religionem
fratrum. Missus fuit in Losaniam, ubi electus fuerat in
episcopum. Infirmabatur ad mortem, et, postquam labora-
bat in extremis, habebat medicos et vidit quod tristes ince-
debant, sicut faciunt quotidie quando desperant de sanitate

infirmi ; et tunc ille, videns medicos suos tristes, dixit magistro ordini, scilicet fratri Jordano, qui tunc magister fuit ordinis et ibi præsens fuit : « Cur, inquit, celatur a me hujus vitæ exitus ? Ego mori non timeo. Eis celetur mors quibus memoria mortis est amara. Certe peccatoribus qui non egerunt pœnitentiam, qui alios impediunt a pœnitentia et in morte nesciunt quam maneriem tenere debent, quantus dolor est illis ! Sed qui pœnitentiam egerunt mortem non timent. »

Jourdain de Saxe fut général de l'ordre des Prêcheurs de l'année 1222 à l'année 1237. Quel est donc cet archidiacre de Langres, plus tard frère Prêcheur, enfin évêque élu de Lausanne, qui mourut en venant prendre possession de son évêché ? Ce ne peut être, pensons-nous, que l'un des deux concurrents élus en 1229, après la mort de Guillaume d'Escoublens, par le chapitre divisé. On savait que l'un des deux était Thomas de Savoie ; mais on n'avait sur l'autre aucune information, ses contemporains ne nous ayant appris ni son nom ni sa qualité (1). Il ne sera plus désormais tout à fait inconnu.

Fol. 122. *A subpriore Prædic. — Fratres mei carissimi et desideratissimi, gaudium meum... — Ibi ad Philipp. alloquitur apostolus subditos suos.* Rien ne nous paraît ici digne de remarque.

Fol. 129. *Sermo magistri nostri de Adventu Domini. — Ecce Dominus veniet... — Sancta mater Ecclesia, in isto sancto tempore in quo de adventu Christi celebrat...* Aucune autre copie de ce sermon ne nous apprend quel fut le maître du clerc qui nous l'a transmis. Quelques phrases nous font seulement supposer

(1) *Gallia christ.,*t. XV, col. 357.

que c'était un régulier. Son sermon est d'ailleurs sans intérêt. Tout ce que nous y trouvons à noter, c'est que l'auteur n'admettait pas l'immaculée conception.

Fol. 132. *Sermo fr. Johannis, quondam cancellarii, in Adventu Domini.* — *Ecce mitto angelum... Dicitur vulgariter : Qui est præmonitus non est confusus.* Ce frère Jean, ancien chancelier, est, nous l'avons dit, Jean des Alleus.

Fol. 139. *Dominica in Adventu Domini, a magistro nostro.* — *Veniat delectus meus...* — *Sancta mater ecclesia his diebus recolit nobis desiderium sanctorum.* Comme le précédent sermon du même auteur, celui-ci n'est guère qu'un fatras de propos rebattus.

Au fol. 142, les sermons sont interrompus par une série de dix-huit questions quodlibétiques traitées par un prévôt de Saint-Omer qui n'est pas nommé. C'est, à n'en pas douter, Adenulfe d'Anagni, neveu du Grégoire IX, mort en 1290. Il est parlé de ces questions dans le *Journal des Savants*; 1889, p. 306.

Les sermons recommencent au feuillet 150 par celui-ci : *In Quadragesima.* — *Hortamur vos ne in vacuum.... — In epistola hodierna ; scilicet gratiam reconciliationis quæ nobis modo offertur...* Nous n'avons pas rencontré d'autres copies de ce sermon.

Fol. 152. *Exivit vincens... — Hic explicatur victoria beati Vincentii quantum ad tria.* Une collation suit ce sermon, et, dans la collation comme dans le sermon, sont plusieurs fois cités Hugues et Richard de Saint-Victor. L'orateur est certainement un hôte de la même maison.

Fol. 153. *In Ramis palmarum. — Secundum gloriam ejus... — Verba ista scripta sunt primo Machab., in quibus verbis spiritualiter intellectis duo circa Dei filium...* Autres copies anonymes : n°s 3574 (fol. 33), 14847 (fol. 295), 15952 (fol. 293), 16474 (fol. 74), 16500 (fol. 120). Avec le nom de l'auteur, Guillaume de Mailly : 16475 (fol. 74). C'est encore un sermon de Guillaume de Mailly donné par un copiste à Gérard de Reims : 15955 (fol. 92).

Fol. 155. *Dominica post Trinitatem secunda. — Homo quidam fecit cænam... — Ecclesia facit sicut pictor pingens imaginem.* Autres copies anonymes : n°s 3738 (fol. 137), 15956 (fol. 95), 16474 (fol. 127). Avec le nom de Guillaume de Mailly : 16475 (fol. 157).

Fol. 159. *Dominica post Pascha. — Si filii et heredes... — Deus ab origine mundi posuit hominem in paradiso voluptatis.* Autres copies anonymes : 15956 (fol. 112), 16474 (fol. 144), 16499 (fol. 60). Avec le nom de Guillaume de Mailly : 16475 (fol. 176). De ce long sermon, savamment composé, nous n'avons pourtant à citer que ce proverbe : « A boen demendeur boen refuseur ».

Au folio 162, les sermons sont interrompus de nouveau par d'autres questions quodlibétiques intitulées ; *Quæstiones de Quolibet a magistro Eustachio et Salvatio.* Nous avons plus haut rencontré *Salvatius*, en français Servais. Eustache est peut-être le frère Mineur de ce nom dont il existe un sermon dans le n° 14923 (1). Cela néanmoins est douteux. Les ques-

____

(1) *Hist. litt. de la Fr.*, t. XXVII, p. 430.

tions traitées par l'un et par l'autre étant ici confondues, on ne sait auquel des deux attribuer telle ou
telle décision sur les points controversés. Les questions
sont d'ailleurs, pour la plupart, oiseuses et insolubles.
On se demande, par exemple, si, dans le ciel, les
corps glorieux occuperont un lieu déterminé, et l'on
expose ainsi les raisons qu'on a de tenir tant pour
l'affirmative que pour la négative :

Ultimo quæritur utrum corpori glorioso sit locus determinatus ad quem naturaliter moveatur. Quod sic arguitur,
quia, cum sit pars universi, ei locus assignari debet, vel
aliter partes universi essent confusæ. Quare et cet. Contra :
corpus gloriosum habet dotem agilitatis; sed ad dotem agilitatis pertinet quod moveatur secundum voluntatem animi,
et circumquaque et indifferenter. Quare et cet. Ad hoc dico
quod de corpore glorioso est loqui dupliciter, aut in quantum corpus aut in quantum gloriosum. Si in quantum corpus,
naturaliter sic moveretur ad centrum ; si in quantum gloriosum, sic removetur ab eo gravitas ad nutum animi... Sicut
igitur nos videmus, ex vapore sicco terrestri calore incor-
porato elevatur et movetur circumquaque, non de sua natura,
quia si suæ naturæ relinqueretur statim descenderet, ratione
tamen caloris incorporati elevatur et movetur circumquaque per aerem ; sic suo modo dico de corpore glorioso quod
ei ratione suæ glorificationis locus, scilicet cœlum empyreum ;
quia tamen est penitus animæ obediens, movebitur secundum voluntatem ejus. Et sic patet solutio ad argumenta
utriusque partis.

Non, certes, la solution n'est pas claire. On
comprend sans peine que la logique se soit fait
grand tort en traitant de telles questions et de cette
manière. Elle n'aurait pas dû sortir de son domaine
pour envahir celui du mysticisme. Son ambition l'a
perdue.

À la quatrième colonne du feuillet 167, d'autres questions discutées en 1285 par un chanoine régulier, nommé Jacques des Alleus. Ces questions, au nombre de six, sont presque toutes relatives à la discipline monastique.

Quelques sermons anonymes terminent le volume.

Fol. 170. *In die Cinerum.* — *Audite, quæso, sermones...* — *Ut idem habeatur pro theumate et protheumate...* Ce sermon, dont nous ignorons l'auteur, n'est guère qu'un assemblage de phrases empruntées à saint Anselme et à saint Bernard.

Fol. 174. *In Ramis palmarum.* — *Proposito sibi gaudio...* — *In his verbis ad litteram de Christo ab apostolo dictis solemnitas præsens repræsentatur.* L'auteur ne nous est pas non plus connu.

Fol. 176. *In Pascha.* — *Nonne cor nostrum... In corde meo abscondi...* — *Hic tanguntur tria quæ debent esse in auditore verbi Dei.* Rien de notable.

Fol. 178. *De S. Marco.* — *Bonus homo de bono thesauro...* — *Hic beatus evangelista Marcus a triplici gradu bonitatis commendatur.* Ces quatre sermons nous paraissent du même prédicateur, peut-être quelque chanoine de Saint-Victor.

Fol. 180. *Prævaluit David adversus Philistæum... In uno lapide...* — *Secundum aliam translationem dicitur super unum lapidem.*

Après ce sermon, une dissertation difficilement lisible sur les deux litanies. Nous la retrouverons dans le n° 14961.

14923

Le premier écrit que contient ce volume est un traité de droit canonique qui commence par ces mots : *Simonia est studiosa emendi vel vendendi cupiditas spirituale vel annexum spirituali. In hoc enim simonia attenditur quod spirituale, vel annexum spirituali, ut beneficium ecclesiasticum, cupide emitur vel venditur.* Nous citons deux phrases de ce prologue, parce que la première est banale et se lit en tête de plusieurs ouvrages différents. L'ordre des questions ici traitées est le même que dans la *Somme* de Raymond. Quant à la forme du livre, c'est un dialogue, où les deux interlocuteurs sont désignés par les lettres M et W. Nous ignorons le nom de l'auteur.

Un court fragment sur l'Eucharistie suit ce traité, et à ce fragment succède un questionnaire à l'usage des confesseurs. Nous avons une autre copie de ce questionnaire dans le n° 15952 (fol. 93). L'une et l'autre sont anonymes.

Au revers du feuillet 38, se lisent huit énigmes, que nous allons transcrire, ne les ayant pas ailleurs rencontrées :

I	Septima lux mensis quarti turris Turonensis
	Casum scire dat his civi lucum numeratis.
II	V decies, O bis, yo jungas, nomen habebis.
III	In tauro spinas bibit anser ovemque requirit.
IV	Porcus per taurum sequitur vestigia ferri.
V	Dives olet lignum mea si fluit Isara lignum.
VI	Si vis scrutari quid amo, vertatur amari.
	Sit de ventre caput, de cauda venter, habebis
	Caudam de capite ; quid amo sic scire valebis.

VII In medio lanæ ponatur prima triumphi.
    Si quis non odit, corruat in medio.
VIII Quattuor et penta, duo monos tres mias unus
    Hinc dias ambo trias unus dias et duo monos.

La première de ces énigmes offre la date d'un fait historique. Tous les nombres que représentent les lettres contenues dans ces deux mots *civi* et *lucum,* c'est-à-dire CIVI LVCVM, sont les nombres 100, 1, 5, 1, 50, 5, 100, 5, 1000. Additionnez-les ; vous avez le chiffre de 1267. Ainsi la tour, *turris Turonensis,* s'écroula le 7 avril de l'année 1267. Le mot de la deuxième se lit à la marge de notre manuscrit ; et ce mot est *Milo.* Nous ne devinons pas les trois suivantes. La sixième est moins obscure. Le ventre d'*amari* est *ma,* la queue *ri,* la tête *a.* Faites du ventre la tête, de la queue le ventre et de la tête la queue, vous avez *Maria.* La septième est encore plus claire. Séparez en deux le mot *lanæ* et dans l'intervalle placez la première syllabe du mot *triumphi,* vous avez *latrinæ.* Mais, pour ce qui regarde la huitième, nous ne savons pas même comment nous devons la ponctuer.

Après le feuillet 39, nous avons une nouvelle numération, qui commence par le chiffre 15.

Fol. 16. *Angelica expositio a mag. Girardo Remensi.* Il y eut vers le même temps, dit Échard, deux Gérard ou Girard de Reims, l'un séculier, l'autre régulier, qui tous deux nous ont laissé quelques œuvres ; mais Échard ajoute qu'il est facile de les distinguer l'un de l'autre, le séculier étant qualifié de *magister* et le régulier de *frater* (1). Le séculier serait donc l'auteur

(1) *Hist. littér. de la Fr.*, t. XXI, p. 311.

de notre exposition sur la salutation angélique. Il est vrai qu'on pourrait en douter, car nous avons ici le même copiste qualifiant tour à tour de *magister* Gérard de Reims et saint Thomas d'Aquin. Il paraît toutefois probable que le régulier n'a laissé que des sermons. Cette paraphrase de la salutation angélique est, sous le même nom, dans le n° 530 de l'Arsenal.

Suivent divers sermons dont chacun réclame encore une mention particulière.

Fol. 19. *Sermo in Assumptione B. Mariæ. — Quæ est ista quæ ascendit... — Verba ista sunt Spiritus sancti per Salomonem in persona angelorum.* Nous n'avons à citer aucune autre copie de ce sermon anonyme.

Fol. 20. *Sermo mag. Girardi Remensis in Nativitate B. Mariæ. — Orietur stella ex Jacob... — In istis verbis virgo gloriosa describitur.* Le même sermon est, sous le nom de Gérard de Reims, dans le n° 530 de l'Arsenal, et il y suit immédiatement l'exposition de la salutation angélique. On n'hésite donc pas à supposer que les deux écrits ont le même auteur, le séculier, chanoine de Paris.

Fol. 22. *Dominica in Rogationibus, mag. Thomæ Haquin. — Petite et accipietis., . — Dicit apostolus ad Romanos.* Nous avons deux autres copies de ce sermon, dans les n°s 14899 (fol. 76) et 14952 (fol. 112). Il est suivi dans notre manuscrit, d'une collation qui se lit aussi dans le n° 14899. Nous reproduirons, sous le n° 14952, le sermon et la collation, en ayant établi le texte sur les trois copies, qui ne sont pas toujours conformes.

Fol. 24. *Sermo mag. Girardi Remensis, in die Cinerum. — Memento quia cinis es... — In istis verbis sancta mater Ecclesia reducit nobis ad memoriam...* Une autre copie du même sermon, mais sans le nom de l'auteur, est dans le n° 14955 (fol. 14). Quoiqu'il n'y ait rien de jovial, il n'est pas cependant d'un style très noble. C'est ce que va montrer une courte citation :

Spiritualiter homo, considerans se cinerem, debet facere loxiviam ex memoria mortis et aquis lacrymarum... Sed nota quod hujusmodi lotrices facientes loxiviam ponunt cineres in suprema parte cimarii ; sic debemus ponere in suprema parte, contra multos qui ponunt in infimo ; qui dicunt : « Debile habeo caput, non possem jejunare. » Tales ponunt cinerem in infimo cimarii, non in supremo.

Fol. 25. *Sermo fr. Auberti, Minoris, dominica in Quinquagesima. — Quid vis ut faciam... Domine, adjuva me. — Dicitur vulgariter :* « Cui Diex veut aidier nus ne li puet nuire ». Nous retrouverons ce sermon dans les n°ˢ 14952 (fol. 50) et 14961 (fol. 60) et nous en donnerons quelques extraits.

Fol. 27. *Dominica in ramis Palmarum. — Humiliavit semetipsum... — Mortem autem crucis. Sicut dicit beatus Bernardus, Deus est qui dat sentire fideliter.* L'auteur inconnu de ce sermon s'est proposé d'imiter saint Bernard, qu'il cite plus d'une fois. Son style, assez animé, n'est jamais vulgaire.

Fol. 28. *In Passione Domini. — Fasciculus myrrhæ dilectus... — Verba ista scripta sunt in Canticis et tangit sponsa per quam fidelis anima...* Nous avons encore ici de nombreuses citations de saint

Bernard. Ce sermon nous paraît être du même pre-
dicateur que le précédent.

Fol. 30. *In festo unius apostoli, vel plurimorum
— Hoc est præceptum meum... — Verba ista sunt
Salvatoris discipulos suos ad dilectionem exhortantis.*
Toujours du saint Bernard. L'auteur de ces trois
sermons anonymes est probablement quelque moine,
noir ou blanc.

Fol. 31. *In festo unius apostoli, vel plurimorum.
— Relictis omnibus, secuti sunt ... — Verba ista leguntur
in fine istius evangelii. Cum turbæ multæ irruerent...*
D'autres copies anonymes de ce sermon sont dans
les n°s 14935 (fol. 79), 14955 (fol. 6), 15957 (fol. 70),
15964 (fol. 120) de la Bibliothèque nationale et 530
(fol. 6) de l'Arsenal. Le nom de l'auteur se lit dans
notre n° 18193 (fol. 121) ; c'est Nicolas d'Hacqueville.

Fol. 33. *Sermo in Dedicatione ecclesiæ. — Sancti-
ficavi domum... — In verbis istis tria possunt ad præsens considerari. Primum est quid per hanc domum
significatur.* Rien n'est à remarquer ici. Ce sermon,
qui est d'une gravité soutenue, a pour auteur le même
Nicolas d'Hacqueville. Nous l'avons sous son nom
dans le n° 15957 (fol. 303).

Fol. 35. *Sermo in Dedicatione ecclesiæ. — Fecerunt autem filii Israel... — Verba ista plana sunt
quantum ad officium dedicationis cujuslibet ecclesiæ.*
Deux autres exemplaires anonymes sont dans les
n°s 3573 (fol. 215) et 15954 (fol. 251). Ce sermon est
du même auteur que le précédent, car on y lit : *Sciendum quod, præter ista quæ ponuntur in præcedenti*

sermone, duo requiruntur ad faciendam istam dedicationem. Il est, d'ailleurs, sous le nom de Nicolas d'Hacqueville dans le n° 15957 (fol. 305).

Fol. 37. (Sans titre.) *Qui ex Deo est verbum... — Sunt qui nec audiunt verbum Dei nec custodiunt.* Ce sermon, très court, ne provoque aucune remarque.

Fol. 38. *Sermo in prima dominica Adventus, a fr. Eustachio, fratre Minore, factus apud Minores. — Hora est jam nos de somno... — Carissimi, sicut scitis, quando rex novus vult ire...* Ce sermon est indiqué dans l'*Histoire littéraire* (1). Il est familier, mais sans excès.

Nous avons ensuite une dissertation banale dont on peut, dit la rubrique, faire un sermon. Mais le sermon n'est pas fait.

Fol. 41. *De Virgine Maria sermo. — In sole posuit tabernaculum... — In sole, hoc est in beata Maria Virgine posuit Deus Pater tabernaculum.*

A ce sermon, dont il n'y a rien à dire, succèdent quelques autres fragments. Un de ces fragments concerne cet abbé *Date*, dont la disgrâce eut de si fâcheuses conséquences pour les moines qui l'avaient déposé. L'aventure est ici très brièvement racontée ; nous en avons un récit bien plus étendu dans le n° 15971 (fol. 51). Un sermon complet commence au fol. 47.

Fol. 47. *Dominica quarta in Adventu. — Quid existis in desertum videre... In verbis istis tria sunt considéranda. Primum est unde debemus exire.*

---

1) Tome XXVII, p. 430.

Ce sermon, où les séculiers sont plus d'une fois maltraités, doit être d'un régulier.

D'autres fragments suivent. A ces fragments nous empruntons cette anecdote :

Legimus quod duo fratres Minores valde religiosi ibant de villa in villam prædicare de cruce. Accidit quadam die quod intraverunt quoddam magnum nemus, euntes ad quoddam castellum. Et quando fuerunt in medio nemoris invenerunt plures latrones, hominum spoliatores et occisores, bannitos a patria sua. Dixerunt latrones illis duobus fratribus : « Exuite vestes et date nobis quidquid habetis. » Responderunt fratres : « Non habemus nisi tunicas nostras. Amore Dei parcatis nobis, quia sumus fratres religiosi prædicantes fidem crucis. » Dixit unus ex latronibus : « Et quid valet ista crux ? Non darem fabam unam. » Ait ei unus e fratribus : « Dicam tibi : si non sis pœnitens de omnibus peccatis tuis et non confessus de omnibus, eris absolutus mediante cruce. » Dixit latro : « Feci multa homicidia et infinita alia mala. Quomodo possem esse immunis a tantis malis ? » Dixit frater quod certissime sciret (quod), post crucis susceptionem et veram confessionem omnium malorum suorum, a Deo haberet absolutionem. Statim latro, facta confessione, cum magno affectu cordis accepit crucem. Quo facto, dixit fratribus quod de terra illa erat bannitus et tamen volebat ire cum illis. Dixerunt fratres quod non iret, quia forte præpositus villæ acciperet eum et morti traderet. « Et ego, ait, mori non timeo. » Noluerunt tamen fratres quod iret cum eis, ne ipsi essent ei occasio suæ mortis. Tandem illi perrexerunt ad castellum, et, cum unus fratrum faceret sermonem ad populum, venit latro ille secutus eos et stetit in platea ubi fiebat sermo cum aliis. Tandem perceperunt illum homines de villa, et nuntiaverunt præposito. Præpositus hoc audiens venit cum multis, accepit eum et statim fecit duci ad patibulum et suspendi. Finita prædicatione, frater qui prædicaverat, quando percepit tumultum gentium, quæsivit quid esset. Cui dixerunt totum factum. Qui statim, memor illius boni latronis, venit ad locum ubi suspensus erat, et veniens ibi statim cognovit eum, et, cum ipsum respiceret ex omni parte, vidit unam litteram clausam sub gutture ejus; quam accipiens invenit ibi scriptum quod omnium malorum suorum, quæ per multa tempora fecerat, in brevi pœnitentiam adimpleverat. Et sic iste latro per virtutem crucis et tantæ contritionis et brevis pœnitentiæ pervenit ad societatem angelorum.

Du fol. 51 au fol. 56, quelques sermons complets, dont quelques-uns se trouvent encore ailleurs.

Fol. 51. *Dominica in Septuagesima. — Multi sunt vocati... — Inter multos modos quibus nos Dominus vocat, quatuor sunt.* Une autre copie du même sermon, dans le n° 14952 (fol. 44), en nomme l'auteur. C'est le Dominicain Guillaume de Lexi.

Fol. 52. *Dominica secunda in Quadragesima, — Domine, adjuva me. — Hoc verbum sumptum est de evangelio hodierno.* Ce sermon est aussi, dans le n° 14952 (fol. 75), sous le nom de Guillaume de Lexi. Nous dirons quelques mots de plus, sous ce n° 14952, sur ces deux sermons et sur l'auteur.

Fol. 53. *Dominica tertia in Quadragesima. — Erat Jesus ejiciens dæmonium... Beati qui audiunt... — Sunt qui audiunt verbum Dei, nec custodiunt.* Ici le copiste a nommé l'auteur : *Fr. Guillelmi de Luxi.* Et il déclare qu'il a trouvé le sermon de son goût : *sermo bonus.* C'est une opinion qui ne doit pas avoir été partagée, car nous n'avons pas à désigner une autre copie de cette pièce, qui nous semble, en fait, médiocre.

A la suite, un mélange de sermons complets et d'extraits. Les extraits, généralement très courts, ne sont pas à mentionner particulièrement.

Fol. 56. *De Adventu. — Respicite et levate capita...*

— *In hoc evangelio agitur de adventu Christi ad judicium et præmittuntur signa.* D'autres copies, pareillement anonymes, de ce sermon sont dans les nᵒˢ 15959 (fol. 38) et 15957 (fol. 9). L'auteur, Nicolas d'Hacqueville, est nommé dans le nᵒ 18193 (fol. 60).

Fol. 76. *Sermo in Ascensione Domini. — Ascendens Christus in altum... — Hodie, fratres mei carissimi, Christus, tanquam victor gloriosus, præmium assequitur.* L'auteur de ce sermon nous est inconnu.

Fol. 78. *Stephanus plenus gratia... Tres sagittas jaciam... — Verba sunt Jonathæ ad David et possunt esse verba cujuslibet prædicatoris.* Nous n'avons à citer aucune autre copie de ce sermon anonyme.

Fol. 79. *Dominica in Rogationibus; sermo fr. Joannis de Sancto Benedicto, Jacobitæ. — Petite et accipietis... — Dominus ac Salvator noster, qui vult omnes homines salvos fieri...* Plusieurs autres sermons de ce frère Prêcheur, Jean de Saint-Benoît, seront mentionnés sous le nᵒ 15005. Il eut quelque renommée, sans doute parce qu'il était homme de parti. Nous le voyons ici traiter fort mal les évêques, qu'il qualifie d'hypocrites. Son langage est familier, sans recherche. Vient-il prêcher avec l'intention de donner à ses auditeurs une bonne leçon de morale? Nullement. Il est froid, ennuyeux et paraît s'ennuyer lui-même quand il ne dit du mal de personne.

Fol. 86. *Ecce nunc tempus acceptabile... — Sicut dicitur gallice,* « un jor de respit cent souz vaut »; *propter quod Dominus...* Autre exemplaire anonyme : nᵒ 16504 (fol. 11). L'auteur de ce sermon avait le goût des proverbes. Nous lisons plus loin celui-ci : « Qui ne fait quant il peut il ne fait quant il veut. » Et plus loin encore : « Qui gaanier ne veut perte le viengne. »

Fol. 87. *Confitemini alterutrum... — Beatus Jacobus ad modum sagacis medici loquitur, proponentis confectionem antidoti.* Autres copies anonymes : nᵒˢ 14899 (fol. 114), 18194 (fol. 125). Celle que nous avons ici n'est pas complète.

Nous n'avons aussi qu'un fragment du sermon suivant, commençant par *Repleti sunt omnes spiritu*, mais dont on peut lire un texte meilleur dans les nᵒˢ 3556 (fol. 48) et 18183 (fol. 202). Il est d'ailleurs peu intéressant. Nous n'y trouvons de notable que la description d'une musette, ou « chevrette » rustique, *quæ propter venti repletionem aliquid magnum esse videtur, sed, exsufflato vento, pellis mortua cognoscitur.* Il en est ainsi, dit l'orateur, des orgueilleux.

Fol. 88. *Convertimini ad Dominum... — Quoniam secundum decursum temporis omnia convertuntur, hoc tempore a sterilitate ad fœcunditatem...* Autres copies anonymes : nᵒˢ 3734 (fol. 64), 18194 (fol. 105); Rouen, A 584.

Suit l'exorde d'un sermon, commençant par *Convertimini ad me* que nous avons complet dans les nᵒˢ 16504 (fol. 10) et 18183 (fol. 107).

Aux sermons succèdent divers traités. Le premier, intitulé *De septem sacramentis*, a pour début : *Sacramentum est invisibilis gratiæ visibilis forma, vel sacræ rei signum.* Il en existe un autre exemplaire anonyme dans le nᵒ 228 du collège Balliol, à Oxford. On lit à la fin : *Explicit Summa pœnitentialis.* C'est, en effet, plus qu'un traité sur les sacrements ; toute la seconde partie est l'abrégé d'un cours de droit canonique.

Fol. 144. *Manuale Petri, cancellarii Carnotensis, de ecclesiasticis officiis*. Nous croyons avoir démontré qu'on a fait beaucoup de vaines conjectures sur l'auteur de ce *Manuel*. Il s'appelait, avons-nous dit, Pierre de Roissy et vivait dans les premières années du XIII° siècle (1). Son livre eut quelque succès. Aux copies que nous en avons citées ajoutons celle qui vient de nous être signalée dans le n° 21 d'Évreux.

Du fol. 170 au fol. 311, une abondante compilation de préceptes, de sentences, en vers, en prose, emprunts faits à des auteurs qui sont le plus souvent nommés. L'écriture en étant du XV° siècle, on ne peut s'étonner d'y rencontrer de fausses attributions. Il y en a dès la première page, où sont rapportés à saint Bernard les vers de Philippe de Grève :

> Homo, vide quæ pro te patior
> Non est dolor.... (2).

Ce qui, dans tout ce fratras, offre quelque intérêt, ce sont les vers, quoique, pour la plupart, ils ne soient pas bons. Nous en citerons plusieurs pièces. Celle-ci (fol. 169) est courte :

> Forma, genus, mores, sapientia, census, honores
> Morte ruunt subita ; sola manent merita.

Et celle-ci (fol. 189) n'est pas plus longue :

> Cum quid turpe facis quo, me spectante, ruberes,
> Cur, spectante Deo, non magis ipse rubes ?

(1) *Mémoires de l'acad. des Inscript.*, t. XXXI, deux° part., p. 104 et suiv.

(2) *Des poèm. lat. attr. à S. Bern.*, p. 76.

Les vers suivants (fol. 225) nous sont signalés comme étant aussi dans le n° 265 des *Cod. Laud. miscell.*, à la Bodléienne :

> Nobilitas hominis mens est deitatis imago ;
> Nobilitas hominis virtutum clara propago ;
> Nobilitas hominis mentem frænare furentem ;
> Nobilitas hominis humilem relevare jacentem.

Au fol. 229, nous avons le poëme sur le mépris du monde, commençant par

> Dic, homo, cur abuteris
> Discretionis gratia,

attribué, par le n° 902 (fol. 180) de la Mazarine, à saint Bernard, et publié par Mabillon, après Ch. de Visch et d'autres, dans les *OEuvres* de l'illustre abbé. Nous répétons qu'il n'en est pas l'auteur (1). Il ne l'est pas non plus de la pièce suivante, que lui donne de même le n° 902 de la Mazarine :

> O Christi magnanimitas et longa expectatio.

Ce manuscrit de la Mazarine, où fourmillent les fausses attributions, est de l'année 1516. Il n'offre que des copies faites sur des imprimés ; des imprimés où la plupart de ces attributions ont été mises en avant par des libraires.

Au fol. 238, quelques vers sur le jugement dernier, commençant par,

> Cum veniet judex, hædos discernet ab agnis ;

et d'autres sur le supplice de Jésus crucifié :

> Qui caput est nostrum capitur, qui regibus ostrum
> Præbet nudatur ludibrioque datur...

(1) *Des poëm. lat. attr. à S. Bernard*, p. 28.

Ces vers sont du xve siècle et nous en ignorons l'auteur.

Au fol. 261, la pièce commençant par

Viri venerabiles, sacerdotes Dei
Præcones altissimi, lucernæ diei,

publiée par Wolf (*Lect. memor.*, t. I, p. 439), par Francowitz (*Varia doct. viror.*, p. 154), par M. Wright (*Walter Mapes*, p. 45), par M. Du Méril (*Poésies popul.*, p. 15) et dont il existe de si nombreux manuscrits : n°s 1093 (fol. 73), 2962 (fol. 175), 3473 (fol. 210), 3480 (fol. 1), 8259 (fol. 36) de la Bibliothèque nationale, 950 de l'Arsenal, 23 d'Auxerre, 250 de Cambrai, 349 du collège Balliol, 3591 et 5015 de Munich, etc., etc.

Au fol. 267, l'éloge, en vers léonins, de la vie solitaire :

Hoc sonat inclusa Carthusia quod caro tusa.
Nos includamus... ;

pièce très médiocre, dont une autre copie se trouve dans le n° 6033 de Munich.

Au fol. 306, quatre vers, que nous avons lus aussi dans les n°s 14271 (fol. 129) et 14961 (fol. 9) :

Sit timor in dapibus, benedictio, lectio, tempus,
Sermo brevis, vultus hilaris ; pars detur egenis ;
Absint deliciæ, detractio, crapula, rixæ,
Finitoque cibo reddatur gratia Christo.

Au même feuillet, les dix commandements résumés en quatre autres vers léonins, dont une copie semblable nous est signalée dans le n° 753 de Saint-Gall :

Disce Deum colere nomenque Dei reverere...

Au feuillet 307, diverses pièces de vers sur la confession. La plus courte a pour début :

Confiteor, tundo, respergor, conteror, oro...

Elle se rencontre aussi dans le n° 16499 (fol. 278). Citons ensuite celle-ci :

Sit simplex, humilis confessio, pura fidelis...,

que nous avons aussi dans les nᵒˢ 6766 A (fol. 73), 15025 (fol. 213) et dans le n° 593 (fol. 22) de la Mazarine. Dans le même volume de la Mazarine (fol. 14) on lit quatre autres vers sur les droits et les devoirs du confesseur, qui se trouvent au même feuillet de notre manuscrit :

Presbyter arbiter est, audito crimine penset...

Ce sont des vers détestables. Nous citons comme un peu meilleurs ceux que nous offre le feuillet 308, sur les divers tempéraments, le sanguin, le flegmatique, le colérique et le mélancolique :

Largus, amans, hilaris, ridens rubeique coloris,
Cantans, carnosus, satis audax utque benignus.
— Hic somnolentus, piger, in sputamine multus ;
Est hebes huic sensus, pinguis facies, color albus.
— Hirsutus, fallax, irascens, prodigus, audax,
Astutus, gracilis, siccus croceique coloris.
— Lividus est, tristis, cupidus dextræque tenacis,
Non expers fraudis, timidus luteique coloris.

Il y a beaucoup de fautes dans notre manuscrit. Nous les avons corrigées sur une autre copie, que contient le n° 8564 (fol. 158). Les mêmes vers sont encore dans nos nᵒˢ 11341 (fol. 109), 11382 (fol. 84), dans les n°s 593 (fol. 25) de la Mazarine, 864 (fol. 80) de l'Arsenal, 258 de Chartres, 5595 de Munich et 112 des *Cod. Laud. miscell.*, à la Bodléienne.

Ces mélanges de courts extraits finissent au feuillet 310, et nous avons ensuite de plus longs morceaux dont l'intérêt n'est pas, à la vérité, beaucoup plus considérable.

D'abord se présente le *Stimulus amoris*, commençant par *Currite gentes undique*, que l'on a cru de saint Bonaventure et publié sous son nom. Mais tous les critiques modernes s'accordent à l'en disculper. On le croit d'Anselme, évêque de Lucques. On ne le croit, à la vérité, que par conjecture; mais cette conjecture est plus vraisemblable que d'autres. Un manuscrit de Lire, cité par Oudin (1), donnait cet écrit au mystique Henri de Baume, et le rédacteur du catalogue des manuscrits de Munich a, sous le n° 12723, proposé la même attribution. Mais il faut la rejeter. Notre manuscrit est du XIIIe siècle, et c'est au XVe que vivait Henri de Baume.

Au feuillet 347, un bref commentaire des vers sur la confession, *Summa pœnitentiæ*, qu'on a souvent attribués, mais sans raison, à Jean de Garlande. Il n'y a, dans ce commentaire, rien à signaler.

Au feuillet 351, *Doctrina B. Bernardi super modo confitendi*, commençant par : *Quando ad confessionem veneris his verbis utere, si placet addens vel minuens.* Nous ne connaissons aucun autre manuscrit qui rapporte à saint Bernard cette instruction minutieuse.

(1) *Comm. de script. eccl.* t. III, col. 2241.

Au feuillet suivant, le *Speculum monachorum* que Jean de Trittenheim et d'autres attribuent encore à saint Bernard. On a le même nom dans notre manuscrit, à la fin de la pièce : *Explicit Speculum monachorum beati Bernardi.* Les auteurs de l'*Histoire littéraire* ont revendiqué cet opuscule mystique pour Arnoul, moine blanc de Boheries (1).

Au feuillet 357 la *Somme* de Jean Beleth, avec le nom de l'auteur. Nous avons dit, sous le n° 994 (2), que le texte original de cet important ouvrage diffère beaucoup de celui qu'offrent les éditions, le texte de ces éditions étant d'un moderne, nommé Corneille Laurimann.

Du feuillet 420 au feuillet 443, des *Allégories* sur l'Ancien Testament, intitulées *Allegoriæ mag. Petri.* Elles sont imprimées au tome CLXXV, col. 635, de la *Patrologie,* sous le nom de Hugues de Saint-Victor, et ne paraissent lui pouvoir être contestées que pour être données à son confrère Richard. Nous avons dit qu'elles ne sont d'aucun des divers Pierre auxquels on a cru pouvoir, par conjecture, les attribuer (3).

Au verso du feuillet 443 jusqu'au feuillet 456, *Pars quædam distinctionum moralium.* L'auteur n'est pas indiqué. Mais c'est ici qu'il fallait écrire le nom de Pierre. Ces *Distinctions* appartiennent, en effet, à Pierre de Reims, chantre de Paris. Elles sont empruntées à son livre communément intitulé : *Summa quæ dicitur Abel.*

(1) *Hist. litt. de la Fr.,* t. XIII, p. 212.
(2) Tome I, p. 89 et suiv.
(3) *Les OEuvres de Hug. de S.-Vict.,* p. 44 et suiv.

Les deux derniers feuillets du volume sont occupés par des fragments théologiques dont il serait pénible et peut-être superflu de rechercher la provenance.

14925

Ce manuscrit du xiii° siècle nous offre d'abord le traité bien connu, plus d'une fois publié, d'Alain de Lille qui a pour titre de *Summa de arte prædicandi*. Nous avons fait remarquer, dans notre notice sur le n° 14886, que Charles de Visch a publié ce traité d'après un manuscrit où il y avait des lacunes et un hors-d'œuvre. Il nous suffit de dire ici que le texte du n° 14925 est conforme à celui du n° 14886 (1).

Toutes les autres pièces que contient ce volume étant des sermons anonymes, il doit être utile d'en rechercher les auteurs. La besogne sera longue et difficile. Mais, si l'on veut bien nous savoir gré de l'avoir entreprise, nous aurons le salaire de notre peine.

Ce qui s'offre d'abord à nous, du fol. 57 au fol. 102, c'est un recueil, ou, comme on disait, une somme, dont voici le début : *Evangelistis evangelizare, prædicatoribus prædicare, docere doctoribus, sublimis est valde negotii et supra vires nostras constituti.* Cela est l'exorde d'un assez long discours sur les devoirs d'un clerc ayant charge d'âmes. A cé discours succède une première série de sermons, que suivent deux autres séries dont chacune a son prologue particulier.

(1) Ci-dessus, p. 274.

Les trois séries contiennent cinquante-quatre sermons. Ont-ils été prononcés en chaire ? On en doute,
quoiqu'ils soient intitulés, dans notre n° 14937, *Sermones de omnibus dominicis totius anni ad populum*.
En tout cas, c'est le prédicateur qui les a lui-même
assemblés, pour nous les offrir en corps d'ouvrage,
sous la forme d'une composition littéraire ; ce qui
nous dispense de mentionner chacun d'eux séparément. On a d'autres exemplaires anonymes de ce
recueil dans le n° 14895 du même fonds, ainsi que
dans les n°s 249 du collège Merton et 145 du Collège
Neuf, à Oxford ; mais l'auteur est nommé dans un
grand nombre de manuscrits, parmi lesquels il suffira
de citer, à la Bibliothèque nationale, les n°s 2949
(fol. 1), 12420 (fol. 72), 13574 (fol. 1), 14937 (fol. 21),
16463 (fol. 167) et 958 à la Mazarine. C'est Maurice de
Sully, évêque de Paris. Il a fait d'autres sermons.
Nous en avons déjà cité (1) et nous en citerons encore
plusieurs qui ne figurent pas dans ce recueil ; mais
nous avons ici ceux qu'on a, de son temps, le plus
estimés. Les uns et les autres sont très graves, très
sententieux et tout à fait en rapport avec le caractère
bien connu de l'auteur. Mais il y manque le trait, ce
qu'on appelle le talent. Aussi ne faut-il pas beaucoup
regretter qu'ils soient inédits.

. Le savant bibliothécaire de Saint-Victor, Claude
de Grandrue, n'a su désigner les sermons suivants
que par ce titre : *Sermones non tabulati*. Nous allons
indiquer particulièrement chacun de ces sermons, qui

____

(1) Sous le n° 13432, t. II, p. 161 et suiv. ; et ci-dessus, sous le
n° 14590, p. 30 et suiv.

tous, nous l'avons dit, sont anonymes, et joindre à cette indication sommaire, quand nous le pourrons, quelques notes, quelques informations ailleurs recueillies. Nous en transcrirons aussi plusieurs qui nous ont paru dignes d'être tirés des ténèbres.

Fol. 103. *Dies ista solemnis et celeberrima, fratres carissimi.* Nous avons déjà cité ce sermon sous le n° 568 (1), où il est anonyme comme il l'est ici.

Fol. 104. *Beati mortui qui in Domino moriuntur....* — *Licet mea imbecillitas triplici laboret incommodo...* Ce sermon est dans le n° 18172 (fol. 45) sous le nom d'un certain *Alanus Anglicus;* mais, comme nous l'avons dit, beaucoup d'autres sermons, dont les auteurs sont connus, sont faussement donnés à cet Alain par le n° 18172 (2). Toutes les attributions de ce manuscrit doivent inspirer la même défiance.

Fol. 106. *Dominus dicit in Evangelio : « Pœnitentiam agite... » Item sanctus Paulus : Pœnitentiam agite et baptizetur... Item Salomon : Fili, ne tardes converti.*

Ce sermon est pareillement anonyme dans le n° 14470 (fol, 133); mais au fol. 236 du n° 14859, l'auteur est nommé, et ce n'est pas Alain l'Anglais, c'est « maître » Alain, c'est-à-dire, sans aucun doute, Alain de Lille. Presque tous les sermons d'Alain de Lille étant restés inconnus à ses éditeurs, on ne doit pas s'étonner que celui-ci n'ait pas encore vu le jour. Il est, d'ailleurs, court et bizarre. Le prédicateur n'y a, pour ainsi parler, rien mis du sien;

(1) Tome I, p. 25.
(2) Tome I, p. 248; t. II, p. 82, 301.

ce ne sont que citations de l'Écriture et des Pères.

Fol. 106. *Miramini forte et erubescitis celebrari festa de vobis ; sed nolite fieri sicut equus et mulus, etc. Quid enim lapides isti sanctitatis...* Cela ne paraît qu'un fragment de sermon.

Au même folio : *Simon, dormis ? — De vigiliis potius quam de somno loqui debueram.* Sous le nom d'Étienne de Langton dans le n° 14859 (fol. 227). Comme tous les autres sermons de ce cardinal, orateur vif et brillant, celui-ci est inédit.

Fol. 109. *Benedictus qui venit... — Mediator Dei et hominum homo Christus.* Ce sermon est de Gauthier, prieur de Saint-Victor. Nous l'avons cité sous le n° 14590 (1).

Quelques fragments théologiques suivent ces sermons. Il n'importe pas de les mentionner particulièrement.

Fol. 110. *Verbum caro factum est... — Ad sensum videtis quod secundum dispositionem materiæ sequitur in rebus naturalibus impressio formæ.* C'est l'exorde d'un philosophe ; la suite est d'un subtil théologien. L'auteur nous est inconnu.

Fol. 112. *Beati pauperes spiritu... — Spiritus sæpe ponitur pro voluntate. Beati ergo sunt pauperes spiritu, id est voluntate.* Un autre exemplaire de ce sermon se rencontre, pareillement anonyme, dans le n° 14957 (fol. 133). Nous le croyons d'un Victorin.

Fol. 114. *Vidit Jacob scalam... — Triplex est visio.*

---

(1) Voir ci-dessus, p. 20.

Nous avons cité ce sermon sous les n⁰ˢ 13577 (1) et 14590 (2). Les copies en sont nombreuses, mais toutes anonymes.

Fol. 115. *Gaudeamus omnes in Domino !... — Præsens generatio non tam attendit quod dicatur...* Du prieur Gauthier (3).

Fol. 117. *Quis dabit mihi pennas... — Videntur hæc verba esse peccatoris qui longius advolavit in regionem longinquam.* De Pierre le Lombard. Nous avons publié ce sermon, jusqu'à ce jour inédit, dans notre notice sur le n° 14590 (4).

Fol. 118, *Septuagesima in alterius rei memoriam et in alterius rei figuram...* L'auteur est Achard, abbé de Saint-Victor (5).

Fol. 119. *Estote prudentes... — Præcipitur in Evangelio ut ædificaturus turrim...* L'auteur est nommé maître Henri dans plusieurs manuscrits indiqués sous le n° 14590 (6). C'était, croyons-nous, un chanoine de Saint-Victor.

Au fol. 120, un sermon français dont tel est le début : « David, le plus hauz de toz les prophetes, fit une mout brief priere et mout bele par ceste paroles : *Deus, illumina oculos meos, ne nunquam obdormiam in morte...* Beau sires Dex, enlumine mes oeoz que je ne m'endorme en mort, que nus ennemis ne die aucune feit : Je le sormonte, je le veincu. Ques sunt cel oiel que David pree que seeit enlumine ? »

Fol, 121. *Reddet Deus mercedem... — Nota quod*

<hr>

(1) Tome II, p. 265.
(2) Ci-dessus, p. 42.
(3) Ci-dessus, p. 44.
(4) Ci-dessus, p. 44.
(5) Ci-dessus, p. 41.
(6) Ci-dessus, p. 29.

quandoque dat Deus, quandoque commodat Deus. —
Nous ne connaissons pas une autre copie de ce sermon, où le thème est commenté successivement en
latin et en français.

Fol. 122. *Tristitia vestra vertetur in gaudium. —
Læta promissio læto corde suscipienda est. Quæ lætior ?*
L'auteur de ce sermon ne nous est pas non plus
connu. Nous y lisons :

Abbas quidam Cisterciensis, cum oculum infirmum haberet, quamvis multi ei dicereut, nolebat ut aliqua medicina
apponeretur, et, amisso oculo, gratias agens Deo dixit se
pauciores inimicos habere.

Fol. 123. Un sermon latin, dont les premiers mots
sont français : « David, li prophetes, qui parole par
le seint Esperit, et parole en la personne de tos boens
crestiens, dit : Beau sire Dex, je ai amée la beauté de
ta meison... » L'orateur blâme vivement les tumul-
tueuses orgies dont l'église du moyen âge était fré-
quemment le théâtre : *De illis qui choreas faciunt in
ecclesiis in vigiliis sanctorum, aut etiam mortuorum,
qui cantus diabolicos ibi recitant, et de illis qui eos
patiuntur cum possent impedire.* Nous joignons ce
témoignage à beaucoup d'autres qu'il vient con-
firmer.

Au même feuillet, un autre sermon français, dont
voici les premiers mots : *Pater noster et cet.* « Sei-
gnors et dames, ceste oreison devent saver tuit cres-
tien et totes crestiennes, quar Jesu Crist, nostre sau-
veires, la fist et la dist, e nos, por essample de lui, la
devon et saver et dire. »

Fol. 125. Le sermon que nous avons ici n'est pas

entièrement français: il y a du latin. En latin sont les premiers mots : *Hodie, id est in die hujus sæculi, qui dicitur unus solus dies respectu alterius sæculi, scilicet malorum...* Mais le français domine. Tel est le commencement du français : « Mi sires sent Peres, li apostres, cui dam le Dex tant ama, e cui il fist si grant bonte et si grant merci que, peis que il ot fet si grant peche come de lui renier tres feiz par la acusation d'une chamberiere, peis le fist mestre de toz les apostres e de seinte iglise... »

Fol. 127. *Videte, vigilate, orate... Triplex funiculus difficile rumpitur.* — *Hic est funiculus quo captivus extrahitur de ergastulo, naufragus de profundo.* Il y a beaucoup de français dans ce sermon. Les deux langues sont quelquefois ainsi mélangées :

Quidam sunt qui faciunt confessionem suam *en gros,* sicut mercatores vendunt pannos vel vinum *en gros ;* sed non est sic facienda, imo *a broche,* sive *a detail, chascun peché par se et la circonstance ; autresi, come li traverners qui vent a broche, quar plus i gaigne que se il vendet en gros.*

Fol. 128. *Qui converti fecerit peccatorem ab errore viæ suæ...* — *Notandum quod triplex est via : via Dei, via diaboli, via hominis.* Nous avons encore ici quelques paraphrases françaises de textes latins.

Les huit sermons qui se succèdent, du feuillet 120 au feuillet 128, nous semblent être du même auteur, et notre conjecture est que cet auteur vivait dans les premières années du XIIIe siècle, peut-être dans les dernières du XIIe. Le français qu'il parle peut donc être l'objet d'une étude intéressante.

Fol. 129. *Ponis nubem ascensum tuum...* — *Currunt enim tria flumina Babylonis inter cœlum et terram.* Ce sermon ne paraît pas achevé.

Fol. 130. *Est puer unus hic...* — *Non invitamus vos, fratres, ad mensam illius divitis...* L'auteur de ce sermon, que nous avons déjà rencontré dans le n° 14883 (1), est Absalon, abbé de Saint-Victor. Il est, avons-nous dit, imprimé.

Fol. 132. *Solemnitates vestras odivit...* — *Cibus delicatus hominem habentem sanum palatum competenter reficit.* Nous ignorons l'auteur de ce sermon; mais nous en pouvons indiquer une autre copie dans le n° 3495 (fol. 192). La phrase suivante est à citer :

Cum voce joculatoris, in plateis sedentis, quomodo illi strenui milites antiqui, scilicet Rolandus et Oliverius, et cet., in bello occubuere recitatur, populus circumstans pietate movetur et interdum lacrymatur ; sed cum voce Ecclesiæ inclyta Christi bella, quomodo scilicet mortem moriendo devicit et de hoste superbo triumphavit quotidie fere commemoratur, qui sunt qui pietate moventur ?

Mais faisons remarquer que, dans le n° 3495, au lieu des mots *in plateis*, se lisent ceux-ci : *in Parvo Ponte.* Voilà donc un renseignement nouveau pour l'histoire du Petit-Pont.

Fol. 133. *Obtulerunt magi Domino...* — *Si quis gravatus ægritudine medicinam corporalem esset accepturus...* Autre copie anonyme : n° 3496 (fol. 193).

Fol. 134. *Sic currite ut comprehendatis...* —*Quanto magis sollicitudo et diligentia adhibetur ut aliquis*

(1) Ci-dessus, p. 230.

apud peregrinos in captivitate detentus liberetur...
Pas d'autre copie à citer.

Fol. 135. *Qui credidit in me... — Dum clamatur*
« manjuepain » *pauperes undique læti concurrunt.*
Pas d'autre copie. Ce cri de *manjuepain* est à noter.

Fol. 136. *Si complantati facti fuerimus... — Dominus in Evangelio : Qui ex Deo est verba Dei audit, non aure corporis sicut bos.* Ce sermon a pour objet de recommander le jeûne et la pénitence durant le Carême.

Au même feuillet : *Noli timere, filia Sion... — Si aliquis mortuus esset in præsentia nostra.* Un peu plus long que les précédents, ce sermon n'offre pas plus de traits originaux.

Fol 138. *Qui confidunt in Domino... — Sicut mensam corporalem debet præcedere dominica oratio...*
Rien à citer.

Fol. 139. *Prope est Deus omnibus, dicit Salomon...*
— Pugil, campum intraturus, stultus est si non orat...

Fol. 140. *Vivit in Christo gemma sacerdotum —*
Scit, amici, unusquisque vestrum : si cras haberet electuarium pretiosum...

A cette série de sermons anonymes, qui paraissent tous du même auteur, succèdent deux fragments, que suivent d'autres sermons.

Fol. 143. *Putruerunt et corruptæ sunt cicatrices...*
— Diligenter consideranti quatuor hic genera hominum occurrunt. On ne s'en douterait pas. Mais quand nos prédicateurs interprétaient aussi librement les textes de l'Écriture, de tous ils pouvaient tirer telle ou telle leçon de morale.

Fol. 144. *Viri Galilæi, quid statis? — Dominus Jesus, cum in carne pro nobis assumpta conversaretur...* Rien que des phrases banales.

Fol. 145. *Tu es Petrus... — Dominus ac redemptor noster Jesus Christus, qui fons est totius plenitudinis, a quo cuncta procedunt...*

Fol. 149. *Duplici intentione audit aliquis verbum alterius, vel quia amicus ejus est.* Ce sermon sans thème est d'un ton assez familier. Nous en citerons ce passage :

Aliqua burgensis videt suam vicinam indutam variis vestibus, et persuadet viro suo ut æque pretiosas vestes sibi emat, et cogit eum vendere agrum suum, et facit eum egenum et pauperem et famelicum. Similiter aliqua puella videt amasias scolarium, vel sacerdotum, vel militum, abundare et ditari, et, earum peste læsa, potius eligit meretricari cum divitibus quam nubere pauperi et ita respondet ulula ululæ ; ita diabolus...

Le trait contre les curés semble prouver que ce sermon est d'un religieux ou d'un moine.

Fol. 151. *Erat Jesus ejiciens dæmonium... — Ecclesia quotidie pandit nobis miracula Christi.* Nous avons cité ce sermon sous le n° 14593 (1).

A la suite trois fragments, dont les deux premiers se rapportent au droit canonique.

Fol. 153. *Vere Dominus est in loco isto. — In templi dedicatione, fratres mei, ecclesia propositum verbum frequentare consuevit.* Sans nom d'auteur dans les n°ˢ 272 de l'Arsenal (fol. 57) et 345 des *Cod. Laud. miscell.*, à la Bodléienne. Sous le nom d'Hildebert de

____

(1) Ci-dessus, p. 72.

Lavardin dans l'édition de ses *OEuvres* donnée par Beaugendre, col. 654. Mais l'auteur n'est pas Hildebert; c'est l'évêque de Paris Maurice de Sully. La preuve nous en est fournie par notre n° 14937, beau manuscrit venu de Saint-Victor, dont le copiste fut, à n'en pas douter, un contemporain de cet évêque. Les sermons de Maurice que contient ce volume sont divisés en deux séries. Celui dont il s'agit ici est le premier de la première, qui finit au fol. 21 par ces mots : *Hactenus Sermones magistri Mauricii, Parisiensis episcopi.*

Fol. 154. *Descendi in hortum meum...* — *Dignum est valde, fratres mei, in festivitate Omnium sanctorum pro parvitate nostra aliquid nos loqui.* Sans nom d'auteur dans les n°ˢ 14954 (fol. 9) de notre fonds latin et 272 de l'Arsenal (fol. 58), et sous le nom d'Hildebert dans l'édition de ses *OEuvres*, col. 611. Mais l'auteur véritable est encore Maurice de Sully : n° 14937 (fol. 2).

Même feuillet : *Omnia vasa fudit Hiram...* — *Spiritu sancto docente per Salomonem.* Déjà cité sous le n° 13432 (1), ce sermon est aussi de Maurice.

Fol. 155. *Fac tibi duas tubas..* — *Dicitur in Deuteronomio : Si ambulans...* De Maurice. Voir sous le n° 13432 (2).

Fol. 156. *Sint lumbi vestri...* — *Omnia quæ dicuntur, fratres mei...* De Maurice. Sous le n° 13432 (3).

Fol. 158. *Quis mihi tribuat...* — *In hac verborum brevitate, si diligenter discutiantur...* De Maurice. Sous le n° 13432 (4).

(1) Tome II, p. 167.
(2) *Ibid.*
(3) Tome II, p. 167.
(4) *Ibid.*

Fol. 160. *Egredimini, filiæ Sion...* — *Qui tantum verba sectatur.* De Maurice. Sous le n° 13432 (1).

Fol. 161. *Suscitabimus super eum...* — *Dominici adventus observantiam frequentare.* De Maurice. Sous le n° 13432 (2). .

Fol. 162. *In igne zeli mei...* — *Audistis, fratres mei, apostolum.* De Maurice. Sous le n° 13432 (3).

Fol. 163. *Vespere comedetis carnes...* — *Ordo et modus nostræ redemptionis...* De Maurice. Sous le n° 13432 (4).

Fol. 164. *Petra refugium heriracium...* — *Brevem materiam proponimus, fratres mei.* De Maurice. Sous le n° 13432 (5).

Fol. 165. *Orietur stella ex Jacob...* — *Cum singulæ solemnitates certis polleant privilegiis.* De Maurice. Sous le n° 13432 (6).

Fol. 166. *Dominus sedebit conflans...* — *In hac solemnitate plurima nobis sanctitatis...* De Maurice. Sous le n° 13432 (7).

Fol. 167. *Ejecit Dominus Adam...* — *Lacrymosa narratio, fratres mei.* De Maurice. Sous le numéro 13432 (8).

Fol. 168. *Adhuc quadraginta dies...* — *Nota sunt hæc verba Jonæ.* De Maurice. Sous le n° 13432 (9)

Fol. 169. *Militia est vita hominis...* — *Contra civitatem Ninivæ, de qua præcedenti sermone dictum*

---

(1) *Ibid.*, p. 168.
(2) *Ibid.*, p. 169.
(3) *Ibid.*
(4) *Ibid.*, p. 163.
(5) *Ibid.*, p. 162.

(6) *Ibid.*
(7) *Ibid.*, p. 163.
(8) *Ibid.*
(9) *Ibid.*

est. Nous n'avons pas rencontré ce sermon dans le n° 13432. Mais il est sous le nom de Maurice dans le n° 14937 (fol. 16) et anonyme dans le n° 272 de l'Arsenal (fol. 77).

Fol. 170. *Statue tibi speculam...* — *Teste Isaia, fratres, beatus qui...* De Maurice. Sous le n° 13432 (1).

Même feuillet : *Utinam appenderentur peccata mea...* — *Melius est ire ad domum luctus quam ad domum lætitiæ.* Sans nom d'auteur dans le n° 272 de l'Arsesal, fol. 79. Sous le nom de Maurice dans notre n° 14937 (fol. 18).

Fol. 171. *Quare non in vulva mortuus sum...* — *Manifestum est, fratres mei, escas corporales modicum prodesse.* Sans nom d'auteur dans le n° 272 de l'Arsenal, fol. 80. Sous le nom de Maurice dans notre n° 14937 (fol. 19).

Fol. 173. *Faciant filii Israel phasc...* — *Quia Domini et redemptoris nostri.* De Maurice. Ce sermon est cité sous le n° 13577 (2).

Fol. 173. *Domine, quid multiplicati sunt...* — *Hæc sunt verba David prophetæ orantis ad Dominum in tribulatione.* Ici commence une série de sermons dont l'auteur est Gébouin ou Gibuin, archidiacre de Troyes. Ces sermons sont intitulés, dans notre n° 14937 : *Sermones mag. Gelbuini Trecensis;* dans le n° 982 de la Mazarine : *Homeliæ mag. Gibbuni Trecensis.* Ils sont tous inédits. Le premier est au fol. 104 du n° 14937. Nous en avons d'autres exemplaires anonymes dans les n°ˢ 3563 (fol. 91), 3570 (fol. 150) et 3730 (fol. 256).

----

(1) *Ibid.,* p. 164.　　　　(2) Tome II, p. 256.

Fol. 174. *Et adducunt ei surdum...* — *Surdum non audientem, mutum loqui non valentem. Sunt autem hic duo, videlicet auditus et locutio.* De Gébouin : n° 14937 (fol. 104) ; Mazarine, 982 (fol. 1). Anonyme : 3563 (fol. 92), 3730 (fol. 92) ,3730 (fol. 257).

Fol. 174. *Joannes clamabat : Pœnitentiam agite...* — *Grave jugum portamus exilio et miseria.* Anonyme: n°ˢ 3563 (fol. 96), 3730 (fol. 261) et 982 de la Mazarine (fol. 77). De Gébouin dans notre n° 14937 (fol. 105) et le n° 982 de la Mazarine (fol. 2).

Fol. 176. *Jacob erexit lapidem...* — *Legitur autem Jacob quater fuisse luctatus.* De Gébouin : 14937 (fol. 107) et n° 982 de la Mazarine (fol. 3). Anonyme : n° 3563 (fol. 96).

Fol. 177. *Ibo mihi et loquar sponsæ meæ.* — *Sponsus quidam eximiæ pietatis hic loquitur, qui sponsam quam habet...* — De Gébouin : n° 14937 (fol. 108) ; Mazarine, n° 982 (fol. 4). Anonyme : n° 3563 (fol. 97).

Fol. 177. *Non est hic aliud nisi domus Dei.* — *Tria sunt quæ Deus inhabitat : mundialis machina, generalis ecclesia, fidelis anima.* Anonyme: n° 3563 (fol. 98). De Gébouin : n° 14987 (fol. 109); Mazar., n° 982 (fol. 5) Le sermonnaire s'explique ainsi sur la présence réelle de Dieu dans ce monde :

Habitat Deus in mundo sicut imperator in regno.... In mundo ubique per essentiam. Quod contra hæreticos qui dicunt Deum ubique esse non per essentiam divinitatis, sed potius per potentiam majestatis, quasi aliud sit essentia et aliud potentia, quasi aliud sit divinitas et aliud majestas.

Ces hérétiques étaient des gens prudents. Gébouin

n'a certainement pas soupçonné combien sa thèse, qu'il croyait orthodoxe, est téméraire.

Fol. 178. *Dominus et Salvator noster, pater familias nunquam otiosus, tres nuptias celebrare consuevit.* De Gébouin : n° 14937 (fol. 110) ; Mazar., n° 982 (fol. 6).

Fol. 179. *Mulier, si perdiderit dragmam... — Tres parabolas commemorat Lucas non otiose.* De Gébouin : n° 14937 (fol. 111) ; Mazarine, n° 982 (fol. 7). Anonyme : n° 3563 (fol. 100).

Fol. 179. *Planxit David super Saul... — Hæc sunt verba in libro Regum, verba de rege David.* De Gébouin : n° 14937 (fol. 111) ; Mazar., n° 982 (fol. 7). Anonyme dans le même n° de la Mazar., fol. 78, et dans le n° 3563 (fol. 101) de la Bibliothèque nationale.

Fol. 180. *Est puer unus hic... — Admodum brevis est hæc locutio, sed non incommoda.* De Gébouin : n° 14937 (fol. 112); Mazar., n° 982 (fol. 8). Anonyme: n° 3563 (fol. 102).

Fol. 181. *Ite in castellum quod contra nos est... — O verba Salvatoris utrobique salutifera!* De Gebouin : n° 14937 (fol. 113) ; Mazar., n° 982 (fol. 9); Anonyme, 3563 (fol. 103).

Fol. 182. *Cum invitatus fueris ad nuptias... — In conjugio nuptiarum figura sanctæ Trinitatis multipliciter invenitur.* De Gébouin: n° 14937 (fol. 115); Mazar., n° 982 (fol. 10). Sans nom d'auteur : n° 3563 (fol. 105).

Fol. 183. *Servus tenens conservum suffocat eum...— Sicut bonus homo quandoque bonus malo, quandoque malus bono.* De Gébouin : n° 14937 (fol. 116); Mazar., n° 982 (fol. 11).

Fol. 184. *Fili, si oblita fuerit mater...* — *Hic pater loquitur ad filium.* Ce sermon est attribué tantôt à Gébouin, tantôt à Pierre Le Mangeur. Nous avons dit, sous le n° 13432, que Pierre Le Mangeur en est, suivant nous, l'auteur le plus vraisemblable (1).

Fol. 185. *Amice, commoda mihi...* — *Amicus est qui loquitur.* De Gébouin. Voir sous le n° 14804 (2).

Fol. 186. *Defunctus efferebatur...* — *Sub hac verborum brevitate...* Nous avons publié ci-dessus, p. 155, ce sermon de Gébouin jusqu'à ce jour inédit.

Fol. 137. *Hora est jam nos de somno surgere...* — *Sed quando et ubi.* De Gébouin : n° 14937 (fol. 121 et 133) ; Mazarine, 982 (fol. 16). Anonyme : n° 3563 (fol. 78), 16506 (fol. 115) ; Rouen, A 562.

Fol. 187. *Ite, dicite Joanni : « Surdi... »* — *His verbis tria nobis breviter proponuntur. Surdi audiunt...* De Gébouin : n° 14937 (fol. 121 et 134) ; Mazarine, 982 (fol. 16). Anonyme : n° 3563 (fol. 79).

Fol. 189. *Obtulerunt magi Domino munera...* — *Non magi maleficis artibus nocivi, sed inquisitores rerum prudentes philosophi.* De Gébouin : n° 14937 (fol. 123) ; Mazarine, 982 (fol. 18. Anonyme : n° 3563 (fol. 81).

Fol. 190. *Nuptiæ factæ sunt...* — *Quia per litteram manifeste patet historia.* De Gébouin. Sous le 14804 (3).

Fol. 190. *Nos oves pascuæ ejus...* — *Quatuor sunt species ovium, debiles, infirmæ, prægnantes et fœtæ.* Ce sermon se trouve dans le n° 14934 (fol. 12) sous le nom de Pierre Le Mangeur ; mais il est de Gébouin à qui le

(1) Tome II, p. 171.   (3) Ci-dessus, p. 152.
(2) Ci-dessus, p. 155.

donnent justement les nᵒˢ 14937 (fol. 124) de la Bibliothèque nationale et 682 (fol. 20) de la Mazarine. Nous avons déjà signalé, dans ce nᵒ 14934, plus d'une fausse attribution. Les huit sermons qui suivent y figurent pareillement sous le nom de Pierre Le Mangeur; mais à tort. Il suffit d'avoir lu quelques sermons de Gébouin pour reconnaître que sa méthode n'est pas celle de Pierre Le Mangeur. Ajoutons que, sous le rapport du style, ces deux écrivains ne diffèrent pas moins l'un de l'autre. Un exemplaire de ce sermon est sans nom d'auteur à la bibliothèque Mazarine, nᵒ 962, fol. 79.

Fol. 191. *Audite verbum Domini.* — *Verbum aliud primo homini inspiratum est, aliud Moysi, famulo Dei, indicatum...* Sans nom d'auteur dans les nᵒˢ 3563 (fol. 72) de la Bibliothèque nationale, 962 (fol. 81) de la Mazarine et 272 de l'Arsenal (fol. 14); avec le nom de Pierre Le Mangeur dans notre 14934 (fol. 13); mais sous celui de Gébouin dans le nᵒ 14937 (fol. 126) de la Bibliothèque nationale et le nᵒ 982 (fol. 21) de la Mazarine.

Fol. 192. *Sint lumbi vestri præcincti...* — *Hoc brevi et utili sarculo.* De Gébouin. Voir ce que nous avons dit sur ce sermon sous le nᵒ 3705 (1).

Même feuillet : *Fili, memorare novissima...* — *Filius prodigus, jam in regionem dissimilitudinis...* De Gébouin. Cité sous les nᵒˢ 3705 (2) et 14804 (3).

Fol. 193. *Christus apparuit...* — *Tribus modis Christus nobis apparuit.* De Gébouin. Sous le 3705 (4).

(1) Tome I, p. 227.
(2) *Ibid.*
(3) Ci-dessus, p. 153.
(4) Tome I, p. 226.

Fol. 194. *Faciamus hominem...* — *Hæc verba partim respiciunt ad præteritum.* De Gébouin. Sous le n° 14804 (1).

Même feuillet : *Tristitia vestra convertetur in gaudium.* — *Dominus Jesus discipulis suis, pro tempore, loco et personis, mortem suam prædixerat.* Sans nom d'auteur dans les n°ˢ 3563 (fol. 75) de la Bibliothèque nationale et 272 de l'Arsenal (fol. 16); avec le nom de Pierre Le Mangeur dans le n° 14934 (fol. 15); avec celui de Gébouin dans le n° 14937 (fol. 129) et dans le n° 982 de la Mazarine (fol. 24).

Il y a, dans ce sermon, de fréquentes allusions au débat qui s'était récemment engagé sur la double nature de Jésus.

Fol. 195. *Cum venerit Spiritus...* — *Spiritus, scilicet donum Patris et Filii.* De Gébouin. Déjà cité sous le n° 14804 (2).

Même feuillet : *Ite, baptizate eos, ait.* — *Tria sunt quibus Dominus vindictam exercet.* De Gébouin. Sous le n° 14804 (3).

Fol. 196. *Ego vox clamantis in deserto.* — *Dicebant enim qui missi fuerant : « Tu, quis es ? »* Anonyme : n° 3563 (fol. 80). De Gébouin : n° 14937 (fol. 135) et n° 982 (fol. 26) de la Mazarine.

Fol. 196. *Cum* ou *Dum medium silentium tenerent...* — *Hoc est mel sub cera, nucleus in testa.* Anonyme : 3563 (fol. 80); De Gébouin : n° 14937 (fol. 136) et 982 (fol. 27) de la Mazarine.

Fol. 197. *Completi sunt dies purgationis Mariæ...* —

____

(1) Ci-dessus, p. 153.   (3) *Ibid,*, p. 155.
(2) Ci-dessus, p. 154.

In Evangelio tria principaliter continentur, quibus tria quasi per contrarium junguntur. Anonyme : 3563 (fol. 83). De Gébouin : n° 14937 (fol. 137) et n° 982 (fol. 28) de la Mazarine.

Fol. 198. *Qui præibant increpabant... — Hæc ad litteram simpliciter intellecta...* De Gébouin. Sous le n° 14804 (1).

Même feuillet : *Tentatus est Dominus a diabolo... — Tentat Dominus, tentat diabolus, tentat uterque, sed modis differentibus.* Anonyme : n°s 3563 (fol. 84) ; Mazarine, 982 (fol. 39). Avec le nom de Gébouin : n° 14937 (fol. 138).

Fol. 199. *Mulier Cananea... — Hæc mulier magna simplicium est informatio.* De Gébouin. Cité sous le n° 14804 (2).

Fol. 200. *Dominus dedit, Dominus abstulit... — In hac brevi verborum superficie.* De Gébouin. Sous le n° 14804 (3).

Fol. 201. *Erunt signa in sole et luna... — Duo sunt adventus, primus occultus, secundus manifestus.* Anonyme : n°s 3563 (fol. 86), 3730 (fol. 251). Avec le nom de Gébouin : n°s 14937 (fol. 142) ; Mazarine, 982 (fol. 33).

Fol. 202. *Et factum est dum irent... — Sunt autem tres principales species lepræ.* De Gébouin, sous le n° 14804 (4).

Fol. 203. *Dilectus meus venit in hortum... — Hortus Dei anima est humana. Non autem dico : hæc vel illa.* De Gébouin : n°s 14937 (fol. 1437) et Mazarine, 982 (fol. 34).

(1) Ci-dessus, p. 160.

(3) *Ibid.*

(2) *Ibid.*, p. 154.

(4) Ci-dessus. p. 160.

Même feuillet : *Beati pauperes spiritu...* — *Sermo iste affectu desiderabilis.* De Gébouin. Déjà cité sous les nᵒˢ 13432 (1) et 13578 (2).

Fol. 205. *Venient ad nos...* — *Hæc verba Salvatoris nostri.* De Gébouin. Sous le nᵒ 14804 (3).

Même feuillet : *Dixit Dominus Petro...* — *Et hæc tertio. Dictus autem Petrus a petra.* De Gébouin. Sous le nᵒ 14804 (4).

Fol. 206. *Sciendum est nobis, fratres carissimi, quia obedientia aliquando magni meriti est.* De Gébouin : nᵒˢ 14937 (fol. 151) et Mazarine, 982 (fol. 43).

Ici finissent les sermons de Gébouin et la collection est presque complète. S'ils n'ont pas été, comme nous l'avons dit, publiés, ils auraient pu l'être. Les honneurs de l'impression ont été généreusement accordés à de plus mauvais. On n'y trouve, à la vérité, que des explications d'allégories imaginaires ; mais trouve-t-on autre chose dans la plupart des sermons du même temps ? Ceux de Gébouin ont, du moins, le mérite d'être ordonnés avec la plus rigoureuse symétrie et rédigés avec le plus grand soin. Il n'y a pas de choquantes trivialités ; ils n'offensent le goût que par des subtilités prétentieuses.

Fol. 207. *Moyses et Aaron in sacerdotibus...* — *Unus est sermo quem audistis per os meum, sed duos habet intellectus.* Sous le nom de Pierre Le Mangeur dans le nᵒ 14937 (fol. 152). Sous le nom de Gébouin : Mazarine, 982 (fol. 44).

Le style de ce sermon n'est pas celui de Gébouin.

(1) Tome II, p. 165.   (3) Ci-dessus, p. 160.
(2) *Ibid.*, p. 271.   (4) *Ibid.*, p. 154.

En outre, il y a peu d'allégories ; des digressions historiques en tiennent la place. Nous le croyons donc de Pierre Le Mangeur, un historien, quoiqu'on ne lise pas à la fin l'une ou l'autre des phrases qui terminent la plupart de ses sermons. Il est inédit.

Fol. 208. *Hodie, dilectissimi, dies nobis illuxit insignis, tanto ceteris diebus sanctior quanto sanctiorem hominem terris effudit.* Pour la fête de saint Jean-Baptiste. Ce sermon, d'une longueur inusitée, se lit sous le nom de Pierre Le Mangeur dans le n° 14937 (fol. 66) ; mais on ne doute guère qu'il soit de Pierre Damien, à qui l'attribuent des manuscrits plus dignes de confiance. On le peut lire, d'ailleurs, sous ce nom de Pierre Damien, dans le tome CXLIV de la *Patrologie,* col. 627.

A la suite plusieurs sermons de saint Bernard, que nous offre, dans le même ordre, le n° 307 de la Mazarine, très beau volume autrefois conservé chez les frères Prêcheurs de la rue Saint-Jacques, un des recueils les plus estimables des sermons de l'illustre abbé.

Fol. 212. *Sicut æger ad medicum, sic esse debet peccator ad creatorem suum.* De saint Bernard. C'est le sermon CVII *De diversis,* dans l'édition de ses *Œuvres.* Nous l'avons anonyme dans les n°s 14517 (fol. 219) et 14925 (fol. 212).

Au même feuillet : *Spiritus Domini replevit orbem. — Per orbem terrarum intelligitur natura nostrarum animarum.* La place que ce sermon occupe dans ce volume, dans notre n° 14517 (fol. 219) et dans le n° 307 de la Mazarine (fol. 51) prouve assez qu'au temps des copistes on le croyait de saint Bernard. Cependant Mabillon ne l'a publié ni parmi les œuvres authentiques ni parmi les œuvres supposées de cet illustre Père. Il ne l'a donc trouvé dans aucun des manuscrits dont il a fait usage, et conséquemment il est encore inédit. Nous allons en donner le texte d'après les trois copies dont nous avons fait l'heureuse rencontre :

Spiritus Domini replevit orbem terrarum et hoc quod continet omnia scientiam habet vocis. Per orbem terrarum intelligitur natura nostrarum animarum. Sicut enim Ecclesia sancta per totum mundum diffunditur et per omnium genera linguarum gratiam Spiritus sancti resonat et loquitur, diversos ritus et mores in confessione fidei consocians, ita animarum nostrarum natura per varios affectus variata distenditur, et, licet alia plus, alia minus, amorem Spiritus concipiat, idem tamen Spiritus operatur omnia in omnibus ; donorum cujus multiplex largitio hominis animam instruit et informat ut cum eo unus spiritus fiat ; sicut compagum divisa connexio corpus hominis in mensuram vel plenitudinem ætatis provehit et consummat, juxta illud apostoli : *Unus panis, unum corpus multi sumus in Christo* (1) ! Dedit igitur apostolus intelligi, cum præmisisset *unus panis,* deinde subjunxisset *unum corpus,* ex multis animis in unum conflari per amorem, quia multitudinis credentium erat corpus unum et anima una, sicut ex multis granis unus panis efficitur per ignis ardorem. Igitur terra cordis nostri, quæ per diluvium scelerum et multiplicium errorum speciem suæ creationis amiserat, ut de ea diceretur *Terra autem erat inanis et vacua,* per operationem Spiritus sancti in primæ creationis restaurata dignitatem, gaudet et fructificat. Dicatur ergo : per spiritum timoris fit arida, per spiritum pietatis plana, per spiritum scientiæ plena ; quorum duo prima sunt merita, tertium præmium. Item, per spiritum fortitudinis solida, per spiritum consilii

(1) *Epist. prima ad Corinth.*, X, 17.

munita, per spiritum intellectus degustata vel cibata; quorum æque duo prima sunt merita, tertium præmium. Quod dicitur *scientiam habet vocis,* ita intelligitur quasi diceret confessionis, quia corde creditur, ore confitetur; cujus confessionis Spiritus sanctus habet scientiam, quia, si quid simulatum ore profertur, ipse novit secreta intelligentiæ, cui nuda est abyssus humanæ conscientiæ, juxta apostolum scribentem ad Hebræos, quia ipse est divisor *compagum et medullarum, discretor cogitationum et intentionum cordis* (1). Dicatur ergo : scientiam habet confessionis. Attende quoque quod confiteri est dicere ore quod in corde est. Si non est in corde, fateri potest dici, non confiteri ; et ideo dicturus ore confessio fit ad salutem, præmisit corde ; creditur ad justitiam. Sed, et hoc præmisso, recte addidit : ore autem confessio fit ad salutem, quia non sufficit esse in corde ; quia verum non est si illud quod necesse est taceatur vel falsum dicatur. Unde et Petrus, corde credens, tamen peccavit quia ore negavit. Ad hoc enim in fronte, scilicet in sede pudoris, fit signum crucis, ne christianus opprobria erubescat. Dicatur ergo Spiritus sanctus habet scientiam vocis, id est confessionis ; cujus confessionis tria sunt genera : confessio alia filia, alia ancilla, altera adultera. Sicut enim mulier gignit prolem, ita confessio parit indulgentiam ; confessio itaque filia parit filium, scilicet fructum sanum et incolumem; confessio ancilla filium luscum, debilem ; confessio adultera filium abortivum ; et horum nominum effectus significant confessionum profectus vel defectus. Illa igitur confessio quæ filia vera dicitur fieri debet humiliter, pure et fideliter. Humilis itaque confessio est quando is qui confitetur vilis vult reputari, non humilis prædicari ; gaudet enim contemptu sui, hoc solo sane superbus quod laudes contemnit. Omnino illa confessione placatur Deus, quando in ore confitentis humilitas sonat et eadem nihilominus in corde radiat. Pura vero confessio est quando is qui confitetur intentionem, forte quæ homines latet, si sit rea, non excusat; non culpam, quæ gravis est, levigat, non alieno suasu, cum invitum nemo coegerit, adumbrat. Fidelis denique confessio est quando confitens de spe indulgentiæ

(1) *Epist. ad Hebræos.* IV, 12.

penitus non diffidit, ne suo se ore non tam justificet quam condemnet. Judas proditor et Cain fratricida confessi sunt et diffisi sunt. Alter : *Peccavi*, inquit, *tradens sanguinem justum ;* alter : *Major est iniquitas mea quam ut veniam merear.* Licet ergo verax fuerit, nil ei infidelis confessio profuit. Nos autem, cum aperiamus os in vocem confessionis, cogitemus et revereamur eum qui habet scientiam vocis ; qui vivit et regnat in sæcula sæculorum, amen.

Il nous semble qu'on peut admettre sans aucune hésitation que l'impérieux abbé de Clairvaux est bien l'auteur de ce sermon très étudié, dont toutes les phrases, réduites, à l'imitation de Sénèque, aux mots nécessaires, sont autant de décisions sur des points de morale, justes sans doute, mais dures et durement formulées.

Le suivant, qui est du même style, est sur la même matière, la confession.

Fol. 213. *Quatuor sunt quæ impediunt confessionem : pudor, timor, spes, desperatio.* De saint Bernard ; c'est le nº CIV des *Sermones de diversis.*

Au même feuillet : *Beata illa et sempiterna Trinitas Pater et Filius et Spiritus sanctus, unus Deus scilicet, summa potentia, summa sapientia, summa benignitas.* De saint Bernard ; nº XLV *De diversis.*

Fol. 214. *Quæ est ista quæ ascendit...* — *Vobis loqui erubesco.* Ce sermon, pour la fête de l'Assomption, est ici, dans les nºˢ 14517 (fol. 222) et 2938 (fol. 111), ainsi que dans le nº 307 de la Mazarine (fol. 53), comme appartenant à saint Bernard. Cependant cette attribution nous paraît contestable. En effet l'orateur dit de la Vierge : *Ista nata absque omni peccato, ut præparata in templum Dei et sanctificata a Spiritu sancto.* Telle n'était pas, on le sait, l'opinion de saint Bernard. « Malgré sa dévotion si éloquente et si tendre pour la sainte Vierge, disent les auteurs de l'*Histoire littéraire* (1), il soutenait que le privilège d'avoir été conçu sans tâche n'avait jamais pu appartenir qu'à Jésus-Christ. » Cela nous dissuade de publier ce sermon, quoiqu'il soit du temps de saint Bernard et de son style.

Fol. 214. *Emissiones tuæ paradisus.* — *Vox illius cœlestis Jerusalem congaudentis huic quæ peregrinatur in terris.* Ce sermon est de saint Bernard ; on le peut lire, dans l'édition de ses *Œuvres,* sous le n° XCI des *Sermones de diversis.* Nous l'avons cité sous les n°ˢ 13577 (2) et 14804 (3).

Fol. 216. *Tres sunt status animæ; in corpore, posito corpore, recepto corpore.* Dans les *Œuvres* de saint Bernard, sermon CVI *De diversis.* Dans les *Œuvres* de Hugues de Saint-Victor, *Miscellanea,* lib. V, tit. 76. Cela n'est certainement pas un sermon ; c'est un court fragment de psychologie mystique. Mais quel en est le véritable auteur ? Le style en est élégant, très étudié ; ce qui l'a fait sans doute attribuer au Victorin. Cependant on le rencontre sous le nom de saint Bernard, non pas, à la vérité, dans les principaux recueils de ses œuvres, mais, du moins, en des manuscrits qui semblent très dignes de confiance. Entre l'un et l'autre il convient d'hésiter.

Même feuillet : *Dentes tui sicut grex tonsarum…* —

(1) *Hist. littér. de la Fr.,* tome XIII, p. 232.
(2) Tome II, p. 262.
(3) Ci-dessus, p. 143.

Spiritus sanctus. de cujus secretiori fonte Canticorum flumen emanat... De saint Bernard ; sermon XCXIII *De diversis.*

Même feuillet : *Egredimini, filiæ Sion... — Non dicit Ecclesiasten aut Ididiam ; nam et his nominibus appellatus est rex ille et figurat Jesum Christum.* De saint Bernard ; sermon L *De diversis.*

Fol. 217. *Sapientia vincit malitiam, dum Satanam conterit Dei virtus et sapientia Christi ; attingit ergo a fine usque ad finem.* De saint Bernard ; sermon XIV *De diversis.*

Fol. 218. *Hoc sentite in vobis... — Omne quod processit de ore Jesu...* Encore un sermon inédit, que nous avons ici dans notre n° 14517 (fol. 227) et dans le n° 307 (fol. 58) de la Mazarine, joint à d'autres dont saint Bernard est l'auteur incontesté. Il y a plus : dans notre n° 2938 (fol. 117), il est, sans équivoque, sous le nom même de saint Bernard, et nous pouvons presque assurer qu'on ne le trouvera pas ailleurs sous un autre nom. Ces indications étant données, on est certainement curieux de le lire. Nous allons donc le publier, après en avoir établi le texte sur les quatre manuscrits cités :

Hoc sentite in vobis quod et in Christo Jesu. Omne quod processit de ore Jesu, de corde, de operatione, totum prorsus caritatis opus erat. Vera locutus est, recta operatus est, indigna passus est. *Hoc sentite in vobis.* Vera locutus est ; et, vos, intendite vera loqui. Recta operatus est ; et, vos, recta operari intendite. Indigna passus est ; et, vos, parati estote indigna pati si oportet : si enim compatimur et conregnabimus. Ecce tempus passionis, ecce audivimus Jesum conclamentem et dicentem : Vos qui transitis per viam, non

habentes hic manentem civitatem, sed futuram inquiritis,
attendite et videte si est dolor sicut meus. Ideo, ait propheta,
vere languores nostros ipse tulit et dolores ipse porta-
vit (1). Vulneratus est propter iniquitates nostras et attritus
propter scelera nostra. *Hoc* item *sentite in vobis* : via nostra
Christus est ; Christum attende ; pati venit, sed et glorificari ;
contemni, sed et exaltari ; mori, sed et resurgere. Opus te
terret ; mercedem vide. Quare vis pervenire ad eam rem
delicatus, ad quam non perducit nisi labor ? Ad aliquod
transitorium non potes sine labore venire ; ad vitam æternam sine labore vis pervenire. *Hoc* item *sentite in vobis,*
amplectendo et imitando. Quod ductus est Jesus in desertum
a Spiritu, scilicet suo, id est Spiritu sancto, qua de causa ?
Ut tentaretur a diabolo, docens luctare et coronari. De bap-
tismate veniens tentatus est ; eodem modo veniens quis ad
conversionem a diabolo tentatur. Verbi gratia, archa clausa
tentatur utrum clavi obserata sit ; nam apertam nemo est qui
tentet ; quod enim clausum est tentatur ut aperiatur. Absor-
bebit fluvium, id est sæculares de vitio in vitium fluentes,
ut qui in sordibus sunt sordescant adhuc, et non mirabitur.
Illis imperat ut suis, ut patulis et ad malum proclivis ; religiosos utpote clausos tentat utrum aperiant ei. In illis, id
est in patulis, potestate assueta, in istis a Deo ad correptio-
nem et ad coronam benigne concessa. Non enim permittet
nos Deus tentari supra id quod possumus ; nobis suggerit,
illos interficit ; tentat, sed multipliciter ; sed inter tot de
tribus caveamus. Ait Salomon : *Si Spiritus potestatem ha-*
bentis ascenderit super te, locum tuum non deseras (2).
Locum vocat locum religionis. Ille mille artifex (3), qui
locum suum deseruit sperans in multitudine divitiarum
suarum, id est gloriæ, et prævalens in vanitate sua, secundum illud : Ponam sedem meam ad aquilonem et ero
similis altissimo, factus apostata ex superbia, et tanta quod,
quia impenitens et ad se non revertens, in perpetuum cecidit
et absque misericordia, ille, inquam, apostata elaborat,
multa proponendo et promittendo, ut locum tuum deseras,

(1) Isaïe, XXIII, 4.
(2) *Eccles.* X, 4.
(3) *Mille artifex,* surnom de Satan.

et irrevertibiliter factus apostata et impœnitentialiter, pro eo quod pecces et idcirco absque misericordia. Ecce primus locus. Aliud adhuc vocat locum, videlicet dignitatem animæ, qua tantum differt corpus ab ea quantum tenebræ et lux; illa enim vivificat, sensificat, regit et gubernat. Si ascenderit super te spiritus potestatem habentis, locum tuum non deseras; id est : o tu, anima, non deseras dignitatem tuam, quæ, cum vivificare, sensificare, et illud habet quod est potissimum, id est cetera gubernare, scilicet oculis imperare ne videant vanitatem, manibus ne operentur iniquitatem, et sic de ceteris, et suum vas in sanctificatione possidere. Si spiritus potestatem habentis ascenderit super te, locum tuum non deseras. Tertius locus est quædam mera et examinata puritas conscientiæ, qua homo quasi extra hominem factus, transcendens se supra se, nihil potest absconditum portare quod ipsam conscientiam inquietet, contaminet et accuset, utpote cujus conversatio in cœlis est. Sunt enim nonnulli qui nec primum locum deserunt nec secundum. Primum non deserunt, quia monasterium tenent; secundum non deserunt, qui observantias ordinis corporaliter et sine querela observant; exteriorem hominem secundum ordinem regunt et gubernant, sed interiorem hominem non bene examinant, occupante illum superiorem locum vel ira vel contradictione contra prælatum, vel excellenti superbia contra coæqualem, vel indignatione contra inferiorem, colantes culicem et camelum glutientes.

Plerique viri religiosi ducuntur in desertum a spiritu, suo videlicet, id est spiritu superbiæ; ducuntur in desertum, id est in propriam voluntatem, quæ nullum facit fructum bonum, sicut terra inculta, sicut desertum, sicut terra deserta, deserens voluntatem illius qui dixit : *Non veni facere voluntatem meam, sed voluntatem ejus qui misit me* (1). Deserta, inquam, a Deo et nulla. Licet enim opera illius videantur bona, sancta et recta, utpote jejunare, laborare, vigilare, orare, et cetera quæ sunt ordinis, quia plus hoc agit quam ceteri et excedit quod exigit communis regula monasterii et quod majorum cohortantur exempla, suas volens constituere justicias, justitiæ Dei non est subjecta.

(1) *Evang*. Joannis, v, 30.

III.   22

Voluntas ista desertum est; non colit eam ille qui dicit : *Qui vos audit me audit* (1). Horum quanquoque aliquis jejunat diebus ac noctibus. Jejunare diebus id est quod, quando hujusmodi spiritu suo, id est superbiæ, alios omnes excidit, audit susurrare : « Homo iste monachum faciet; de eo absque dubio res erit magna, » tunc ultra totum posse suum jejunat, vigilat, laborat, orat, exterminat faciem suam, ut videatur ab hominibus jejunans. Non ungit caput, id est conscientiam. Jejunat et noctibus, id est in adversitatibus ; etsi enim verbis increpetur, verberibus affligatur, publice coerceatur, non potest tamen redire ad id quod agunt alii, deserto loco suo, id est humilitatis. Cum ascendisset super eum spiritus potestatem habentis, non potest quidem redire, non acquiescit consilio seniorum, donec esuriat et deficiat et corpore et spiritu ; adeo quidem ut pro grossis cibis quos coram hominibus amplectebatur et multum parce, in infirmitorio manibus sanctorum fratrum advectatus, nisi statim apponentur ei cibi exquisiti, cibi delicati, murmurat et obloquitur adeo quod eum nemo ferre potest, nec ultra pacem habebit ; et quæ prius tangere nolebat anima ejus, nunc præ angustia non tam debilitati corporis quam animi adnihilati, cibi ejus sunt.

La dernière partie de ce sermon manque dans notre n° 14925 ; nous l'avons tirée du n° 2938, beau manuscrit du xiii° siècle, jadis conservé dans l'abbaye de Mortemer. Cette dernière partie montre clairement que le sermon est d'un religieux bénédictin et fait soupçonner qu'il est d'un abbé, d'un abbé sévère et de grande autorité sur ses moines. Sur quel ton il les conseille et les censure ! Pourquoi cet abbé rigide et, comme il semble, redouté ne serait-il pas, ainsi que nous le disent les copistes, le saint abbé de Clairvaux ?

Fol. 219. *Justum deduxit Dominus... — Liber Sa-*

____

(1) *Evang.* Lucæ, x, 16.

pientiæ pluribus modis commendat homini sapientiam.
Avec le nom de Pierre Le Mangeur dans les n°ˢ 2602
(fol. 40), 2950 (fol. 25), et 14937 (fol. 72), 16709 (fol.
106). Inédit. Ce sermon est pour la fête de saint Augustin. Nous y remarquons le passage suivant, où
l'orateur explique à sa manière pourquoi l'instinct et
l'intelligence sont, chez les animaux, en raison in-
verse l'un de l'autre :

Daniel ad majestatem visionis prostratus audivit ab an-
gelo : *Sta super pedes tuos.* Quod si non creditis prophetæ,
credite poetæ :

> Os homini sublime dedit cœlumque videre
> Jussit...

Quæsierat tyrannus a philosopho : « Quare te fecit
Deus ? » Et respondit : « Ut contempler cœlum et cœli numi-
na. » Factus est enim homo in terra non ad terram, sed ad
cœlum ; factus est de terra non propter terram, sed propter
cœlum. Quod probabili liquet argumento. Animal brutum et
mutum naturaliter novit remedium ægritudinis suæ : leo ægrotans simiam quærit, qua devorata convalescit ; simia ægrotans
quærit sanguinem canis, ursus formicas, leopardus capreas,
caprea dictamnum, limax origanum, serpens fœniculum.
Homo vero attritus in physica fere videtur ignorare hæc et
quare habeantur. Idem est ac si dicat ei Dominus : « Non
ad hoc factus es, nec expedit tibi scire quæ sunt super terram, quia nec etiam incolumitatem tuam, quam præ omnibus terrenis affectas. Sta ergo in viis tuis, gradiantur bruta
in viis suis. »

Fol. 220. *Homo cum in honore esset... — Deus ul-*
tionum, Dominus Deus ultionum libere egit. Nous
avons déjà cité ce sermon, sans en indiquer l'auteur,
sous le n° 14593, où il est anonyme (1). Cet auteur
est certainement, nous le constatons aujourd'hui,

(1) Ci-dessus, p. 70.

Pierre Le Mangeur ; mais il y a de grandes différences entre le texte de notre manuscrit et celui de l'édition autrefois donnée par Busée, nouvellement reproduite par M. l'abbé Migne au tome CXCVIII, col. 1836, de la *Patrologie*. Doit-on supposer que Pierre Le Mangeur a lui-même pris le soin de modifier un travail dont il n'était pas satisfait ? Ou doit-on croire plutôt que tous les changements dont il s'agit sont l'ouvrage de quelque copiste ? Il faut hésiter entre l'une et l'autre conjecture.

Fol. 221. *Homo quidam peregre proficiscens... — De scola superni magisterii verbum hoc prodiit quod audistis.* Une autre copie de ce sermon est pareillement anonyme dans le n° 14937 (fol. 79). Mais le n° 2950 (fol. 77) nomme l'auteur Pierre Le Mangeur. Prononcé, non devant le peuple des fidèles, mais devant des prêtres, *Ad sacerdotes*, ce sermon est court, simple et contient les plus sages recommandations. Il est inédit.

Fol. 222. *Sint lumbi vestri præcincti... — Fidelis sermo et omni acceptione dignus, admodum brevis, sed sufficiens.* Sous le nom de Pierre Le Mangeur dans les n°ˢ 2602 (fol. 138) et 14937 (f. 80). Inédit.

Fol. 223. *Vere Dominus est in loco isto. — Videndum quis hoc dixit et ubi, et quando et quare.* Une autre copie, dans le n° 14937 (fol. 82), n'offre pas non plus le nom de l'auteur ; mais il nous est fourni par le n° 2602 (fol. 136); c'est Pierre le Mangeur. Inédit.

Ces deux derniers sermons finissent par une de ces invocations dont les termes, qui n'ont rien de banal, équivalent en quelque sorte, comme on l'a dit, à la signature de Pierre Le Mangeur.

14929

La plus grande partie de ce manuscrit est occupée par un fatras de sentences morales et d'exhortations pieuses, rangées suivant l'ordre alphabétique.

Cet ordre n'est pas rigoureusement observé. Remarquons, en outre, que, sous la plupart des titres, il y a des notes de diverses mains. En fait, ce que nous avons ici n'est pas un livre : c'est un recueil de notes, d'extraits, formé pour servir de vade-mecum aux prédicateurs qui ne se faisaient pas scrupule de parader avec l'esprit des autres. Ces notes sont empruntées, pour le plus grand nombre, à des sermons du genre familier. Nous n'en citerons que plusieurs anecdotes :

Fol. 3. Exemplum de clerico quodam de quo narratur, quod, cum esset Parisius ad fenestram et audiret cantilenam in vico, in qua dicebatur,

> *Li tens s'en veit,*
> *Et je n'ei riens fait ;*
> *Li tens revient,*
> *Et je ne fais riens,*

primo cœpit cogitare cantus dulcedinem, deinde verbi sententiam et sic accepit quasi a Deo sibi mitteretur, et in crastinum omnia relinquens intravit religionem.

Fol. 41. Magister Guiardus, cancellarius Parisiensis et episcopus, dedit licentiam subditis suis laborandi in minoribus festis, ne irent ad choreas vel ad tabernam.

Fol. 78. Ebrietas est major fatuitas quam possit inveniri in equo vel bove. Dicitur enim communiter : *Menez le buef à l'iaue ja ne buvera si n'a soif.* Sed multi præter sitim bibunt *a garsel* et infatuati inebriantur. De hoc etiam multa mala proveniunt. Exemplum de illo ebrio qui vendidit diabolo in specie hominis in taberna animam suam pro 40 solidis. Alia enim vendiderat socio suo, qui animam suam noluerat emere. Qui, cum postea vellet pœnitere, diabolus noluit, sed eum importavit in corpore et anima, quia, licet corpus non emisset, tamen, quia emerat equum, de jure habuit et chamum ; cum enim equus emitur non oportet forum exprimi de emptione chami. Ebrii sunt sicut situlæ aquaticæ quæ antequam implentur in puteum faciliter descendunt, sed plenæ de difficili ascendunt, imo percutiuntur hinc et inde. Sic illi, quando descendunt in tabernam, faciliter descendunt, sed, quando exeunt, via eis stricta est.

Fol. 213. Quidam laici cum sacerdote simul ibant. Venerunt latrones, Dixerunt : « Quilibet se bene defendant. » Et ait sacerdos : « Ego non sum homo, nec debeo me defendere. » Tunc illi, contenti hac ratione, sacerdotem defenderunt. Obviaverunt meretricibus. Dixerunt : « Quilibet suam accipiat. » Dixit sacerdos : « Et ego meam. » — Non, dixerunt alii, tu non es homo. » — « Imo, dixit sacerdos, habeo quidquid homo portat. »

Du fol. 247 au fol. 270, la plupart des notes sont des proverbes français, que suivent des commentaires latins. Du fol. 270 à la fin du volume, quelques sermons.

Le premier commence par : *Natus est tibi puer masculus. — Ad oculum videmus quod, quando aliqua domina nobilis...* Quoiqu'il ne soit pas d'une gravité soutenue, ce sermon est sans intérêt. Il y a des traits vulgaires, mais non plaisants. Les sermons suivants, jusqu'au fol. 279, sont presque tous inachevés. Nous les croyons du même auteur.

Fol. 279. *Gloria ejus quasi flos... — Vulgariter dicitur :* « Biauté fardée ne puet longuement durer. » *Ratio est quia durare non potest quod male fundatur.* Autres copies anonymes : n°ˢ 14963 (deuxième série, n° 87) et 14964 (fol. 222). Ce sermon suit et précède, dans les manuscrits que nous venons de citer, des sermons de Jacques de Lausanne. C'est pourquoi nous ne doutons pas qu'il soit de lui.

Fol. 280. *Humiliavit semetipsum...* — *Vulgariter dicitur* « que maladie est par son contraire guérie. » *Contraria contrariis curantur.* Autres copies : nᵒˢ 14963 (2ᵉ série, nᵒ 88), 14964 (fol. 228). De Jacques de Lausanne.

Fol. 283. *Processerunt obviam ei...* — *Legato pacis et concordiæ reformandæ.* Autres copies anonymes : nᵒˢ 14963 (deuxième série, nᵒ 37), 14964 (fol. 17), 18181 (fol. 66) ; Troyes, nᵒ 1853. Mais l'auteur, Jacques de Lausanne, nous est indiqué par le nᵒ 18181, et de plus le sermon est imprimé sous son nom à la page 85 d'une édition de l'année 1530.

Fol. 285. *Custos domini sui gloriabitur...* — *Qui bene custodit bene invenit.* Aussi de Jacques de Lausanne ; p. 115 de l'édition. Autres copies : nᵒˢ 13374 (fol. 226), 14962 (fol. 239), 14963 (première série, nᵒ 43), 14966 (fol. 49), 18181 (fol. 99).

FIN DU TOME TROISIÈME

NUMÉROS DES VOLUMES DÉCRITS

TABLE DES AUTEURS CITÉS

FIN DE LA TABLE

Le Mans. — Typographie Edmond Monnoyer.

DU MÊME AUTEUR

HISTOIRE DE LA PHILOSOPHIE SCOLASTIQUE

Paris, Pedone-Lauriel, 1872-1880, 3 vol. in-8º.

LES MÉLANGES POÉTIQUES D'HILDEBERT DE LAVARDIN

Paris, Pedone-Lauriel, 1882, in-8º.

LES ŒUVRES DE HUGUES DE SAINT-VICTOR

Paris, Hachette et Cie, 1886, 1 vol. in-8º.

DES POÈMES LATINS ATTRIBUÉS A SAINT BERNARD

Paris, Klincksieck, 1890, in-8º.

HISTOIRE LITTÉRAIRE DU MAINE

Paris, Dumoulin, 1870-1877, 10 vol. in-18.

LE MANS. — TYP. ED. MONNOYER